人类如何走到今天

A Story of Us:

A New Look at Human Evolution

[美] 莱斯利·纽森（Lesley Newson） [美] 彼得·理查森（Peter Richerson） — 著

何珊 — 译

中信出版集团 | 北京

图书在版编目（CIP）数据

人类如何走到今天 /（美）莱斯利·纽森，（美）彼得·理查森著；何珊译 . -- 北京：中信出版社，2023.7
书名原文：A Story of Us: A New Look at Human Evolution
ISBN 978-7-5217-5561-9

Ⅰ.①人… Ⅱ.①莱… ②彼… ③何… Ⅲ.①文化人类学－研究 Ⅳ.① C912.4

中国国家版本馆 CIP 数据核字（2023）第 074468 号

人类如何走到今天
著者： ［美］莱斯利·纽森 ［美］彼得·理查森
译者： 何珊
出版发行：中信出版集团股份有限公司
（北京市朝阳区东三环北路 27 号嘉铭中心 邮编 100020）
承印者： 天津丰富彩艺印刷有限公司

开本：787mm×1092mm 1/16 印张：21.75 字数：261 千字
版次：2023 年 7 月第 1 版 印次：2023 年 7 月第 1 次印刷
京权图字：01-2023-1227 书号：ISBN 978-7-5217-5561-9
定价：79.00 元

献给我们的后代：斯科特、凯特、艾米莉、索菲、亚历克斯、彼得、约拿，以及那些还未出生的孩子。

目　录

01

超越猿人

人类到底是什么？当你第一次呼吸时，你就开始了对这个问题的终生探索。你会慢慢了解如何与自己的身体及周遭的世界和谐相处。你需要他人的照顾，于是你会自动做出鼓励他们来照顾你的行为。你的目光被他们的脸部吸引，回看着他们的眼睛，咧开嘴，露出小小的微笑。感到不舒服的时候，你会哭。自你被孕育的那一刻起，你的生命就与其他人的生命交织在一起了。

科学家希望了解人类是如何进化的，因为他们相信，这将有助于回答人类到底是什么这个问题。关于人类进化的思考已经持续了超过150年，但直到20世纪中叶，有关人类进化的故事才开始为公众所知。讲述这些故事的科学家们其实并没有多少证据，他们所掌握的不过是一些人类学家发掘出的类似人类骨头和牙齿的碎片，但他们却认为已经足够了解人类，并可以据此拼凑出一个完整的关于人类的故事。他们信心满满地描述了猿人在非洲热带草原争夺母猿人和领地的情形。这个故事对于那些刚刚经历了毁灭性战争，以及在"体面场合"谈及性话题时会有些许不适的人来说，还算讲得通。[1]谈论我们动物祖先的性生活虽然尚可接受，但仍有一丝挑逗意味。

自 20 世纪中叶以来，世界持续发展，但关于猿人的故事却并没有多少改变。20 世纪 90 年代，科学家们不再那么关注猿人之间的争斗，转而更为关注他们是如何思考的。这些"进化心理学家"所讲述的故事仍旧是关于热带草原上的猿人的，但他们把关注点放在了猿人如何通过信息处理和计算来守卫领地和赢得更多雌性上。

近年来，科学家发布了大量信息，揭示了我们祖先的长相及生活面貌。[2] 现在，关于人类进化的故事有可能更宏大、更大胆、更丰富，我们撰写本书的目的，正是要讲述这样一个故事。当我们写到本书的最后部分时，世界发生的重大事件为讲述这一新故事的必要性提供了全新佐证。在极短的时间内，人们感受到了生活发生的巨大变化——大量人口为延缓一种新型病毒的传播而前赴后继地努力。为降低感染病毒的风险，许多人被强制居家；另一些人则冒着被感染的风险继续工作，照料病患，为居家者提供支持。相关领域的科学家试图更好地了解这种病毒及其传播特点，进而找到治疗和预防的方法。人们开始谈论"国家紧急状态"和"战时状态"，但这是另一种类型的战争。它不是人类的一个群体与另一个群体之间的冲突。相反，所有人都被敦促团结一致，应对全人类共同的敌人——病毒。

打败这一隐形敌人的过程常常混乱无序。目前达成的任何一种"团结"都远不尽如人意。但是，2020 年的全球疫情应对措施肯定与人类若在 20 世纪中叶遭遇类似疫情所采取的举措截然不同。21 世纪的大多数人都期盼（也希望）人类能够共同努力，不仅打败病毒，也保护我们共同生活的世界中复杂的社会联结和经济关联。

我们讲述的这个关于人类进化的故事解释了居住在非洲热带草原上的猿类后代如何进化成了现在的动物（见图 1.1）。这个故事并不完整——甚至可以说还差得很远。毫无疑问，未来的探索会找到揭示更多细节的证据，这些证据可能会佐证或质疑本故事的某些部分。这也正是科学的题中之义。但我们的故事一定比以前那些关于猿人的故事更"真实"、更完整。[3] 我们早就应该讲述这样一个故事——既结合了新的证据，又讨论了所有女性和儿童在人类进化过程中的趣闻。[4]

700 万年前
第 2 章：猿类祖先
猿类是人类和黑猩猩的祖先

300 万年前
第 3 章：直立行走的猿类
"南方古猿"是一种新的猿类，能够在更为干旱、植被更稀少的栖息地生存

150 万年前
第 4 章：早期人类
他们的骨骼与我们的相似，他们的大脑比我们的小，但比黑猩猩的大

10 万年前
第 5 章：像我们一样的人类
他们的外形和我们很相似，但他们的文化要简单得多

3 万年前
第 6 章：冰期的人类
通过进化出更为复杂的文化，部分人类族群得以在恶劣的气候条件下存活

2 万年前～300 年前
第 7 章：构建今日世界
冰期结束后，当今世界的物质形态和文化开始形成，并发展了数千年

今日
第 8 章：另一次转型
我们紧密相连，我们的文化也高度复杂、飞速变化

后记

图 1.1 丛林之路

人脑进化并非"程序升级"

在苦思冥想诸如"思考是什么"这类抽象概念时，我们总是忍不住借鉴具体的日常生活经验。当科学家开始使用计算机时，他们认为"思考"像计算机程序一样。他们将大脑视作类似计算机的数据处理和存储设备。自此，关于大脑进化的观点就紧紧跟随着计算机的发展足迹不断演变。20 世纪 90 年代，科学家的办公室里摆放的是带有软盘驱动器的台式机，显示器敦实而笨重。这些新型台式电脑安装了奔腾芯片和 Windows 95 操作系统。人们对电脑拥有的新性能感到兴奋不已。所以，当 20 世纪 90 年代的科学家思索大脑的进化过程时，他们会很容易联想到硬件的升级，以及计算机处理速度和存储能力的提升。他们将基因视为一种程序，视自然选择为软件设计师。

计算机在过去 25 年里发生了巨大变化。计算机网络在 20 世纪 90 年代时还很不成熟。互联网的爆炸式发展和连接设备的激增改变了一切，我们也得以更贴切地比喻人脑的工作机制。联网的移动电脑比 90 年代的台式机功能更为丰富，这并不只是因为移动电脑在存储和处理数据方面更出色，更重要的是它们能够共享数据、程序，处理能力也更为强大。当今计算机的互联性让科学家意识到，人类头骨中装载的"计算机"的能力在很大程度上归功于它身处网络之中，也就是作为"我们"之中的一部分。作为人类，我们向他人学习。我们集思广益、周密思考。我们分享自己的感受，也能体会他人的痛苦。联结对我们的心理健康尤为重要。被忽视和被迫与社会断联的儿童长大后会对世界一无所知，他们的大脑发育也通常滞后或受损。[5]

我们相互联结的能力和需求之所以得到进化，是因为我们的祖先因联结获得了成功。我们与他人分享的和向孩子们讲述的有关人类进化的故事需要改变，以反映这一全新理念。更重要的是，这些故事也需要反映所有关于我们祖先的新证据，而这些证据并不适用于热带草原上的野蛮猿人。例如，我们现在知道了更多有关女性祖先的行为，以及远古时代的儿童如何生活。[6]这在很大程度上要归功于许多优秀的女性科学家，她们在学术界地位的不断提升使她们能够影响研究的选题。[7]更多地了解儿童的生活对于理解人类进化至关重要，因为孩童时期的生存竞争最为激烈。[8]即便在100年前，有些族群中仍普遍存在半数儿童未到成年就夭折的现象。我们必须记住，千百年来，我们的祖先不仅自己活到了成年，他们的孩子也都活到了成年，并且也有了孩子。

你可能会认为，人类抚育后代并没有什么复杂或特别的地方。毕竟，所有动物都会生儿育女。其实，这个观点具有误导性。在进化学中，动物最重要的事就是繁衍能够存活的后代。对于人类而言，母亲会从其他女性和自己的男性亲属处获得帮助和支持。无论男性的职业是猎人、农夫、士兵还是其他，他们的劳作都为孩子的存活做出了贡献，对于人类进化都有着重要意义。在人类进化的故事中，一个关键且永恒的主题就是男性在养育后代的过程中所做出的种种努力。

如今的进化学家对于了解由基因决定的"人类本能"不太感兴趣。事实上，整个"人类本能"的概念看上去越来越不真实。[9]尴尬的家庭聚会也许很难忍受，但它却提供了一个绝佳的机会——你可以观察到那些从小一起长大且拥有大量共同基因的人的行事方式却不一定相同。基因和环境都无法准确预测孩子们长大后会是什么样子，它们也都不能（单独或共同）解释，为什么同样的挑战能够让一个孩子更加坚强，却能给另一个孩子造成一生的伤害。还有其他的因素造就了我们，包括随机因素。和我们的祖先一样，我们也许不得不接受，有些事情就是发生了，这就是所谓的运气或"命运"。我们一生中受到的所有影响并不都是确定的，我们也无法解释发生的一切。人类还没有进化出一种程序化的思维模式来做出特定的反应，我们进化出的是一种能够继续进化的思维，正是它成就了今天的我们——一种独一无二的生物。

故事和证据：帮助思考的有效工具

700 万年前，我们的祖先是生活在非洲丛林中的猿类，它们也是至今仍生活在非洲的黑猩猩和倭黑猩猩的祖先。当它们那一支的进化停滞不前时，我们的祖先却离开了丛林，不断繁衍生息，时至今日，子孙后代已遍布全球。众多科学家对我们的祖先在过去 700 万年中所走过的道路进行了研究，他们的工作也揭示了越来越多的细节。

证据总是更能展示哪些事件可能没有发生，而非确凿地证明某些事情发生过。这也是故事具有重要意义的原因。通过将来自不同学科的证据串联起来，我们就可能编织出由我们祖先主演的大戏之概貌，甚至可以据此推测，如果我们是他们，会有什么感觉。正是他们面临的挑战、找到的解决问题的方案、所做的交换，塑造了现在的我们。要了解我们的祖先，仅仅想象我们可能会如何面对那些挑战，或者我们会有何感受是远远不够的。我们必须将自己从当下的时空中抽离。我们的祖先不仅面临着不同的问题，也有着与我们不同的经历，沉浸在与我们拥有的不同的知识和信仰中。远古时代的祖先在容貌上与我们大相径庭，思维能力也和我们的不同。他们不可能像我们这样思考和感受。即便是近代人类祖先和现在的人类有着同样的外貌，他们和我们的所想所感也很可能截然不同。

长期以来，人类都会通过故事将想象投射于从未经历过的情形中。这也是为什么本书所讲的故事都是关于我们的祖先生活中可能发生的事件。所有科学家都是故事的讲述者，都在不断运用想象力去努力理解他们收集的证据。他人已经讲过的故事是本书故事的灵感源泉。我们的祖先成功进化的根基建立于他们的童年时代，那时他们的生命面临着最为严峻的威胁，因此，我们的故事也基本从他们人生的这一阶段讲起。我们的祖先不仅在危险中幸存，还能充分利用自己所处的环境。

我们讲述的故事有些长，因为在进化的过程中，祖先的生活日趋复杂。每一个故事的最后都有关于创作这个故事所用的证据和理论的概览。习惯阅读科学文献的读者可能会想要更多地了解我们所依托的证据，他们可能还希望知道这些证据来自哪些科学家的研究和学术成果。为便于这类读者阅读，全书最后有对应的注释，这些注释为进一步阅读提供了更多的信息及建议。我们用这种"多层次"的方式来撰写本书，因为我们相信，关于人类起源的故事不仅属于那些受过科学训练或对这个话题颇有兴趣的人，还属于全人类。如果你只是对故事本身感兴趣，觉得学术文献枯燥乏味，那就不用管那些注释。你也可以在失眠的时候看一看，或许它们有助于睡眠！

很多人不太喜欢这样的说法：人类是一种动物，是达尔文所描述的进化过程的产物。人们对于达尔文观点的反应很好地诠释了人类物种的多样性。有些人认为，基于自然选择的人类进化，即"适者生存"这种观点绝对正确，也坚信这一观点已经得到证实。另一些人则反对这一观点，认为它大错特错，并且引用了大量证据来证明它为什么错。双方都有道理。人类之间的紧密联结以及我们对他人的依赖有力地证明了人类进化不仅仅是适者生存。达尔文也看到了这一点。人类是一种动物，但我们并不是一种普通的动物。像我们这样的动物的进化过程几乎不可能发生，而它到底是如何发生的，学者们为此深感迷惑并争论了数年。像我们这样的动物只可能在某种极不寻常的特定环境下才能进化至此。

这意味着，如果人类是进化的产物，我们就可以排除许多进化过程中不可能发生的情形。在撰写关于人类进化的故事时，我们必须想象那些有可能发生并成就了我们进化之旅的事。我们的故事是惊人的、独一无二的。人类拥有令人骄傲的历史——嗯，也许并不是所有的历史都令人骄傲。

特殊的物种

如今，很多人都认为人类没有什么特别的——我们只不过是一种动物。但在1858年达尔文刚刚提出自然选择进化论时，情况却完全不同。他的《物种起源》一书于次年出版，是当时的（非虚构类）畅销书，书中汇集了翔实的证据，给读者留下了极为深刻的印象。尽管如此，很多人还是很难接受进化论的基本理念，似乎除了拼尽全力地竞争、生存和繁衍后代，人类的生命就没有了其他的意义和目的。他们觉得这不是自己生命的全部。这种"生命有某种意义"的感觉（或者说对这种感觉的需求），正是人类的独特之处。1871年，达尔文进一步撰写了另一部伟大的著作《人类的由来及性选择》，但这本书让许多评论家很不满意。[10]

阿尔弗雷德·拉塞尔·华莱士[11]认为，要想理解人类的特殊性，眼光不应仅仅局限于物质世界。和达尔文一样长着络腮胡的华莱士也是一名 19 世纪的英国自然学家和探险家。他的前半生多在热带丛林中探险，观察其间的动植物和栖息于此的人。他也像达尔文一样采集了许多标本并将它们送回了英国。1858 年，35 岁的华莱士正在现属于印度尼西亚的群岛上探险，就在那时，他提出了自然选择进化论。

和当时那些博览群书的英国人一样，华莱士对地球及生存于此的生命发生变化（或者说"进化"）的证据很熟悉。例如，那些已经灭绝的奇特动植物的化石遗迹。当时，人们不断发现了越来越多这样的遗迹。人们在离海岸线数百千米的山顶也总能发现海洋生物的遗迹嵌在岩石中。是什么力量产生了这些变化？华莱士很喜欢与朋友、同事一道苦苦思考这样的问题。得了疟疾的他在身体康复的过程中（可能还有点儿发烧）意识到，生物体的变化并不需要一种超自然的驱动力。

为了生存而斗争便是让生物体产生变化的力量。华莱士在热带岛屿探险时，随时都能看到这种斗争。生物产出的后代数量比实际能存活的多得多——竞争时刻存在着。动物为了寻找食物而竞争，树木为了叶片获取更多阳光而竞争，每个个体都尽力避免成为别的物种的食物。同一物种的不同个体并不总是相同的，总有一部分个体拥有能更加适应环境的特性，它们最有可能活到能够繁育后代的年岁。如果这些幸存者的后代继承了上一辈的这些特性，那么这些生物就必然会代代发生改变。新一代总会比上一代进步一点点，以便更好地适应生存环境。

大病初愈的华莱士即刻给达尔文写信阐释自己的观点。他和达尔文通信已有两年，但并不知道达尔文也有了同样的想法。达尔文在英国默默地发展自己的理论，即生存竞争和繁衍后代如何作为进化的自然机制。他同密友探讨过这个问题，但在积累足够多的证据和例证，足以证明这一机制不仅停留在概念层面之前，他不想和更多的人讨论这个想法。1858年，当意识到有人和他的思路相同时，达尔文马上在伦敦林奈学会的一次会议上安排宣读华莱士的来信和他自己的一篇论文。当时，该学会是探讨自然历史领域发现的主要机构。达尔文通过宣读论文来公布自己的想法，确保了他与华莱士在这一理论上各有一半"军功章"（见图1.2）。

图1.2　达尔文–华莱士奖章，1908年7月1日。该双面奖章由伦敦林奈学会颁布，旨在纪念宣读达尔文和华莱士的关于自然选择进化论的研究结果50周年

　　而华莱士此时远在印度尼西亚，对此一无所知。但他最终收到了来信，获知他的理论在自然学界引起轰动。他在岛上继续进行了4年的探险生涯，于1862年回到英国，发现所有对进化感兴趣的人都在

讨论达尔文几年前出版的《物种起源》。没有证据表明华莱士因他自己及其理论受到的待遇而对达尔文有任何不满。事实上，他开始在公开演讲中解释，他和达尔文共同持有这个观点——自然选择如何"创造"众多各具差异的生命。

但很快大家就都知道，华莱士对人类进化的观点与达尔文的产生了重大分歧。华莱士相信，生物的物理特征会在数百万代的生存竞争中产生变化，但他没能看到人类的意识和良知也以同样的方式发生改变。在探险之旅中，他看到无数动植物的竞争。他曾多次目睹动物因受伤或患病降低了生存竞争力，从而忍受痛苦甚至死亡。微小的创口或者轻微的不适通常都是致命的。

这与华莱士观察到的人类的情况大不相同。他在南美洲和印度尼西亚进行探险旅行时，遇到了很多欧洲朋友口中所谓的"野蛮人"。各部族的人与欧洲人的长相和行为有着明显差异，部族之间也大相径庭。但他发现，他遇到的所有人类都有一个重要的共通之处。他在《伦敦人类学学会杂志》上写了一篇文章，其中说：

> 即便是在最野蛮的部落中，病患都至少能获得食物接济；健康状况与活力不及平均水平的人，也不是必然会死亡。肢体或器官的缺失也不会导致他们遭遇像动物一样的结局。一些劳动分工出现了：最敏捷的人负责狩猎，体力不佳的人负责捕鱼或采摘水果。从某种程度上看，食物可被交换或分配。自然选择的作用因此受到阻碍。那些孱弱、矮小、肢体不够灵活、视觉不够敏锐的人，并不会像有同样情形的动物一样遭遇灭顶之灾。[12]

华莱士因此得出结论，人类不会像其他动物一样进行生存竞争，也就是说，自然选择在人类身上不会像在动物身上一样奏效。他也疑惑，怎样才能解释人类社会普遍存在的慷慨品质，而在他看来，其他动物完全不具备这一特质。他推测，人类进化可能有所不同，可能还有什么其他必要的进化过程来解释人类的道德信念和精神生活的发展。他想知道在能够直观观察到的物质世界之外，这种进化是否能够发生。

怎么就不能发生呢？物理学家詹姆斯·克拉克·麦克斯韦在苏格兰证明，电场和磁场以不可见波的形式，以光速在空间中穿梭。很多以前看来"超自然"的事物，现在都被人们理解为自然的一部分。当时普遍认为，会有更多振奋人心的新发现。19世纪60年代，很多讨论都在关注看不见的"精神世界"是否也是自然界的组成部分。和当时的许多科学家一样，华莱士相信有这样的世界存在，并且应该系统地探索与灵魂交流的可能性。他认为，人类的思维作为一种精神形式，与身体的进化是完全分开的。

华莱士参加了不少通灵会，听到了所谓无形的魂灵发出的敲击声。他通过灵媒和死去的亲人对话，甚至与母亲的亡魂合影。一些制造了类似的"超自然现象"的人后来纷纷承认自己是骗子。即便如此，华莱士仍然坚信，他与精神世界的某些交流是真实发生的。

如今，达尔文最为人所称道的便是提出了自然选择的进化理论，为此他做了大量工作，为支撑这一理论提供了证据。当代科学家钦佩他坚持以证据为指引，决不盲从当时的流行观点。达尔文并未过多考虑精神世界这个概念，但他完全赞同华莱士的看法：解释人类进化的工作遇到了难题。他们都相信，所有生物都是相关联的，因此可以编制一套宏大的生命族谱图。达尔文在世时，他的同事在全世界进行探索的过程中找到了更多活体标本和已灭绝生物的化石，不断填补着族谱图中的空白。自达尔文时代起，更多空白被逐一填补。我们现在所掌握的 DNA（脱氧核糖核酸）测序技术，不仅能检测活体生物 DNA，有时亦可检测从死去已久的生物遗骸中提取的 DNA，这也为填补族谱图的空白做出了贡献。如今的生物学家能够更精准地定位生命之树上的树杈和分支。

即便人类这一物种在生命之树上处于"离群索居"的特殊地位，但达尔文仍然确定我们在这棵树上拥有一席之地。当时一些受欢迎的作家错误地引用了他的话，声称人类是猴子的后裔，这肯定让他大为光火。达尔文将人类和非洲类人猿（黑猩猩和大猩猩）划分至同一分支，并认为我们与另一个类人猿种群——在印度尼西亚群岛的婆罗洲岛 ① 和苏门答腊岛发现的红毛猩猩的关系更远一些。猴子就是更远的"远亲"了。它们的脸可能长得像人类，但身体与人类大不相同。比如，大多数猴子都有尾巴。在达尔文时代，对于 DNA、基因，或者父辈的特征如何传递给下一代等问题还远未有人了解。达尔文的判断是基于他自己及自然学家同人艰苦、细致的观察而得出的。DNA 分析已经验证，这些判断基本都是正确的。

达尔文下决心将自己的判断建立在证据之上，但如此一来，1871年出版的关于人类进化的著作 [13] 中所提及的观点就不如他之前的《物种起源》那么受欢迎。他新提出的观点还没有其他一些学者的观点有影响力。赫伯特·斯宾塞是人类进化领域的知名专家。他不仅拥有雄辩的口才，似乎也深谙公众期望听到的内容。[14] 斯宾塞和其他一些人宣称，欧洲以外的其他"人种"较为低等，或者从某种程度上来说不算是人类，以此为本国同胞对待非欧洲人的方式辩护，但达尔文却不

---

① 婆罗洲岛，即加里曼丹岛的旧称，是世界第三大岛，面积为 74.33 万平方千米，属热带雨林气候。——译者注

认同这种说法。达尔文提出，各人种之间的差别十分表面化，生物学家必然会得出结论——全人类不仅属于同一物种，而且我们都有着紧密的亲缘关系。他认同在不同环境下长大的人的行为会有所不同，但他同时提出，经验会影响行为。他在1871年出版的《人类的由来及性选择》一书中提供了证据，证明来自世界其他地区的年轻人只要长时间生活在欧洲，并受到鼓励，学习欧洲人的行为方式，那么他们的行为就和欧洲人没有差别。

得益于跟随英国皇家海军舰艇"贝格尔号"进行为期5年的世界环游，达尔文获得了许多第一手经验。很多时候，他都和一个名为杰米·巴顿的年轻人待在一起。[15]这艘长约27米、重达242吨的舰艇于1829年从英格兰启航，满载73人和第一段旅程所需的物资与设备。达尔文和杰米·巴顿也在船上。这趟旅行的主要目的是勘察南美洲，从而绘制更为细致的南美海岸线地图。

当时，达尔文22岁，是船上的博物学家。他的工作就是"贝格尔号"在沿海岸线航行时，在不同的地方登陆并对当地进行探索。他计划收集植物、动物及岩石标本并寄回英国。杰米·巴顿则乘船返回家乡。两年前，"贝格尔号"造访南美洲时，船长挑选（其实就是绑架）了4名当地人，并决定将他们带到英国。巴顿是3名幸存者之一。和英国人一起生活使他发生了改变。"贝格尔号"的船员第一次发现他时，他还是一个骨瘦如柴的小孩，和他的同伴一起在轮船周围近乎0摄氏度的海水中裸泳。等达尔文见到他时，他已是一个圆润的少年，身着伦敦最时兴的服饰，像和他共同居住的英国人一样，掌握了极好的餐桌礼仪和基督教价值观。船长希望他回到故乡后，能够教会当地民众他在英国学到的基督教和"文明"的行为方式。

历尽艰险，险些葬身风暴，"贝格尔号"终于停靠在巴顿的家乡、南美洲最南端的火地岛。在和巴顿的家人取得了联系，为他建造了一所小房子，又帮他种了一些谷物后，"贝格尔号"上的长官和船员们极不情愿地留下了衣着考究、被当地人围绕着的巴顿，而他们，包括巴顿自己，都把这些当地人视为面目凶残、贼头贼脑的野蛮人。

一年之后，"贝格尔号"完成了对南美洲东海岸的勘探，返回巴顿的家乡。船员们想看看巴顿过得怎么样，都很担心他会生病、吃不饱饭，甚至陷入更差的境况。巴顿一听说"贝格尔号"回来了，立刻驾着独木舟来到了舰艇停泊之处。这个精瘦的年轻野人顶着脏乱打结的头发爬上了船，尽管天气寒冷，他却全身赤裸，只在私处系了一小片布（见图1.3和图1.4）。达尔文在寄往英国的信中写道："看到他现在的样子，真叫人痛苦……他刚离开我们的时候是胖乎乎的，对自己的衣着很挑剔，经常担心鞋子上有污渍。他很少不戴手套，头发总是打理得整整齐齐。我从未见过如此彻底又令人痛心的改变。"

巴顿登上"贝格尔号"后，立即进入船舱里洗漱，又借了点儿衣服穿，这样看起来就比较像船员们认识的那个巴顿了。见到英国的老朋友们，他显然很激动。但当他们敦促他留在船上，和他们一道返回英国时，他显得很惊讶。他坚称，现在和乡亲们过得很好，并告诉船长："我很好，先生，从没这么好过。"达尔文在家书中写道，1833年，他们将巴顿留给火地岛上的同伴时，巴顿对当地人的无知感到惊骇，并称他们为"大傻子"。但现在，巴顿认为他们"是一群很好的人，丰衣足食，过着富足的生活"。巴顿和他的几位家人在船上又待了几天，船员们还在继续劝说他一起回到英国。这时候，一艘独木舟驶来，舟上有一名年轻女子，明显很沮丧。原来，她是巴顿的妻子，很担心丈夫会被拐走。最后，达尔文和"贝格尔号"上的全体船员一致同意，巴顿不太可能再离开了，并热烈祝贺他喜结良缘。

1833 年的杰米·巴顿

图 1.3-图 1.4 "贝格尔号"随船画家康拉德·马滕斯为杰米·巴顿所作的画像。上边的画像作于船员们将巴顿留在南美洲最南端的火地岛之前。下边的画像作于一年后，当时"贝格尔号"已返回火地岛并提出带巴顿回英国

1834 年的巴顿

巴顿留在了南美洲，但仍与欧洲人联系了几次，因为他们试图索要这块土地并"驯服"居住在此的人。巴顿利用自己的文化和英国文化中的知识，同时充分运用自己对欧洲基督教价值观的理解，尽可能地保护了他的乡民。他在接近 50 岁时死于一场流行病。这可能是欧洲人带到美洲的传染病之一，如瘟疫或麻疹。

巴顿行为的转变极大地影响了达尔文。他观察到，其他任何一种动物，包括猿类，都和人类的行为不一样[16]，也没有任何有关原始人类的证据可以补上人类与和人类非常接近的动物之间"缺失的一环"。另外，任何一种动物的行为多样性都远不及哪怕一个小村庄里的人类能表现出的行为多样性。观察人类行为的生物学家可能会考虑把人类分为几百个不同种群。但人类的亲缘关系非常接近，身体结构也非常相似。杰米·巴顿与达尔文的相处让后者看到，个体的行为可以多么灵活多变，我们从父母那里继承行为的方式和我们继承他们鼻子形状、眼睛颜色的方式截然不同。

达尔文称，在族谱图的猿类分支上，人类和黑猩猩、大猩猩、红毛猩猩之间有一道"巨大的空隙"。达尔文去世后，科学家试图努力去定义这一"空隙"。大家想当然地认为，人类比其他动物聪明得多，但这到底意味着什么？人类拥有的智慧也许独一无二，而其他动物在解决与它们的生活息息相关的难题中也展露了非凡的智力。当科学家开发出更适合动物所学内容的智力测试，或仅仅是在野外近距离观察它们时，他们发现，动物比人们想象中的聪明很多。[17]很多动物的大脑比人类的小，但它们是有着惊人记忆力的优秀学习者。它们也很有创造力。新喀里多尼亚乌鸦能够用小树枝和树叶制造工具，将可以食用的昆虫幼虫从洞穴中掏出。座头鲸群会一起吐出气泡，形成一层泡沫帘幕，就像一张鱼类无法游过的空气网，以此捕获小鱼群。黑猩猩有能力弄清楚哪些是其他成员知道的，哪些是它们不了解的 [18]，这种技能有时被心理学家称为"读心术"。一度有观点认为，只有人类才有"心智理论"。而即便是华莱士描述的慷慨品质，也不是人类所独有的。其他动物的生活中也并不总是竞争。许多动物种群内部都互相帮忙照看幼崽和分享食物。[19] 一些哺乳动物乐于给非亲生的幼崽哺乳。[20]

特殊的进化

从自然选择进化论首次被提出以来，科学家们已经解开了基因遗传的谜团，也理解了这一机制的许多惊人细节。但是，当一些谜团被解开时，另一些以前看起来很简单明了的事物又成了难解之谜。例如，19 世纪时，孩子如何"继承"父母的语言似乎是很明显的。他们听身边的人说话，并模仿他们说话的方式。一个孩子如何遗传了母亲的鬈发和父亲腼腆的性格，在当时看来是未解之谜。今天，我们知道了 DNA 中编码的信息如何指导毛囊形成，心理学家也正尝试验证关于某些特定基因如何影响个性的理论。但关于我们如何通过学习来"继承"信息的细节现在却更加神秘了。比如，孩子并不一定继承父母的说话方式，而是倾向于学习自己朋友的方言。有时候，亲兄弟姐妹如果在不同的学校，交了不同的朋友，他们就会有不同的口音。是什么原因导致了这种情况的发生？

在过去的几十年中，越来越多的进化论者开始相信，华莱士的第二种进化过程理论似乎没有那么牵强。这些进化论者认为，自然选择的进化方式不会发生在精神世界。（如果精神世界真的存在，要获取任何关于它的可靠证据也是不可能的，所以它经不起科学检验。）但我们一直都知道，另一个进化过程在深刻地影响着人类的生活，那就是文化的进化。我们知道，文化随时都在发生变化。它变化得太快，我们在一生中都能真切地经历。我们的技术在发展，人类构建的世界中的一小部分被摧毁，同时又会新增一些事物，我们也总是能意识到自己的感觉和信仰发生了改变。

从最宽泛的意义来说，文化是一个纷繁复杂的巨大集合体，包含了我们周围的各种理念、信仰、习惯、风俗、流行款式和事物。我们的信仰和情绪看似个人化，但它们与我们周围人的行为有着关联。我们的思维在改变，有时候连自己都不知道为什么。我们可能会突然开始质疑一些以前认为理所应当的事情。有些事可能很琐碎，比如30岁以上的女性是否应该穿打底裤，或者更深刻的问题，比如任何人是否有权利发表关于30岁以上女性着装的言论。

一些学者提出，"文化"超出了科学的范畴，这主要是指精神层面而不是物理层面的大脑。另有一些人指出，因为科学是文化的一部分，所以不可能存在"文化的科学"。他们说，一个人不可能对自己身处其中或是作为组成部分的事物持有客观（"科学"）的看法。[21]

但更广义的定义认为，文化只是信息，是我们通过社交网络接触的海量数据。文化信息就像一套"工具"，我们在自己的世界中使用这些工具。有时候，我们掌握的文化信息允许我们创造或使用物理工具，比如刀，或是在寒冷的环境下生存所必需的保暖衣物。但我们关于环境的知识，比如什么样的植物可以食用，也是很重要的生存工具。文化赋予我们的很多工具都属于"社交工具"，让我们能与他人以复杂的方式进行互动。语言可能是最重要的社交工具，人类已使用了千万代。文化也给我们提供了很多其他的社交工具。我们对所谓"上流社会"人士的举止表现形成了一致认可的规则，对物理对象亦是如此，比如金钱是为了使贸易更为便利。再比如药物，包括酒精，能够让人们在与陌生人相处的时候感到更加轻松；武器则用来应对交往中遇到的敌对情形。

过去，每一个不同的族群都有自己的文化网络。部分族群过着完全与世隔绝的生活。但在过去的几千年中，族群之间的联系加强了，信息、商品和人可以在族群之间更加便捷地流通。如今，全球网络让我们无比紧密地联系在一起。我们每个人都能接触这个网络的某些部分，人们常常编辑和添加相关数据，文化因此不断发生着变化。这种变化不是随机的，我们接触文化信息的方式也不是随机的。寻找并评估信息变化中的模式超出了人脑的处理能力。但人类制造的计算机越来越擅长处理数据，并且处理起来比我们客观得多。

我们无法对人脑如何进一步变化做出精准可靠的预测。谁会想到，现在的人们在做饭上花的时间越来越少，关于烹饪的电视节目却还如此受欢迎呢？但文化中的确有诸多模式可循。长时间待在一起的人们的思维模式会趋同，也更容易认同事物需要何种改变。长时间待在一起的人们在一定程度上有着相似的文化，因为我们更喜欢和想法差不多的人在一起，更因为花时间和别人待在一起会影响我们思维发生改变的方式——杰米·巴顿的生活就清晰地展示了这一点。

但即使是这一点也难以预测。将人类思维联结起来，并使想法在不同的人之间流动的"以太"①往往令人难以理解。似乎它也可能发生在精神世界。很多人对于"较为亲近的家庭成员常以截然不同的角度看待世界"这件事都是知其然而不知其所以然。我们所称的"文化"已经融入了我们的思想。它不仅仅包括我们穿什么样的衣服来打扮自己，也为我们提供了心智器官，消化我们经历过的事情，帮我们进行

---

① 以太，一种空气，无线电或电子通信被认为发生在其间。——译者注

"新陈代谢"。

本书讲述了一个背景故事，解释了我们的祖先如何设法（在某种程度上）驾驭文化（我们的祖先利用文化，而文化也利用他们）。这个故事要追溯到很久以前。在最宽泛的概念中，文化并不是人类所独有的。猿类以及其他一些动物也会跨物种地相互学习，所以在这些动物群体中也可以说是有"文化"存在的，虽然只是一种简单的文化。对于我们的祖先来说，文化的概念变得非常庞大。数百万年前，人类祖先试图在新的栖息地生存所付出的努力使其找到了利用文化的新方式。随着地球环境变得越来越不稳定，对于人类来说越来越重要的是拥有一套复杂的文化，使他们能够心往一处想，从而共同应对新的挑战。这使得一些族群能够生存、繁荣。

我们的物种和文化的进化故事将从下一章开始，故事的主角是700万年前居住在非洲丛林中的猿类祖先。即使是在人类存在以前的时期，学习和相互联结也很重要。但是，对于猿类来说，只有一种强有力的联结，那就是母亲和幼崽之间的纽带。我们认为，这种情况在大约300万年前发生了改变，这一内容将在第3章展开。这一时期，我们的祖先已经进化成一种被科学家称为"南方古猿"①的猿类。第4章描述了150万年前人类祖先的生活。他们已经是人类，身体有很多方面和我们很相似，大脑也比古代或任何现代猿类的大脑都大，但仍然比现在人类的大脑小很多。第5章是关于生活在10万年前的人类祖先的。从身体外观上来说，他们和我们几乎一模一样，大脑的大小也相同。但他们的文化远不及今日人类的文化复杂。在第6章中，我们描写了生活在3万年前的人类，那时，至少在部分人类族群中已经

---

① "南方古猿"又称"更新纪灵长动物"。——译者注

出现了复杂得多的文化。

我们将人类历史的绝大部分放在了第 7 章，讲述了许多生活在自冰期结束到今天这段时间的人类的故事。关于人类进化的新证据和我们对此的新理解表明，我们需要用新的方式来看待这一时期。数千年来，有着和我们相似大脑的人类行走在自然资源丰富的地球上，但他们的人口数量和对地球的影响力一直很小。直到几百年前，情况发生了急剧的变化。在第 8 章中，我们探讨了这些变化，以及我们是如何应对的。最后，在篇幅较短的后记中，我们展望了不久的将来。

02

猿类祖先（700 万年前）

多亏有了分析不同生物 DNA 的技术，我们才得以了解族谱图的大致样子。如今，有三种类人猿生活在地球上（如果算上人类，那就是四种），其中包括黑猩猩和倭黑猩猩，它们彼此之间有着很近的亲缘关系，与人类的关系也最为接近。我们知道，在过去（600 万～700 万年以前）的某些时段里，生活在非洲丛林中的猿类将我们与其他动物联系起来（见图 2.1）。这些猿类是我们的祖先，同时也是现在仍然生活在非洲丛林里的黑猩猩和倭黑猩猩的祖先。

科学家正在努力拼凑一幅"最近共同祖先"（即 LCA，last common ancestor）的样貌图，试图借此搞清楚我们和类人猿的关系到底意味着什么。

数百万年前，我们的一位祖先诞生在非洲的一棵树上。它呼吸的第一口空气温暖而潮湿，还带着雨林的霉味。它第一次睁开双眼，看到阳光从繁密的枝叶中透出来。接着，它看到了母亲的毛发。如果你和这位新出生的祖先一样，那么你就是一只古猿，大脑体积是人类大脑的1/3。我们不知道这样的大脑会让你有什么样的想法和感觉，但我们很清楚你会有何种行为，以及你的"猿生"会是什么样的。[1]

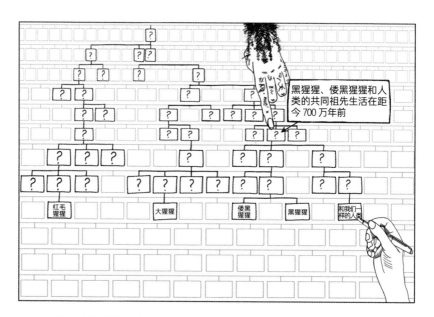

图 2.1　猿类－人类族谱图。很多人都知道，科学家相信人类起源于猿类，或者说我们本身就是一种猿类。但这到底意味着什么？如果我们试图画出猿类族谱图，上面可能全是问号。科学家也许能肯定的是，人类的祖先将我们和猿类一族联系起来，但这些祖先都没有得到证实，而且，它们在很久以前就已经灭绝了

　　在母亲的子宫里待了八九个月后，你从它的产道被娩出，这个过程比人类产子容易得多。刚开始经历宫缩时，你的母亲就停止了觅食，试着在一根树枝上用尽量舒服的方式将你推出子宫。当你的头部开始露出时，它会用手托住它，轻轻地将你拉出它的身体。[2]然后，它不断地舔舐你，舔去你皮肤和毛发上的羊水。羊水的味道混合了健康幼崽的体味，这对它来说相当美味。它狼吞虎咽地吃掉了脱出的胎盘。如果你生下来就是死胎或者不够健康，它说不定还会吃了你。但你是健康的，所以它此刻沉浸在对你无尽的爱中。

　　和人类婴儿相比，猿类幼崽就是一只瘦骨嶙峋的小东西。它

们差不多是人类婴儿的一半大小，而且更瘦。尽管个头较小，你在身体和智力上却比人类新生儿发育得更好（见图2.2）。你出生时的发育水平在很多方面都更接近一岁左右的人类婴儿。在出生几分钟后，你就能发出刺耳的尖叫声，好让母亲知道你是健康的。它将你的脸推向它的乳头，试着让你开始吮吸。在整个幼崽时期，你感到任何不适时都会尖叫，以此来提醒母亲注意。你小小的手和脚紧紧地抓住母亲腹部的毛发。坚持了几秒后，你感到自己在向下滑落，于是你又开始尖叫。此时，母亲就会用手轻轻地搂住你的背部。

图2.2　和人类新生儿相比，刚出生的黑猩猩幼崽在身体和智力上的发育程度都更高。猿类幼崽能否存活取决于它能否紧紧抓住母亲腹部的毛发，并自主吮吸母亲的乳头。在绝大部分清醒的时间里，母亲都需要腾出两只手四处觅食

　　最终，你能够在母亲觅食的时候牢牢地抓住它腹部的毛发，并自行吮吸乳汁。在你完全掌握这一技能之前的几个星期里，你

和母亲大多数时间都在地面上生活。它抱着你四处觅食，将你暂时放在地上，好翻找落叶层和植物中的食物。它从来不会走远，只要有一点儿风吹草动就会马上把你抱起来。但你还是拼命尖叫，因为你很讨厌不在母亲怀里的感觉。它不得不硬起心肠，因为它需要充足的食物来生产为了让你存活所必需的乳汁。它寻找着从树上掉落的食物，如水果、凋谢的花朵、从鸟窝中掉出的小鸟和鸟蛋。你们偶尔还能碰到沿着洞穴行进的白蚁，还有蛇、蜘蛛、蜥蜴、毛虫等。

你一降生就成了母亲生活的核心。至少在未来 3 年里，你们都会形影不离，在那之后的 5 年里，你会生活在离它非常近的地方。你和母亲还有一位陪伴者，是一只年轻的猿，它也是你母亲的孩子。但你出生后便取代了它的位置。它希望能靠近母亲一点儿，也对你很感兴趣，但母亲会让它离远一些。催产素——触发宫缩、将你推出子宫的激素[3]——影响着它的大脑，触发了它强烈的情绪。这种激素会出现在哺乳动物生产时，对于很多哺乳动物来说，它会使母亲产生一种与新生幼崽的紧密纽带。催产素对人类母亲的情绪影响似乎较弱。人类母亲也会为自己的新生儿全身心投入，但即便是对孩子最为热切的母亲，也会带着骄傲的心情放心地将孩子交给亲友、助产士和儿科医生。猿类母亲则完全沉迷于自己的幼崽。你的猿妈妈会希望你只属于它，它会拼命地保护你免受一切伤害。[4]

你和母亲有一部分时间与猿群待在一起。可能是一小群猿，包括几只成年猿，但更有可能是一个更大的群体。白天，群体中的成员四散开去，在周围觅食。有时候整个猿群会聚到一起，有时候会形成一些小团体。夜幕降临之时，每一只猿都会在树上找到一个舒适的位置，并快速地用树枝搭起一个平台，也就是一个能睡觉的窝。你和母亲就一起睡在它做的窝里。

在非洲丛林里觅食

如果母亲在丛林间攀爬飞荡着觅食时，你能紧紧抱住它，事情就会简单许多。你身边都是可以吃的东西。研究人员在坦桑尼亚贡贝溪国家公园共识别出了235种可供当地黑猩猩食用的食物。[5] 由于非洲雨林的生态随着地域变化而有所差异，非洲其他地区的黑猩猩找的食物在上述200多种之外。

你的母亲能活到现在，说明它非常了解能找到什么食物，以及如何获取食物。它面临的问题在于，能找到的只是很小块的食物。设想你身在一间自助餐厅，食物都没有摆出来，而是被藏在了餐厅各处。你找到了一点儿食物，可能只是一片生菜叶、一根芹菜秆、一片柠檬，或者一小袋番茄酱。这些食物能确保你不挨饿，但无法让你得到滋养、感到满足。一些藏起来的食物会更有营养。你很可能在一片黄瓜下面找到一节鸡尾肠，一大块菠萝旁边有时候会有一块奶酪。你的母亲总是在寻找这些好东西。它知道，最好的食物总是最难被发现和获取的。有时候，这些食物的外面盖着臭烘烘的东西，藏在荆棘中，也许外壳还咬不破。你的母亲是觅食高手。运气好的时候，它能在这顿自助餐里找到不少上好的菜肴。

类人猿在这片栖息地上为了生存而进化着。事实上，说它们及其丛林之家在共同进化才更为准确。丛林中的部分植物为了传播种子，也在适应猿类和其他食草动物。它们的种子生长在猿类认为很美味的水果中。猿类吃掉了作为种子"外包装"的果实，部分种子能穿过它们的消化系统，几天后被排出体外，掉落在森林的地面，种子周身包裹着的粪便将会为幼苗的生长提供养分。猿类和树木的共生关系维持得很好，它们吃了很多水果，但这并不能完全满足它们对营养的需求。植物已经进化到了一切从简的地步，它们只会在果实中注入刚好能吸引猿类吃下去的养分。猿类食用的水果、叶子及其他植物都富含纤维。它们能消化的植物纤维并不比人类多。但另一种共生关系能够帮助它们从纤维中获取一些营养。大多数纤维都能被微生物分解，这些微生物是寄居在猿类大肠中的微小"租客"，它们制造和释放的化学物质能为猿类提供更多养分。这些养分对猿类的帮助很大，但对于猿类母亲来讲，要产生足够的乳汁喂饱成长中的幼崽，仍然很艰难。

丛林中最有营养的食物并不是免费采摘的。小动物或蛋都是偶然发现的幸运礼包。蜂巢中有蜂蜜和蜜蜂幼虫，但四周都环绕着愤怒的蜂群。你的母亲很清楚某些植物中储存着能量。有些植物在种子中注入大量养分，有些植物将养分储存在根部，有些植物的茎中有富含碳水化合物的髓质。几千年来，热带丛林中的动植物都在进化，越来越擅长将它们的能量储存、保护起来，不让饥饿的猿类找到。但与此同时，猿类也在进化，越来越擅长应对这些"障眼法"。它们进化出了彻底了解脚下这片土地的能力，记住了这片土地一年到头的变化，并且掌握了必要的技能去获取藏匿于植物体内的营养物质。猿类要变得这么聪明，就需要更大的大脑，而大脑越大，就越需要能量来维持运转。即便在睡觉的时候，动物的大脑也在工作。所以这是一个完美的平衡——猿类需要更大的大脑，在简陋匮乏的热带丛林"自助餐"里找到足够的食物；而大脑越大，它就必须找到越多的食物。这种平衡对于母亲来说最为重要，因为它重任在身，要为自己和幼崽找到食物，幼崽大脑的发育也需要食物中的营养。

如果你的祖先和今天的黑猩猩一样，它们当中的一部分成员可能会不时捕食小猴子或其他体形较小的动物。当其中一只雄性同伴突然看到树上的猴子并开始追逐时，作为"猎猴者"的某只黑猩猩就会开始行动。紧接着，其他雄性黑猩猩也会加入追逐，从各个方向逼近猴子，在树木间飞荡跳跃，试图堵住猴子的去路。如果你的猿类祖先以这种方式捕猎，你的母亲多半不会参加。这种追逐要求一定程度的速度和敏捷度，在带着幼崽的情况下是不可能达到的。如果黑猩猩设法抓住了一只猴子，它们会将其撕成碎块，每一只捕猎者都会尽己所能获取最多的食物。一旦捕猎者得到了一块猎物的残骸，它的伙伴们就会立刻围上来，祈求能分得一小片肉。捕猎者会把最嫩的部分留给自己，允许自己最特殊的朋友得到肉质不那么上乘的部分。如果你母亲的朋友得到了肉，它可能会去讨要，但它也有自己的方式获取动物蛋白。它的足智多谋和生活经验足以弥补它所缺乏的速度和敏捷度。

即便如此，猿类母亲一天当中能找到的营养也很有限。它们产出的乳汁像水一样淡，和其他哺乳动物的乳汁相比，营养价值也很低。[6] 例如，小猫可以吃到奶油一般浓厚醇香、富含脂肪和蛋白质的猫奶，足以支撑它们快速的生长发育。6 周大时，小猫就会断奶，并且准备好学习捕猎了。4 个月后，这窝小猫中的母猫可能就会准备好交配，并产下自己的幼崽。母猫一年可以产下好几窝小猫。而母猿几乎不可能一次产下超过一只幼崽，而且，即便是最优秀的母猿，终其一生也很难抚育超过 5 个子女。

猿类幼崽缓慢的生长过程使得它们能够靠寡淡的乳汁存活。当 6 个月大的时候，你的身体就会长大，让母亲觉得把你抱在胸前很不舒服。因此，它会将你背在背上。一开始，你会很没有安全感，并且大声尖叫。最后，你会慢慢适应，当它觅食的时候，你可以在它的背上或者附近的树枝上找到平衡。又过了 10 年或更久，你的体形和力量都在慢慢增长，但还没有长到成年猿类的大小，也没有达到性成熟。所有灵长类动物——包括猿、猴、狐猴、原猴和人类的哺乳动物家族——比其他大多数哺乳动物的新陈代谢更慢，生长发育也因此更为缓慢。类人猿在这方面尤为极端。[7]而人类是真正的异类，在很多方面都比较奇怪。更多关于人类的奇怪之处会在后面的章节中谈到。

在强敌环伺的社会环境中生存

等你再长大一些，母亲就必须给你一点儿独立空间，但这并不意味着它就可以开始放松了。当你 18 个月大的时候，你的大脑就与成年猿类的一样大了，如果你要学习和成长，就需要玩耍和探索。打打闹闹对你来说是有益的，特别是和你的兄长玩闹。你的母亲仍然会警觉地看着你，对你有强烈的保护欲。你出生的过程中母亲释放的催产素，在你每一次吮吸乳汁的时候仍在释放。你吮吸母亲乳头的动作会向它的大脑传递释放催产素的信号，所以它能持续感到和你强烈的情感联结。

对黑猩猩进行的野外观察已经表明，为什么自然选择会更加青睐雌性动物中有着强烈保护欲的母亲——因为幼崽总是处于危险中。在有些猿类群体中，研究人员看到过猿类从同伴怀中扯下幼崽并杀死，然后与其他伙伴分食。在困难时期，雌性黑猩猩有时候会杀死不受欢迎的母亲——通常是群体中的新成员——的幼崽。[8]但雄性黑猩猩弑婴的情况更为普遍。假设你是你的猿类祖先，那么你们族群的大部分雄性（从进化的角度来说）都有充分的理由想杀死你，因为你可能是其他雄性的后代。[9]你的母亲在怀上你之前可能与多个雄性交配过，它们都有可能是你的父亲，但都不太确定。

只要你还在奋力地吮吸母亲的乳汁，雄性猿类就没有机会前来和它交配。这不仅因为强烈的情感联结使它专注于你，你吮吸的动作也向它的脑垂体发送信号，使其释放"催乳素"这种激素。你母亲血液中高水平的催乳素会产生两种效果。催乳素刺激乳腺不断产生乳汁，同时也阻止卵巢中的卵子成熟。如果幼崽死亡，或者只是生病、没了胃口，吮吸就会停止，它的催乳素水平就会下降。很快，其中一颗卵子就会成熟。一旦如此，你母亲的身体状态就不再是专门确保你好好活着了，而是开始准备孕育新的生命。成熟的卵子会触发释放激素的机制，使它的身体发生变化，让雄性愿意与之交配。它自己或许也想要交配，但并非必要。雄性猿类在与它交配时，不会考虑它的意愿。根据观察，在交配问题上对雌性黑猩猩最为强势的雄性黑猩猩拥有数量最多的后代。[10]灵长类动物学家曾观察到雌性黑猩猩与几周前杀死自己幼崽的雄性黑猩猩交配。[11]

幸运的是，你的猿类祖先都不是"弑婴事件"的受害者。它们都活到了成年，也都有了自己的后代。它们的成功很大程度上要归功于母亲的悉心照料。这表明，如果你是自己的一位猿类祖先，你的母亲可能相对年长，非常有经验。头胎幼崽的死亡率远高于后来出生的弟弟妹妹们。"初为猿母"的母猿会感受到与幼崽的强烈联结，但这不足以使其成为合格的好母亲。一边有效地觅食，一边照顾好自己的幼崽需要高超的技能。一个更年长的母亲更有可能在一个雌雄同类都对其抱有敌意的群体中建立友谊和社会关系，从而有助于确保幼崽的安全。一个猿类群体不是一群动物单纯地聚在一起、互不相干地生活，它更像是一个社群，其中的成员会对其他成员产生感情和长期记忆。[12]

年长一些的雌性黑猩猩有着更强的能力和更好的社会关系，这可以解释它们何以有超群的性吸引力。观察黑猩猩群体的灵长类动物学家在报告中提到，如果已经养育过好几只幼崽的年长雌性黑猩猩正在排卵，雄性黑猩猩会对同样处在发情期的年轻雌性视而不见。[13]它们都忙着争抢那些身体部位下垂、皮肤起皱的"资深主妇"。如果你总是看到光鲜的杂志和其他媒体鼓吹青春的吸引力，可能会不太理解雄性黑猩猩的选择。如果你读到基于早期研究的人类进化故事——这些故事通常不够重视雌性所付出的努力和父母对孩子的养育——可能同样无法理解。关于性伴侣的选择，有太多关于"进化论说了什么"的文章。但进化论真正说的是，交配的目的在于产下能够存活的后代。如果确实如此，这就能解释为何自然选择更青睐热衷于和有育儿经验的母猿交配的雄性猿类。因为在它的悉心照料下，后代更有可能茁壮成长。

在依赖母乳的三四年里，你能有很多机会观察母亲如何生活、如何谋生。你很好奇，也很机敏，你在学习它对待其他猿类的方式。交友很重要，结仇很危险。你的母亲很警惕那些大块头的雄性，只要看到它们觊觎它即将觅得的食物，它就会选择后退，把食物让给它们。因为就算它得到了食物，它们还是会从它手里抢走。它通常会单独觅食，只有你和你的兄长陪伴在侧，有时候会有它的朋友同行。朋友们彼此发出友善的叫声，这不是在交谈，而是在释放信号、相互确认，让彼此知道大家都在享受食物。朋友们还会花很多时间相互清理毛发上的尘垢和昆虫。相互梳理毛发对于保持皮肤健康有着实际价值。但猿类和它们的后代一样，只是喜欢触摸和被触摸的感觉。它们有时候相互触摸的方式可能会被认为具有性意味。母亲是你幼时唯一为你梳理毛发的同类。它的手指轻柔地穿过你细嫩的毛发，你会爱上这种感觉。[14]

你的母亲在醒着的大多数时候都在觅食和进食。它不断咀嚼的嘴让你感到好奇。你看着它将食物放进嘴里。它的吃相一塌糊涂，所以它的脸上和胸前常常沾着一些食物。你把它们捡起来放进自己嘴里，品尝味道，闻闻气味。你的大肠中开始形成菌群，消化你吃掉的植物纤维。你随时可以吃奶，但随着你越长越大，清汤寡水的乳汁越来越无法满足你的胃口。你看到母亲在觅食，于是试图模仿它，这样就能自己获得食物。有时候你很幸运，但你常吃到一些恶心的东西或者不能吃的东西。那些没能杀死你的东西会让你变得更加聪明。[①] 最安全的食物就是母亲刚刚找到的食物。有时候，它会分给你一小块，特别是那种需要剥皮或者掰开后才能吃的食物。如果找到了真正非常有营养的食物，它就会忽略你的尖叫声，自己吃下去。这似乎会让你觉得它很贪婪、很自私，但这种行为对于你的存活至关重要。如果它给了你富含能量的食物，你就不会感到太饿，也就不会那么用力地吮吸它的乳头。而这可能会导致它的催乳素下降太多，它卵巢中的一颗卵子就会开始发育成熟。对你的存活至关重要的一点是，在你能够完全自主觅食之前，它不会生育新的幼崽。当然，你的母亲对脑垂体和催乳素一无所知，但历经数代，那些将最好的食物留给自己的母亲总是会有更多能存活的孩子。

---

① 原文为"anything that doesn't kill you makes you wiser"，化自尼采的名句："凡不能毁灭我的，必使我更强大。"(What does not kill me makes me stronger.) ——译者注

如果猿类祖先的成长模式和黑猩猩、倭黑猩猩类似，你将会被母乳喂养至3岁左右。大猩猩幼崽可能会早一点儿断奶，但红毛猩猩的幼崽有时候超过5岁仍未断奶。只要你还在如饥似渴地吮吸乳汁，你就还是需要母亲呵护的孩子。你学会觅食的速度决定了它的身体开始孕育下一个新生命的时机。你不断长大，需要找到越来越多的食物作为母乳的补充。随着你的觅食技能不断精进，当你想要吮吸乳汁时，母亲有时会把你推开。在一个新手觅食者都能找到大量食物的丰收季节，临界点可能就会到来。当你的吮吸次数减少到一定程度时，它的一颗卵子就会开始发育成熟。这时，群体中的雄性会靠近你和你的母亲，这让你感到非常不舒服，但你很害怕，不敢吭声。它会允许雄性靠近，并与其中几只交配。

　　母亲开始给你更多的自由，你很快就意识到，必须对某些成年猿类保持警惕，特别是块头最大、最为强壮的那些。群体中的每一个成员都小心翼翼，生怕惹怒它们。在接下来的八九个月里，你仍然是母亲最亲密的伙伴，但你的亲弟弟妹妹或同母异父的弟弟妹妹很快就会出生。这只骨瘦如柴的小东西会尖叫着成为母亲生活的新的核心。到那时，晚上你就必须自己搭被窝了。你离母亲仍然很近，因为你感到很紧张，也因为你还需要更多地学习如何觅食，如何识别身边的机会和风险。母亲不让你太靠近小妹妹或小弟弟，但和群体中的其他成年猿类不同，它并不介意你在它觅食的时候跟随它。几年后，你开始性成熟。你永远不会忘记你的母亲，但你现在已经准备好开始你的成年生活了。你用了很长的时间长大，但从现在起，你还有25～30年的岁月要度过。

为何判断猿类祖先这样生活？

我们知道，生活在 700 万年前的祖先是猿类，所以我们可以假设它们具有猿类的特征。这些特征可能会使它们的生活受到束缚。两个证据告诉我们，700 万年前，我们的祖先不仅是猿类，而且是生活在非洲的猿类。

首先，有相关的基因证据。你可能已经听说过，人类有 98%（一说 99% 或 96%）的 DNA 与黑猩猩完全相同。精确的数据取决于对结果进行数学分析所运用的技术。所有的技术都得出接近 100 的数字，这也支持了达尔文的结论，即人类起源于非洲猿类。亲缘关系的精确数据使我们可以估算出既包含现代人类祖先又包含现代黑猩猩祖先的杂交族群存在了多久。通常的估计是这种族群存在于 600 万～700 万年前，但不排除在距今更短的时间里仍有极少数个体在不同族群之间迁移。[15]（相同的基因测算方式揭示了人类和犬类在 1 亿年前、人类和昆虫在 5 亿年前有着共同的祖先。如今，即便两个人出生在世界上完全不同的地域，在数千年前也很可能有着共同的祖先。）

其次，有相关的化石证据（但较少）。目前几乎找不到生活在距今约 400 万年的类人动物化石。这说明我们的早期猿类祖先生活在热带雨林中。大约 400 万年前，非洲的大部分地区都是热带雨林。热带雨林的土壤较为湿润，呈弱酸性，蕴藏生机。在热带雨林中死亡的动物，其骨骼、牙齿、身体组织会被快速分解，它们身体所富含的养分会进入生态系统再循环。然而，仍然有少量的猿类遗骸被找到，这也许是因为它们被洪流冲走或被捕食者带出了丛林，最终埋在了别处，一直保存到被发现。

1994 年，人们在埃塞俄比亚东北部发现了来自同一躯体的 100 多块骨骼和牙齿碎片。经分析，它们属于一只生活在440万年前的雌性猿类（见图2.3）。一同被发现的还有少量其他类似的猿类的骨骼，它们被命名为地猿。而这只雌猿则被称为"阿尔迪"。基于地猿骨骼中部分骨头的形状，科学家认为它们与人类祖先至少有远亲关系。它们和我们的身体相同部位的骨头有类似的形状，这说明这些古猿可以很自如地站立，并用双腿直立行走——肯定比黑猩猩和其他现代猿类行走起来更为自如。但阿尔迪可能大部分时间是在树枝上而非在地面行走的。它的足部有像大拇指一样便于抓握的大脚趾，就像现代猿类的大脚趾。这样的脚趾可以抓握树枝，却不便于在地面上行走。科学家也发掘了直立行走的猿类的足部骨骼碎片，它们有着类似于人类的前向大脚趾，但其生活的时间距今更近。所以，从目前发现的化石中提取的证据表明，在400万~500万年之前，我们的祖先大部分时间都待在树上。[16]

灵长类动物学家花费多年时间细致观察了当代类人猿，包括生活在非洲的黑猩猩、倭黑猩猩、大猩猩，以及生活在印度尼西亚丛林中的红毛猩猩。他们相信，对这些猿类的研究为复原居住在丛林中的猿类祖先的生活提供了线索。他们发现了猿类的行为如何被其身体结构，以及与同类共同生活在一个复杂多样的热带栖息地这样的特定条件共同塑造。黑猩猩是数量最多的现代猿类，它们无论是野生的还是驯养的都是被研究得最多的群体。如今的黑猩猩（以及它们更为稀有的亲属——倭黑猩猩）的DNA序列与我们猿类祖先的有明显差异，就像我们的与猿类祖先的差异那么大，而黑猩猩与大猩猩和红毛猩猩的差异更大。但要说身体特征和日常生活，现代黑猩猩很可能与我们的祖先差别不大——它们都是在热带丛林中努力求存的猿类。[17]

足部骨骼显示其有
大拇指一样的大脚趾

图 2.3　这是一只生活在 400 多万年前的雌性猿类的骨骼。部分骨骼形状表明，该猿类与如今的黑猩猩和其他猿类不同，它能够像现代人类一样直立行走。但其足部骨骼的形状也表明，它们更适应在树上攀爬，而非在地面行走。这种猿类被命名为地猿，它们很可能是在树枝上行走，在树枝间跳跃

图片来源：http://www.sciencemag.org/cgi/content/full/326/5949/64/F3，合理使用，https://en.wikipedia.org/w/index.php?curid=28198561.

　　人类就大不相同了，我们可以在地球上几乎所有的栖息地生存并建造家园。研究现代猿类所获得的信息帮助我们讲述了人类进化故事的第一部分。它揭示了过去 700 万年中发生的变化，并且向我们展示了哪些特征当时已经出现在我们的猿类祖先身上，故而没有产生变化。

类人猿的躯体和社交生活

我们可以很自信地讲述猿类祖先生活的某些方面。[18] 它们有了类人猿的躯体，这样的躯体让它们具备了一定的能力。例如，类人猿和人类一样有咽喉和嘴巴，可以发出各种各样的声音。猿类无法像人类一样发出语音，它们发出的声音不算是"语言"。猿类幼崽不会意识到特殊的声音具有象征意义，可以用来传达复杂的信息。即便如此，它们发出的声音也是猿类社交活动的重要组成部分。它们的发声就是一种"社交工具"——通过尖叫声、喘息声、咕噜声沟通感受而非想法，但仍然很有用。当一只愤怒的成年雄性黑猩猩在懊恼地尖叫，其所在的小群体中的成员就知道要离它远一点儿，这样能减少受伤的概率。

类人猿的躯体也给它们的生活带来了不小的束缚。也许最重要的是它们成长发育的模式。当然，这一模式也存在一定的灵活性。例如，对类人猿和人类来说，幼崽／新生儿的生长速度和性成熟的年龄可能都会稍有不同，这取决于幼崽／新生儿获取营养的多少，可能也取决于母亲获取营养的情况。[19] 但成长发育的基本模式已经由基因设定好。与大多数哺乳动物相比，猿类的成长非常缓慢，人类也是一样。毫无疑问，猿类祖先在几百万年前同样成长得较为缓慢。因为幼崽成长得非常缓慢，还有很多要学习的内容，雌性猿类的生活就比雄性的受限得多。母猿成年生活的绝大部分时光里都在照顾幼崽，身边可能还会有一两个年长一些的子女陪伴。

如今的四种不同类人猿种群有不同的社交生活组织方式。红毛猩猩独自生活，但母亲会带着幼崽们一起生活。大猩猩会小群体聚居，通常是一只雄性和几只雌性带着幼崽生活。黑猩猩和倭黑猩猩与人类的亲缘关系最为接近，它们生活在更大的群体中，通常由几十只雄性、雌性及其幼崽组成。黑猩猩母亲和倭黑猩猩母亲白天大部分时间一般会带着幼崽单独觅食，但当夜幕降临时，大家会聚在一起，睡在枝叶毗连的树上。

因为人类也是在大型社交群体中生活的，所以似乎可以合理猜测，我们和黑猩猩、倭黑猩猩的共同祖先也生活在类似的群体中。若是如此，这些群体内部很可能有等级划分，高等级的成员可以随心所欲，并支配低等级成员。在我们看来，黑猩猩和倭黑猩猩中出现的等级行为非常反社会，但群体中的个体要在同一个有限的地域范围内通过竞争获得食物，势必会发生冲突。等级行为不是协同合作，但其目的在于降低竞争的激烈程度。当低等级成员直接屈服成为一种常态时，群体中的每个成员都会更加安全。这样一来，只有在低等级成员认为自己有很大概率能提升等级、取代更高等级的成员时，才会发生打斗。因此，猿类祖先很可能会将等级作为第二种"社交工具"，这会让它们的生活更容易一些。一旦等级建立，低等级成员可能就会决定彼此合作。例如，雄性的黑猩猩和倭黑猩猩的体形更大，也更具攻击性，雄性之间的合作能使它们更容易获得想要的东西。在倭黑猩猩群体中，雌性通常会形成联盟，互相支持。雄性倭黑猩猩对雌性仍然很强势，但它们并不像在黑猩猩群体中那样占主导地位。

梳理毛发是猿类用来改善生活的第三种"社交工具"，其他群居哺乳动物也会使用。哺乳动物需要定期清理皮肤和毛发，去除污垢和虱子、跳蚤一类的寄生虫，让自己更加健康。但梳理毛发通常还有重要的社交功能和心理功能。[20]很多群居哺乳动物会建立友谊，特别的好友之间会互相梳理毛发（见图2.4）。它们一天中要花很长时间相互舔舐、啃咬、抓挠，或者清理彼此的皮肤和毛发。成天觅食和躲避处于支配地位的雄性会带来过多的压力，尤其是如果身边还有幼崽需要保护。有几个真正值得信任的队友会很有帮助。互相梳理毛发的伙伴们允许队友触摸自己，通常还是比较私密敏感的部位，通过这种方式，它们对彼此展露了信任。如果这个环节进展顺利，它们之间的友谊就会更为紧密。队友之间就会知道，它们对彼此的信任是正确的。但梳理毛发的功能不止局限于获知这一信息。在梳理毛发的过程中，社会化的哺乳动物的身体会释放影响情绪的化学物质。被梳理毛发的感觉很棒。催产素是促使母亲与幼崽建立联结的激素，它在梳理毛发的舒适过程中也会被释放，所以，动物在仔细清理彼此毛发的时候创建和维系的友谊与母婴之间的紧密纽带受到了同一激素系统的支持。

图 2.4　猿类仔细地去除好友皮肤上的污垢、死皮和昆虫，通过这种方式展示对彼此的信任
图片来源：Thomas Deco.

　　不同的动物有不同的清理毛发的方式，这并不奇怪，因为它们的身体各不相同。但即便同在猿类群体中，方式也各有不同。例如，倭黑猩猩会比黑猩猩和大猩猩更多地触摸彼此的性器官。通常越是相互不太熟悉的倭黑猩猩，越会更为频繁地触摸彼此的性器官。一位在野外观察过倭黑猩猩的朋友告诉我们，这种梳理毛发的行为更像是一种

对脾气暴躁的邻居所负的社会责任，而非和朋友在一起舒适愉快地放松。[21] 有时候，梳理毛发更多的功能在于维持和平，而不是保持皮肤健康和维系友谊。

可以说，猿类的基因决定了它们的身体很享受毛发被梳理的感觉，但这不意味着梳理毛发的行为写入了猿类的基因。猿类好友之间到底如何互相触摸，会因它们友谊的深浅、它们的群体或种群而异。如果说梳理毛发是一部分哺乳动物的社交工具，可以帮助它们建立和维系友谊，那么猿类的聪慧帮助它们进一步发展了这一工具，并在其中加入了个性化的触摸手法。基因通过猿类的身体间接影响猿类的行为。动物的身体结构和功能决定了它们的行为和感受以及局限之处。但猿类和我们一样，终其一生都在收集信息，这种学习的过程会影响它们的行为。寿命较短且脑容量较小的动物会用固定的方式对某种情形做出回应[22]，但猿类的寿命更长，大脑也更大。[23]

猿类也有能力规避它们身体的某些局限。例如，雌性黑猩猩会忍不住向周围的雄性黑猩猩展示自己正在发情，而雄性也忍不住会想要与之交配。当卵巢内的卵子开始成熟时，雌性黑猩猩阴道周围的组织就会敞开来吸收水分，这个部位就会肿胀，并且突出胯部数厘米。卵子日益成熟，肿胀部位的皮肤会吸收更多的血液，使其变得温暖红润。这对于雄性黑猩猩极具吸引力，而且，由于雄性要强壮得多，雌性在交配问题上其实并没有选择的余地。在发情期，一只雌性黑猩猩可能会与不同的雄性交配30多次，但并不总是如此。灵长类动物学家曾经报告，他们观察到一只雌性黑猩猩与一只雄性黑猩猩一起消失了数天——似乎它俩一起度过了整个发情期。（我们说"似乎"，是因为不可能知道确切的答案。在栖息地四处跟随黑猩猩的灵长类动物学家只能看到他们设法看到的情形，在人类"偷窥狂"没能跟踪那只雌性的时间段里，很可能有别的雄性看到了它并与之交配。）但这些观察表明，雌性黑猩猩似乎并没有被基因设定为一定要与很多雄性发生性关系。所以，我们也不能对雌性猿类祖先得出同样的结论。[24]

我们也无从获知，700万年前的雌性猿类祖先是否会通过肿胀的生殖器或其他信号来表明自己正在排卵。黑猩猩和倭黑猩猩用肿胀的生殖器来表示自己的生育能力，但这不是猿类的一般特性。大猩猩和红毛猩猩就不会通过如此明显的方式来将自己的排卵期广而告之，当然，人类也不会。我们也不知道猿类祖先生活的群体结构。灵长类动物学家认为黑猩猩和倭黑猩猩拥有"雄性恋籍癖"，意思是说，它们一般会在其母亲所在的群体（通常也是它们父亲所在的群体）度过一生。而它们的姐妹则更可能迁移到其他群体中生活。我们无法因此得出结论，认为基因决定了雄性黑猩猩离它们的母亲更近，而雌性黑猩猩却想要离开母亲。这可能只是最为合理的做法。当雌性进入新的群体时，它更容易被接纳，而雄性则不然，当它们冒险进入另一群体的领地时，极有可能被新群体中的雄性杀死。一些雌性黑猩猩也选择了留在母亲身边，但都付出了代价。这个群体中的大多数雄性都是它们的近亲属。与父亲或兄弟交配繁育的幼崽通常不如非近亲交配的幼崽健康。雌性黑猩猩如果能前往其他群体的领地并试着融入，它便享有了成功繁育后代的最佳机会。大多数雌性的黑猩猩和倭黑猩猩正是这么做的。当一只年轻的雌性黑猩猩决定离开母亲、大胆进入一个陌生群体时，它会有什么样的感受和想法？试图猜测其感受和想法很是有趣，但我们无从得知用一个完全不同的大脑来体验生活是什么感觉。[25]

我们在本章中提到过，母亲全身心地与幼崽联结，对它们全权负责，但有必要指出，也存在一些例外。观察发现，部分雌性黑猩猩会允许它们信任的某些个体抱着自己的幼崽，比如它们的母亲、幼崽的哥哥姐姐，甚至是灵长类动物学家。另外，尽管雄性通常不会照看幼崽，但观察发现，有些四处走动的雄性可能会随身带着一只牢牢抓住其腹部的孤儿。甚至有人发现，雄性黑猩猩会投喂饥饿的孤儿。如果雌性黑猩猩在幼崽断奶前死亡，幼崽的存活概率就会非常低。但那些仍需跟随母亲左右接受照料的五六岁孤儿通常会被其他有经验的雌性"收养"，有时候也可能被雄性"收养"。收养者最有可能是这个孤儿的长姐或者母亲的好友。[26]

猿类群体的"文化传承"

当今猿类和人类的行为在很大程度上受到其所接受的文化遗产的影响。对于人类和黑猩猩、倭黑猩猩在 700 万年前的共同祖先来说，这一点几乎也是肯定的。[27] 而要说非人类动物能从父母那里继承什么，人们通常只会想到基因。人类可能从父母那里继承房产、老式家具和一些老照片，那其他动物都会传承些什么呢？事实上，许多动物幼崽如果想要自力更生，它们所需要获得的就不只是基因——比基因多得多。它们在成长的过程中需要得到食物、照料和保护，也需要获得能够帮助它们培养能力的经验。

很多能力似乎是与生俱来的。和所有哺乳动物幼崽一样，猿类幼崽生来就能够以某种方式活动，有多种知觉以及由此带来的感受。这种发育其实是它所接受的基因遗传的结果。猿类新生幼崽的鼻子可以觉察空气中的化学成分，它的大脑会处理这一信息，其中一些化学物质会触发感觉：某些化学物质会触发饥饿感，另一些则会触发恐惧感。猿类新生幼崽的眼睛可以觉察光线，它的大脑可以理解眼睛所传递的信息模式：有些模式会触发舒适的感觉，有些则会让它感到不适。它的皮肤、耳朵、内脏也在向大脑传递信息，这些信息也会被处理。这一切都得益于它的遗传基因，而遗传基因也帮助猿类幼崽做好了学习和进一步发育的准备。但年幼之时，它的主要工作只是尽量紧贴母亲的腹部并吮吸乳汁。[28]

和大多数哺乳动物一样，猿类母亲几乎提供了幼崽所需的全部非遗传禀赋。雄性猿类基本只负责向下一代传递基因，而雌性花费了全部，或者几乎全部的成年时光去照顾至少一个后代。算上八九个月的孕期，一只猿类母亲会和它成功养育的每一只幼崽有 3～7 年的亲密接触。它所付出的努力给了幼崽生长发育的时间。如果说要培养技能，它所需给予的就不仅是食物和保护。

一旦幼崽度过了过度依赖母亲的阶段，母亲就会开始向它传授技能。在不断觅食的过程中，它一再向孩子展示觅得食物的必要做法。鲜有证据表明猿类母亲是在有意识地教授幼崽，这更像是在帮助它们自主学习。和母亲近距离生活增加了幼崽学会复杂觅食技巧的概率。这些技巧复杂到猿类（甚至人类）都很难自行想出。每个猿类母亲都是从照顾自己的母亲身上学到了自己现在具备的知识和技能，所以，母亲不仅是在传递个体技巧，还是在延续家族传承。要想成功地生存，年轻的猿类就必须接受这种"文化传承"。猿类可能不会像人类一样拥有复杂程度较高的文化，但它们的文化传承也包含了传统、生存诀窍，以及作为猿类在特定的栖息地得以存活的秘诀。[29]

被研究得最为充分的黑猩猩觅食技能之一是"搜寻白蚁"。[30] 白蚁的营养成分相当丰富（约有 20% 的蛋白质，富含维生素及大脑发育所需的某种脂肪酸）。几乎可以确定的是，部分人类和猿类的祖先都曾食用白蚁。非洲有大约 1 000 种不同类型的白蚁。热带雨林的地表之下有大量的白蚁群，每个蚁群都有一只蚁后和做着类似"工人"或

"士兵"工作的不同"种姓"阶层。它们修建了内有通道和房间的巢穴或"蚁堆"。尽管它们和蚂蚁的生活习性相近，但它们真正的近亲是啃食木头的蟑螂。在其微小的消化系统所含的微生物的帮助下，白蚁居住在蚁巢中的腔室里，食用掉落在地面的木头和树叶，从中获取营养。

白蚁是很难被抓住的。它们居住在地下，所以很难被捕获，而且营养价值如此高的动物早已进化出了精密的保护机制，这一点不足为奇。食用白蚁的猿类祖先很可能和今天的黑猩猩一样，使用了相同的技巧来应对白蚁的防御工事。白蚁堆很坚固，很难挖通，但它们需要通风系统，这就使得蚁堆出现了弱点。黑猩猩会撕取一片树叶、一片草叶或者折断一根小树枝来制作一根至少半米长的灵活"探针"。它们轻轻地将这个工具伸进通风口，从而深入蚁堆。当"探针"到达白蚁工作或守卫巢穴的地方时，白蚁就会爬上去。这时，黑猩猩轻轻地将"探针"拉出，就带出了"探针"上的白蚁。等"探针"被拉出地面，黑猩猩就会啃咬上面的白蚁。对于研究人类进化的科学家来说，"钓"白蚁这件事很有趣，因为他们相信这展示了黑猩猩行为中一部分最类人化的特征。这种基于工具的捕食技能较为复杂，学习难度很大，大多数黑猩猩都不可能自己想出来。

文化遗产非常重要，因此当灵长类动物学家开始系统研究黑猩猩时，他们会发现不同的黑猩猩群体有不同的文化，这一点并不奇怪。[31] 每一只黑猩猩都会学习在自己觅食的这片领地上生存所需的技能。生活在雨林地区的群体与生活在更为干燥的丛林和热带稀树草原等地的群体有着不同的文化知识。但黑猩猩所掌握的知识也取决于它们的群体历史，也就是过去它们这个群体中的成员学会了什么技能，又向后代传递了什么技能。在非洲，随处可见白蚁和白蚁堆，但学者们从未观察到某些群体中的黑猩猩捕捉白蚁，这很可能是它们从未学过这项技能。也许，它们甚至不知道，从每天都能看到的分布在雨林地面的坚硬土块中，有可能获得一小口有营养的食物。这并非由于这些黑猩猩的群体愚蠢。不食用白蚁的群体有它们自己的觅食工具和精巧的技能，它们也许能够使用石块砸开坚果的外壳，或者用尖锐的棍子戳中睡梦中的丛猴，但钓白蚁却不属于它们的文化遗产。[32]

黑猩猩行为的巨大差异值得我们注意，因为如达尔文所言，变异是进化的原动力。一个族群越多样、越灵活，就越可能发生改变。类人猿的躯体限制了它们的生活，但其行为的灵活性在一定程度上弥补了这一点。它们可以去适应，而且有时候会把这些适应的方式传给下一代。达尔文进化论的另一重要组成部分是传承。当猿类母亲找到了在匮乏的丛林"自助餐"上获得食物的新方式后，它就会把相关的知识传给自己的孩子，而且，只要这一知识一直具有价值，这个群体就会不断地传承。

我们没有理由认为，700万年前的猿类祖先所获得的文化遗产比现代猿类（或猴子、海豚等有着简单文化的动物）的文化更为复杂。[33]但猿类族谱图的人类分支注定要进化出令人眼花缭乱的复杂文化。这一进化的趋势在我们生活在700万年前的祖先身上已经初见端倪。它们的模仿学习能力，特别是通过观察别的成员来学习的能力，已经开始增长。

猿类族谱图中生活在热带雨林中的支系没能迎来这种增长，因为不管它们多么擅长学习，它们养育幼崽的方式都限制了其文化的传承。每一只猿类幼崽都完全由母亲抚养长大，所以它只能从母亲的知识和技能中受益。猿类一生中可能会自己学到一些东西，但一旦它们离开母亲身边，就再也没有机会近距离观察其他猿类的觅食方式了。

如果一只猿类母亲开发了一点儿新的技能，它的后代很有可能从它那里学会。但如果一只雄性黑猩猩自己学会一些东西，比如发现了一种新的食物或是发明了一种新的获取食物的方式，它的创新和理解很可能随着它的死亡而消失。猿类文化的方方面面都是母系传承的，所以猿类群体的文化基体完全由雌性塑造。而这不过是一个脆弱的基体，因为不同的母系群体之间甚少发生关联。

在某个时刻，也许是 400 万年前，我们的祖先开始越来越多地生活在雨林之外的区域。我们相信，这使得它们有可能互相交流养育幼崽的方式。下一章将要提及的祖先是类人猿，但它们与生活在今天的类人猿截然不同。

03

直立行走的猿类
（300万年前）

自人类谱系从通向黑猩猩和倭黑猩猩的分支中分裂出来到第一批人类出现，数以百万计的猿类在其间生活过，而后死去。它们极少留下实物残骸，也就是保存下来的骨骼和牙齿。通过研究残骸，并将其与人类和当代猿类的骨骼进行对比，科学家能够得出关于这些动物来自何处的结论。我们大致知道了它们生活的时期、它们如何迁徙、它们生活在什么样的栖息地，以及它们与我们祖先的亲缘关系有多近（见图 3.1）。

它们中间有一些猿类属于"两足动物"——用两条腿直立行走。和早期猿类不同的是，它们大量时间都生活在热带雨林之外更干燥、更开阔的栖息地。关于它们存在的首个证据是 1924 年发掘出的化石头骨，发掘地为今天的南非。这一化石被称为"汤恩幼儿"，因为它个头非常小，颌骨中还有几颗乳牙。其发现者认为这属于一个以前从未见过的已灭绝猿类种群。他将拉丁语中表示"南方"的词和希腊语中表示"猿类"的词组合起来，为这一种群起了名字：南方古猿。自此，学者们在非洲南部和东部发现了数以百计的南方古猿骨骼碎片和牙齿，甚至还发现了它们的足印。[1] 古生物学家认为，其中一些南方古猿一定是我们的祖先。

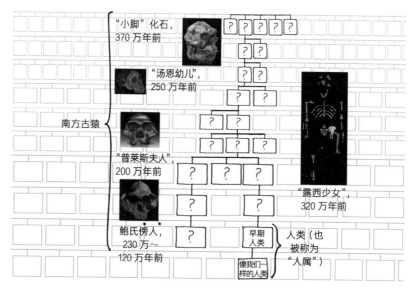

图 3.1　猿类－人类族谱图上仍然布满问号，但我们对生活在 200 万～400 万年前的祖先有了更多的了解，甚至有一些照片填充到了族谱相册中

我们的南方古猿祖先出生在 300 万年前，它们睁开眼睛时，看到的是更为阳光灿烂的风景。这样的环境中生长着少量树木，没有茂密的森林。这些祖先可能出生在地面，而不是树上。和所有非人类的猿类一样，南方古猿出生时的发育程度比人类高，新生幼崽的身躯较为瘦小。但它们至少有一个非常人类化的特征。假设你就是这一时期的人类祖先，你在出生后不久就会发现自己可以用两条腿站立，不久之后，你就可以牵着兄长的手直立行走（见图 3.2）。

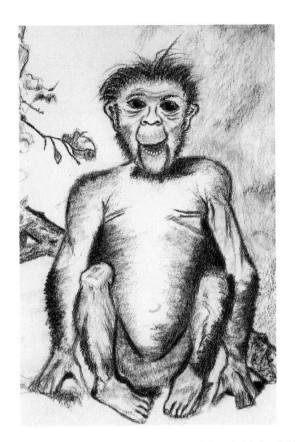

图 3.2 它们身体的形态说明南方古猿差不多和人类一样在地面直立行走。但其骨骼揭示了南方古猿的体尺比例更类猿而非类人。它们的手臂更长、腿更短，腹部更大

假设你是一位出生在 300 万年前的祖先，你就不仅在身体结构上与上一章的猿类有所不同，你也会吃不同的食物，学着在新的栖息地觅食。你被抚养的方式也会不同，因为你可能被多只猿类照料，而不仅仅是你的母亲。这种照料幼崽的方式是一种新的猿类社交生活，它需要新的社会互动，也需要对愤怒等情绪及饥饿等内在感受做出不同回应。这些变化很重要，因为它们最终改变了我们祖先的进化方式。

想象一下，你是一只日渐长大的南方古猿祖先。

在生命的头6个月，你比较嗜睡，但你会在醒着的时候尽可能地去探寻身边有趣的事物。最有趣的莫过于和你生活在一起的同类。一开始，你只知道它们是可移动的大型物体，热情而友好，有着长长的毛发。它们抱着你或者你爬到它们背上的时候，你可以抓着它们的毛发。你也会注意到它们能做出有趣的面部表情，还能发出声音。很快，你就能够认出一起生活的每一个成员。个头最大的几个里面有你的母亲，你从它那里吮吸了最多的乳汁，但其他的大个头也有乳汁，在你饿了又找不到母亲的时候，它们也会让你吃几口。当感到饥饿、不适或焦虑时，你会发出抽泣声，这时就会有成员过来照料你。

随着你日渐长大，你会更多地了解身边发生的一切。白天，一些猿类母亲和体形稍大一点儿的年轻猿类会外出一阵子。它们回来的时候会带着一些东西。有时候你的母亲也会外出，但你从不会孤单。总是有年长一些的猿类在你身边。你不喜欢离大家太远，但随着你的活动能力越来越强，有时候你随意走走就忘记了回家。有的成员注意到了，就会在你遇到危险之前把你带回来。大家会在一个地方待上一阵子，可能是几个星期，然后所有成员都会踏上去往新的目的地的旅途。有时候，旅途会不那么舒适。当你还很小的时候，大一点儿的猿类会在旅途中轮流带你一程，但随着你越长越大，它们带你的时间越来越短，更多的路程需要你自己去走。到达新的地方后，每个成员都会很开心。这里有可饮用的水，你可以休息一下，然后探索新的事物。

许多不同的动物围了过来，有些动物让大家非常紧张。有时候，仅仅是它们的气味就会让你想要躲起来。它们试图悄悄靠近团队中的幼崽，企图一口咬住并将其拖走。只要有同伴看到别的动物在悄悄靠近，它们就会尖叫，接着所有成员都会尖叫，大家爬到树上或巨石上，猿类母亲和稍大一些的年轻猿类还会捡起棍子和石头扔向那些动物。危险也可能来自空中。有的猛禽体形巨大，可以用利爪抓走幼崽。[2] 群体成员观察到附近的猛禽时，就会发出一种尖叫声，和这些鸟类在春日的天空中飞翔时发出的声音类似。[3] 更短粗的声音用来提醒那些对临近的危险——如一条蛇或带刺的植物——毫无察觉的团队成员。每个成员都有自己独特的声音，如果一只幼崽第一次听到了自己的声音，它会吓得一动不动。你先是学着识别这种警示声，然后会学着自己发出这样的声音。

你没有成为蛇之类的掠食者的盘中餐。你所有的祖先都长大、成年并有了自己的后代。这不仅要归功于它们的母亲，也得益于它们受到了群体其他成员的照料。

偶尔有陌生的猿类路过，它们比猿类母亲的体形更大，气味也不同。即使它们在此地徘徊不去，母亲们也不会感到紧张，不过它们偶尔会有些意乱情迷。有时候，其中一位母亲会和一只陌生猿类"约会"并与之交配。

猿类母亲分娩的场面总是令人无比激动。整个群体都想要摸摸幼崽、闻闻它。一开始，它和自己的母亲或者其他母亲待在一起，但不久后，它就开始自己走来走去。所有的幼崽都想和新生幼崽玩耍，但有时候动作太猛会把它弄哭。这会让母亲们发出愤怒的警告声。你的动作会因此轻柔许多。但新生幼崽也可能很粗鲁地使劲拉扯你的耳朵和嘴巴，让你很痛。你很想打回去，但你没有。你打过它一次，它于是尖叫起来。母亲们都非常生气，其中一只打了你。这之后的一小段时间里，母亲们对你都不太客气，也不让你吃奶。但很快，当你真的非常饿的时候，大家又恢复了常态。整个过程让你感到害怕，所以你不会忘记。你再也不会打任何一只新生幼崽，在伤害幼小的团队成员之前都会三思，即便它们让你很生气。随着你的长大，你也可以加入在行程中轮流照看幼崽的行列，协助留意它们的安危。如果你注意到有的幼崽爬到太远的地方，就会小心翼翼地把它带回来。当你这么做的时候，你可能会得到一位母亲的爱抚和一些乳汁，这让你感觉很好。

随着你长得更大，你开始对母亲们和哥哥姐姐们出去后带回来的东西越来越感兴趣。它们乍看起来只是一堆木头，但年长的猿类都对其很感兴趣。很快你就意识到，它们之所以感兴趣，是因为这堆木头里有食物，它们在试着取出食物。它们好像只是在用手指、嘴唇或牙齿拨弄，或者用石头敲击和摩擦这堆东西。你也捡起石头，试图像它们一样去摆弄这堆东西。做这样的模仿游戏很好玩，母亲们也乐见你这么做。你继续观察，很快你就能够识别它们每个动作的细节，也能理解这么做的目的。同时，你能够越来越好地控制自己的四肢、手指和嘴唇。最终，你可以试着从那堆东西中取出食物了。自此，一切进展都很快。你成了像母亲和哥哥姐姐一样的劳动者。你对于得到额外的食物感到非常开心，因为母亲们总是不会让你吃饱奶。

哥哥姐姐们喜欢和母亲一起出去觅食，等你长大到能够跑动，母亲就会让你一起去。你需要培养快速奔跑的能力来避开危险，但一路上的大多数时候，你只是在走。你在身边的时候，母亲总是留心着周围的危险以及可以吃的食物。在这样的旅程中，你了解了所有对你来说不可思议的全新食物——蛋类、浆果、昆虫幼虫、蜂蜜。然后你帮着收集坚果、植物的块茎和茎秆。这些东西需要花点儿力气才能得到。你把它们带回团队中，扔到已经胡乱堆放在地面的食物上面。你想要每天都外出觅食，但有时候不得不待在家里照顾更幼小的同类。你现在经常和自己的母亲外出，偶尔也和其他母亲一起。你觉得和其他母亲一起外出很有趣，因为它们有时候会去找一些你的母亲不太在意的食物。你注意到其中一位母亲在肩部的毛发中插了一根带刺的小树枝。这意味着，如果它看到石缝里有肥美多汁的幼虫，就可以用这个趁手的工具把它掏出来。你也找到了属于自己的带刺小棍，也用了同样的方式带在身上。你决定带两根小棍在身上，以防其中一根折断。你越来越擅长觅食，但要学的还有很多。你所在的群体每次到一个新的地方，都有很多新的领域要探索、新的食物要了解。

你继续长大，等你到 10 岁，就性成熟了。如果你是雌性，这一转变不会带来很大的变化。一个不同点是路过的陌生雄性会对你感兴趣，你也会感到害羞。刚开始，母亲们会保护你远离雄性，但等到你不再害羞，它们就会让雄性靠近你，你就会与它们交配。交配后八九个月，你就会诞下一只幼崽，晋级为新手妈妈，开始分泌乳汁。你想要给你的孩子最特殊的关爱，也会继续帮着照顾别的母亲的幼崽，它们也会帮忙照顾你的宝宝。

如果你是雄性，成年对你来说就意味着巨大的变化。你一直成长，直到比母亲的个头还要大。你现在很强壮，如果你想伤害谁，就可以轻松做到。你已经学会了不要伤害幼小的伙伴，但它们在你身边时还是会感到紧张。你非常高大，气味也变了，更像是那些偶尔造访的陌生雄性。幼崽会感到紧张还因为你看上去似乎很愤怒，但其实你更常感到的是饥饿而不是愤怒。你现在的体形比以前更大了，所以需要吃得更多。母亲不在身边的时候，你不再害怕。和独自上路寻找食物相比，你开始觉得和团队成员待在一起不再那么舒服。你把越来越多的时间都花在外出上，越来越少去看望母亲。你遇到了一些其他的雄性同类，有时候也在它们附近闲逛。有时候你会跟随一只年长的雄性去拜访一群母猿，你看着它和其中一只母猿交配。如果你只是远远地看，它们就都不会介意。最终，你决定自己去拜访母猿群体，过不了多久就会有母猿选择与你交配。即使你现在比雌性体形更大、更有力量，但经验告诉你，母猿都不喜欢霸凌行径，而且你知道，自己不是一群愤怒雌性的对手。所以，想不想和你交配由雌性说了算。取悦它们比用强更有效果。用强不会有好结果。

为何判断南方古猿这样生活？

在我们所讲述的进化故事中的某一时刻，也许是 400 万年前，我们的祖先开始在不同的栖息地生活。早期猿类和黑猩猩、倭黑猩猩、大猩猩、红毛猩猩等现代猿类都很适应热带雨林栖息地。很多黑猩猩群体生活在雨林边缘，它们经常到植被不那么茂密的地方去觅食。有时候，它们会到更干燥的草原去冒险。我们的南方古猿祖先走到了离雨林更远的地方，在草原上待的时间更长，最终开始生活在被称为"热带稀树草原"的栖息地上。这给了它们谋生的新机会。随着地球的气候变冷、降雨量减少，热带雨林的面积在慢慢缩减。[4] 由于气候变化，居住在雨林边缘的动物要试着在更为裸露、降水不再充沛和有规律的土地上生存。其中一部分动物能够生存并繁衍生息，它们的后代创造了一片全新的栖息地，在这片栖息地上，生活着丰富多样的新物种，也生长着一些树木，但和几百万年前满是林地和森林的猿类家园比起来，这里更多的是灌木和草原。

证明南方古猿生活在这些新的栖息地上的证据源自它们的骸骨，也就是发掘出的大量骨骼和牙齿。其中一项证据是这些骸骨的发现之地。由于很多骸骨掩埋在更为干燥的土壤中，它们不像在热带雨林的酸性湿土中分解得那么快，因此，有些骸骨在地下保存了数百万年。在很多情况下，被发现的遗骸都来自适应了更为干燥栖息地的动物和植物。南方古猿牙齿的形状、大小和硬度进一步证明了这些猿类生活在更干燥的栖息地。它们的牙齿更适于磨碎坚硬而结实的食物，比如在草原更为常见的植物种子、块茎、茎秆[5]，而不是生活在热带雨林中的猿类更常食用的富含纤维却较软的水果。这类牙齿的化学成分证明，它们的主人生活在草原而非雨林。

至少有一部分南方古猿可能仍然有大量时间是待在树上的，但它们的身体也出现了只有长时间生活在雨林以外的地面才出现的适应性变化。和其他猿类不同，它们没有了长得像大拇指的便于抓握树枝、在树木间攀爬起来更容易的大脚趾。它们的大脚趾呈前向，和人类的一样。这样的大脚趾使得两条腿行走更为平衡，在走和跑的时候更容易将脚蹬离地面。

解决草原上的生存难题

要适应日渐扩张的非洲草原不仅需要勇气和冒险精神。我们认为，一个特殊的问题阻碍了早期猿类全面开发自己的栖息地，同样的问题也使得现代猿类无法长时间离开林木繁茂、沼泽遍布的栖息地。[6]对于猿类而言，在更干燥、更开放的地带养育后代非常困难。最显而易见的问题就是掠食者的进攻。在更加空旷开放的环境中，掠食者更容易锁定并追逐猎物。幼崽和怀抱幼崽的母亲行动缓慢，更可能成为捕猎的对象。第二个难题是在草原类的栖息地中，大量的食物和水源都在较远的地方。同样，这对母亲和幼崽来说尤为困难。

对此，南方古猿找到的解决方法是母亲们和幼崽们结伴而行、互帮互助。[7]直立行走的身姿有助于它们在安全范围内发现潜近的掠食者，群体生活能够进一步增加这一概率。双足行走的南方古猿腾出了双臂和双手，可以用来挥舞结实的棍棒和投掷石头。如果在开放的地域身陷掠食者的围猎，又无法迅速躲进树丛，能挥舞大棒、投掷石块的母亲和幼崽就没那么容易成为猎物。

在所有现代猿类中，母亲几乎都是独立照顾自己的孩子的[8]，它们的生活异常忙碌。只有生活在茂密的热带雨林里，它们才有可能满足孩子的需求，因为在雨林里，到处分布着小块的食物和细流。只要知道如何找到并收集这些分量较小的食物，并能花时间收集足够多的量，它们就能存活，其幼崽的存活概率也非常可观。但较为干旱的栖息地就是另外一番情形了。和雨林中的小分量食物相比，草原和热带稀树草原上生长的食物块头更大、更有营养价值，但距离更远。例如，在某个地方也许能找到重达数磅①、富含淀粉的地下块茎。半英里②之外可能有一棵结满坚果的树，另一个方向的半英里之外可能有一个满是蜂蜜和蜜蜂幼虫的蜂巢。而作为这片区域唯一水源地的湖泊可能在第三个方向的半英里开外。和雨林相比，更干燥的栖息地也会有更多变化。后者更容易随着四季更迭，逐年发生改变。生活于此的猿类母亲可能很聪明，掌握了各项求生技能，也足够吃苦耐劳，但如果它不够幸运，可能还是无法找到充足的食物。如果连续几天都这么不走运，它和孩子就会面临脱水和饿死的风险。

---

① 1 磅约为 0.45 千克。——译者注
② 1 英里约为 1.6 千米。——编者注

此外，远离树荫的遮蔽，直接暴露在炎热干燥的阳光下，会让南方古猿母亲及其幼崽都感到不适，也存在着危险。相比雄性，高温和干燥的气候对于雌性来说更成问题。每当幼崽吮吸母亲的乳头时，母亲的身体就会分泌一定量的乳汁。对于可以轻易从溪流或者长满多汁水果的果树上获取身体流失水分的母亲来说，这不是问题，但对于那些带着嗷嗷待哺的幼崽跋涉半英里才能找到水源的母亲来说，这就是个大问题。

如果母亲们都团结起来，这个问题就可以得到解决。它们可以找到一个中央地带，类似一个可以防守的"大本营"，四周有遮蔽物和水源。幼崽可以和一部分母亲及年龄稍大的幼崽待在一起，另一部分群体成员则轮流外出觅食。这可能存在风险。要留下自己的孩子，母亲就必须相信，在它外出时，其他母亲会保护它，或许还能喂养它。它必须将这一风险与带着幼崽在炎热干燥的栖息地觅食的风险进行权衡。留守的母亲也必须相信，外出的母亲会将部分觅得的食物拿出来分享。在一趟觅食之旅中，如果某位成员不能找到足够多的食物，就要寄希望于其他母亲那天比较幸运。它们找到的很多食物都需要经过削皮、敲破、碾碎，或者其他手段才能露出可食用的部分，但是南方古猿不需要顶着烈日在户外做这项工作。它们能用双腿直立行走，双臂和双手可以带着食物返回大本营，在更舒适的条件下对食物进行加工。当大本营周边的食物被消耗殆尽时，这支队伍就会踏上寻找新家园的征程。

南方古猿也可能以其他方式照护幼崽。外出觅食的时候，家中的幼崽怎么办，这是许多哺乳动物母亲都面临的难题。把它们藏到地洞或者巢穴里是一种选择。猫妈妈会这么藏匿新生小猫。但对于猿类母亲来说，这个方法并不适用。南方古猿的新生幼崽（以及人类新生儿）的发育程度过高，也太过活跃，很难被藏匿。另外，它们对于母亲的依赖会持续好几年，而不是仅仅几个星期。

少数哺乳动物种群是雌雄配对生活的，父亲会帮忙照顾幼崽。[9]有人认为，我们的祖先可能也是雌雄配对的，幼崽和母亲待在一个安全的地方，父亲外出觅食并带回来供全家享用。[10]但对人类祖先而言，这种情形不太可能出现，相反，母亲们结伴而行更为常见。[11]我们的理由是，与雄性配对生活会给雌性和幼崽带来更大的风险，因为这是将幼崽的存活完全寄希望于某只雄性。如果雄性死去，幼崽可能也会死亡，幼崽的母亲也可能死亡。对于雄性南方古猿来说，离开自己的伴侣和孩子，独自外出觅食可能同样危险。对其骸骨的研究表明，雄性比雌性的体形大得多。如果一只雄性外出为伴侣和幼崽觅食，另一只非配对关系的雄性很可能会过来杀死幼崽并强暴雌性。在所有已知一夫一妻制的哺乳动物中，雌雄都是形影不离的，而且雄性和雌性的体形差不多大，或者比雌性稍小一些。在非人类的哺乳动物中普遍观察到的一个现象是，如果雄性比雌性高大强壮很多，它们就会相互竞争，尽可能与更多雌性交配。

要想在更干燥的栖息地养育后代，猿类母亲可能发展出了和雌性抹香鲸同样的育儿方式，我们认为这似乎是合理的。雌性抹香鲸面临同样的育儿困境。和猿类幼崽一样，抹香鲸幼崽的生长也非常缓慢，抹香鲸母亲的生育间隔期大约为 5 年。它们也需要外出捕食，而幼崽不能和母亲一同前往。抹香鲸的主要食物是生活在海面 300 米以下的鱿鱼。捕食鱿鱼需要深潜，有时候需要下潜超过 1.6 千米，在深水区域快速游动半小时以上。为了解决自己觅食的时候照料幼崽的问题，5～10 只雌性抹香鲸会组成稳定的群体，它们彼此间通常有亲缘关系，但不必如此。当某只雌性抹香鲸外出觅食时，它的孩子会和其他团队成员一起浮在水面。母亲们会轮流捕食，确保至少有一只成年抹香鲸浮在水面。我们很难在开阔的海域近距离观察抹香鲸的行为细节，但对帮助其他母亲照看幼崽的雌性抹香鲸的观察显示，它们有时候也会哺乳别的成员的孩子。

雄性抹香鲸在其母亲所在的群体中生长，但等到它们日渐成熟，它们就会启程去往接近极地的更冷的海域。雌雄抹香鲸有着不同的深海捕猎范围。雌性不太愿意前往更冷的地方，很可能是因为它们的幼崽在低温环境下难以存活。雄性抹香鲸离开了更温暖的海域，也就避免了与雌性争食，就会有更多的食物留给它们和幼崽。年轻的雄性可能会暂时加入一支单身汉队伍，但大多数时候，它们都是独自生活，偶尔前往温暖的海域造访雌性群体，看看是否有雌性愿意与自己交配。因为雄性不需要在生育和照顾后代上花费精力，它们就会更加专注于长得更强壮，把身体保养好。对于生活在水中的动物来说，较大的体形是一种优势。所以，雄性抹香鲸的体形巨大，最大的能达到雌性的两三倍，超过 20 米长。雌性更愿意与体形较大的雄性交配，我们也不难发现，为何自然选择会鼓励这种倾向。当食物匮乏或传染病大流行时，在野外生存的所有动物都面临着困境。这些困境也许不会致死，但它们要努力将其对自己的负面影响降至更低。雌性与体形更大的雄性交配，也就是选择了更健康、更有能力的雄性，这就增加了它们的后代继承优质基因的概率，而优质的基因会帮助后代避免营养不良和患病等问题。[12]

同样的道理也可以用来解释更大体形的雄性南方古猿。体形越大的雄性越有可能得到交配的机会。还有其他的实际原因，例如，掠食者很难对付一只大块头的雄性，而长腿的雄性也会跑得更快。和雄性抹香鲸一样，雄性南方古猿也可以去雌性到不了的地方觅食。远离雌性，到更远的地方觅食，能够给雌性和幼崽在它们的生活范围内留出更多食物。雄性也很可能尝试体形较小的雌性不太愿意尝试的觅食技能，比如吓跑掠食者，去抢食刚被它们杀死的动物。雄性群体也可能共同捕猎体形较大的猎物。

抹香鲸和南方古猿也有一个重要的区别，抹香鲸幼崽只需要学习如何找到并抓住猎物，它们不需要对食物进行加工。而南方古猿找到的大多数食物都需要不同程度的加工，比如剥皮、研磨或砸开。我们认为，猿类母亲们很有可能将这些食物带回大本营的安全地带，让幼崽们学习它们所需的加工技能。

当祖先们离开丛林的庇护

要想在食物分布得更远的开阔地带生存，我们的祖先就需要高效地完成长途跋涉。双腿直立行走就是一种高效的旅行方式，而且，在地面上行走比在树上上蹿下跳消耗的能量少。[13] 即便如此，我们的祖先仍然不得不去适应吃不同的食物、应对新的危险。对其骸骨的研究揭示了它们牙齿和骨骼的进化过程。因为它们用两条后肢行走，前肢就进化得更能完成精细动作。猿类需要灵活的手指，以便有效地觅食，如抓握、控制和携带物品。但黑猩猩、倭黑猩猩和大猩猩的手有双重用途。每只手的前两个关节有作为"前蹄"的双重功能——在它们四肢着地奔跑的时候，食指和中指需要承载体重并发挥减震的作用。用手辅助走路的需要限制了它们手部的进化，导致它们的手无法进化到非常灵活的程度。

要进化出能够用后腿行走和奔跑并保持平衡的能力，还需要身体其他方面的改变。骨盆的变化意味着南方古猿祖先和人类产子的方式相似，而与黑猩猩不同。对于所有灵长类动物来说，出生和产子都是艰辛的过程，但对于人类（也许还有南方古猿）来说，这个过程确实不那么简单直接。四肢着地行走的灵长类动物有着前后距离更长的骨盆，这使得它们的幼崽能够直接从子宫掉落，面部朝前娩出产道。人类和南方古猿的骨盆为了使两条腿更能保持平衡，则是左右距离更宽。为了离开子宫，来到这个世界，新生儿必须旋转，使头部进入产道，并再次旋转，让肩膀通过。准妈妈的脊柱底端还有一大块脊骨（即骶骨）位于产道后方，这意味着幼崽降生之时通常是面朝后的。这样一来，母亲就很难自己助产。其他的灵长类动物产子时，可以把手伸到双腿中间，将幼崽拉出身体。即将生产的雌性黑猩猩会离开群体，独自经历产子这一关。在人类文明中，母亲们总是相互助产，尤其是在生育头几胎的时候。这很可能也是南方古猿群体的一大传统。[14]

南方古猿的遗骸也提供了相关线索，帮助我们了解其生长在骨骼上的肌肉和骨骼所支撑、保护的内脏。南方古猿头骨的尺寸表明，它们的大脑并不比黑猩猩的大脑更大。它们与黑猩猩的胸腔形状相同，这说明其胸腔下端的腹腔在全身的占比比人类高得多。这表明，南方古猿与黑猩猩有着类似的消化系统。它们有很大的结肠，细菌在这里帮助消化植物纤维。即使它们与居住在森林中的猿类有着不同的饮食结构，我们也有理由相信，300万年前的南方古猿祖先仍然在食用植物，而哺乳动物很难消化其中高比例的植物纤维，需要消化系统里的细菌帮助转化成可吸收的形式。它们还没有烹饪食物的能力，但也许能用石头将块茎或其他纤维植物捣碎，从而破坏其植物组织。

当然，我们无法从对南方古猿的骨骼和牙齿的观察中得出很多其他信息。但了解了它们的身体如何适应新的环境，能够帮助我们做出一些有理有据的猜测。组织胚胎发育的基因会产生随机的变化，这种变化持续地给身体各个部位带来细微的改变。在新环境中，越多变越好。

例如，由于远离树荫庇护的时间越来越长，南方古猿不得不应对强烈的日照和白天更热、夜晚更冷的极端温度。进化出了更多外泌汗腺的个体能够在炎炎烈日下保持凉爽。[15]外泌汗腺使水样液体释出皮肤，随着液体的蒸发，皮肤会降温。流汗的能力能增强我们祖先的存活概率，因为当其他动物都在阴凉处休息的时候，它们可以有更多的精力去觅食。生来毛囊更少或毛囊中生长的毛发更细软的个体排汗效率更高，因为汗液能够直接从皮肤上蒸发，而不是被毛发吸收。所以，自然选择更青睐毛发更稀疏的个体。毛发稀疏的缺点在于它们的皮肤会更多地暴露在有害的紫外线照射下。因此，自然选择就会青睐进化出更多"黑色素细胞"的个体。黑色素细胞是一种皮肤细胞，能为皮肤产生天然的深色屏障。对于直立行走的物种来说，头顶是暴露在强烈阳光下最多的部位，自然选择也就更为青睐那些头顶长出浓密毛发的个体，因为这顶天然的"帽子"可以帮助个体抵御阳光的照射。

当祖先们远离丛林的掩护，越来越多地生活在地面时，它们就面临着被狮子、鬣狗群和其他掠食者抓住的风险。幼崽也有被猛禽抓走的危险。为了降低这一风险，它们要能控制自己发出的声音。学会了只在真正紧急关头发出尖叫声作为危险信号的祖先的存活概率最高。和生活在相对安全的丛林中的猿类相比，即使是南方古猿的初生幼崽也必须更加安静，行动也要更加谨慎。

生活在群体中的母亲们需要彼此协助照顾孩子，它们不得不适应一种迥然不同的社会环境。居住在丛林中的猿类所表现出的强烈的母子联结不得不减弱，从而使得整个雌性猿类群体可以互相照顾彼此的幼崽。母亲必须愿意将自己的孩子留给其他看护者照料，也必须愿意照顾其他母亲的孩子。和居住在丛林中的祖先不同的是，年幼的南方古猿与数个成年古猿都有着亲密接触。一起长大、定期相互梳理毛发的整个群体会感受到一种紧密的联结。[16]在植被更稀少的新栖息地，夜晚常常会很冷，所以南方古猿不是分别睡在各自的窝里，而是挤在一起入睡，由成年成员轮流值守。它们需要进化出一套与生活在丛林中的猿类截然不同的社交工具。有些群体进化出了承载更多信息量的发声法——简单语言的起源——用以向群体成员发出危险信号。如今，和南方古猿祖先一样生活在非洲栖息地的长尾黑颚猴，会根据它们观察到的不同类型的危险发出不同的报警信号。[17]

动物幼年时期的经历会影响其大脑的发育方式，并会对它们如何观察世界和做出回应产生一生的影响。如果母亲们齐心合力养育幼崽，幼崽们就会争夺母亲们的关注。想要成功，它们就必须对母亲们的感受非常敏感，并试着取悦它们，在恰当的时候寻求关注。因此，在新的社会环境中的成长经历会对它们的行为产生直接影响。它们学到的应对方式成为它们的"第二天性"。这种社会环境还会对大脑进化产生不那么直接的长远影响。如果某一个体的基因能够使大脑更好地学会如何在群体生活中表现出更适当的行为，它就会养育出更多的后代。因此，自然选择会更青睐更适应分享食物、共同养育后代的社群生活的大脑的关联基因。

基因在大脑发育的过程中扮演了重要角色（见图3.3和图3.4）。[18]人类和猿类的大脑基本组成部分相同，但人类基因影响了大脑的发育方式、大脑与身体的关联方式，以及用身体感知世界的方式。部分科学家相信，南方古猿的头骨内壁可以让我们了解它们大脑的结构。一些被发掘的古代头骨里保留了曾经生长在其中的大脑的印记。那些印记向这些科学家表明部分南方古猿头骨中的大脑与黑猩猩的大脑大小相同，但形状与人类更为接近。[19]当然，没有证据可以证明，与黑猩猩大脑尺寸相同就意味着南方古猿祖先的行为、思想和感觉就会像黑猩猩，或者像它们的近亲倭黑猩猩一样。我们在上一章已经指出，黑猩猩将等级划分作为减少冲突的社交工具。黑猩猩群体有雄性主导的等级划分，而倭黑猩猩的群体则有雌性主导的等级划分。在它们的群体中会产生友谊，但唯一可靠的照护关系仅仅存在于母子之间。另外，个体不得不根据它们是与更高还是更低等级的成员进行互动来小心控制自己的行为。

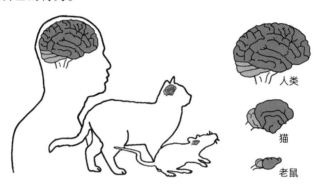

图3.3　大脑进化。人类大脑比大多数动物的大脑大，形状也不同。这并不是因为它包含了一个用人类的方式进行思考的特殊器官。所有哺乳动物的大脑都有着相同的基本结构，不同之处在于其比例。许多科学家相信，某些大脑区域的扩张对于人类进化至关重要，但要认同大脑的不同与行为的不同存在关联，还有很长的路要走。拥有一个更大、脑细胞更多的大脑意味着会产生更多的神经连接。如此一来，就有更多的信息能够被存储和处理，大脑对身体和情绪也能有更为精细的把控

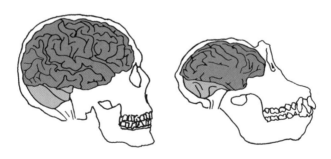

图3.4　从猿类祖先、南方古猿祖先的大脑进化到人类的大脑并不需要一套全新的基因。器官和身体部位尺寸与形状的变化可能是由于在胚胎发育过程中控制遗传信息传递的部分DNA发生了变异（或者说"突变"）。要理解人类大脑的进化，很重要的一点是考虑我们祖先面临的新环境如何促进稍有不同的大脑的发育

在共同照顾幼崽的群体中，仍然存在着生存和繁衍的竞争。事实上，大自然中永远都有生存和繁衍的竞争。但是，要想在一个集体养育下一代的群体中获得竞争力，则要有更为复杂的社交工具和对情绪更微妙的把控。要融入这样一个群体，不仅需要清楚自己的等级。如果南方古猿祖先共同养育幼崽，它们就不得不降低日常交流中的攻击性。但同时，它们不能成为"软柿子"。它们得明白，什么时候必须"寸土不让"，特别是当它们做了母亲，不得不照料一群"沸反盈天"的幼崽时。当所在的群体受到掠食者或其他群体的进攻时，它们当然也得极具攻击性。

黑猩猩和倭黑猩猩群体的社会等级结构使它们也不得不学会控制自己的行为。但是，如果南方古猿群体有了更复杂的照护关系，它们就可能会更加灵活地处理自己的情绪。[20]

学习管控自己的行为可能会很艰难，但和黑猩猩相比，人类似乎生来就有一种内在优势。20世纪，通过教授猿类（大部分为黑猩猩）语言和其他的人类技能，一群科学家探究了人类与其猿类近亲有何不同。有些科学家甚至将黑猩猩当作人类幼儿一样养在家里。20世纪40年代，一对心理学家夫妇将出生刚两天的黑猩猩幼崽维奇带回了家，希望对比黑猩猩和他们自己的幼子的成长过程。[21]一开始，两个小家伙的行为很相似，但进入第二年后便出现了巨大的不同。我们抱怨自己的孩子不听话、很容易发脾气，因为长期以来养育孩子的经验告诉我们，他们的行为最终会得到改善。我们期待着孩子想要取悦我们，为惹怒我们感到焦虑，为得到我们的表扬而欣喜。黑猩猩维奇却不在意养父养母怎么看待它。对它的奖励必须是食物，给它的惩罚也必须足够痛。它想要什么就要得到什么，谁也无法阻止它拼尽全力去得到它想要的东西。和同龄的人类儿童比起来，它更有力量，行动也更敏捷。当维奇变得越来越灵活好动时，它的居住地就从养父养母的房间换成了笼子，这里为了防止它自己寻找食物以及把家里的一切物品都当作玩具。毫无疑问，由人类抚养的黑猩猩幼崽与生活在野外的黑猩猩母亲抚养大的幼崽大为不同，但它们还是无法变成人类。这不仅是因为人类幼儿更加聪慧，也因为人类幼儿和黑猩猩幼崽的情绪反应与学习动机大相径庭。

毋庸置疑，人类可能非常暴力、极具攻击性，甚至会做出极端的暴行，但在日常生活中，我们会比其他大型动物更加温良顺服。人类和猿类行为的差异在很小的时候就能看出，那个阶段的幼儿甚至不会说话。当祖先们开始共同养育幼崽之时，它们的基因就开始发生变化，使之进化出倾向于忍耐的大脑。这也与另一个重要的变化相关，即文化作用在它们身上的方式发生了改变。

选择性的文化传承

我们在上一章中已经提到，野外生存的猿类是其栖息地上的"觅食专家"，因为它们的"文化"会从母亲传给下一代。这种文化"传承"会随着时间而改变，因为幼猿通过观察母亲所学到的觅食技能会随着环境的变化而改变。如果环境变化导致某种植物极为稀缺，幼崽就可能没有机会学习如何识别和加工这种植物。即便母亲懂得如何去除带刺种皮的诀窍，它的孩子没有看过它的操作手法，它也不会"继承"这种知识，其文化传承也不会包含这一知识。这就是文化变迁（或进化），但它不属于"达尔文式"的进化，因为选择并未在其中扮演角色。只是碰巧有些植物变少了，所以幼崽碰巧没有看到母亲如何去除这种植物的带刺种皮。

但选择可能会影响共同养育幼崽的猿类母亲群体中的文化变迁。每个母亲的行为方式必然会有细微的差别，幼崽也有能力观察大多数或者全部行为。这使得它们能接触更全面的信息，它们有时候也会选择要学什么。例如，幼崽可能会看到，当大多数母亲用石头砸开坚果坚硬的外壳时，其中一位母亲却发现，如果将牙齿放在坚果壳的某个薄弱之处，腭肌的力量就足以咬破坚果，所以它的动作会比别的成员快一些。幼崽的心智能力会影响它利用衍生知识的方式。[22] 那些足够聪明、能够对不同技能进行比较并选出最佳技能的个体，会比那些对几种不同技能感到迷惑不解的个体更能取得成功。智力越高的个体越能获得更好的滋养，也会有更多的后代，所以，平均而言，整个群体就会更加聪明。新的一代会继承更好的觅食技能，而且，由于营养更好的母亲会有更多子女，帮助它们成为更好觅食者的基因也会被更多后代继承。随着时间的推移，群体就会更加善于改进它的共享知识体系和技能。通过选择继承文化中的某些部分，也就是从共享知识体系中"下载"或者向其"上传"群体成员学到的新知识，群体文化会越来越有用。

此外，在一个共同养育幼崽的群体中，对其他成员实施何种行为以及如何养育后代的知识，会成为正在进化的群体文化的一部分。新手妈妈不会完全是育儿小白，因为它们已经有了在群体中帮助其他成员照顾幼崽的经验。它们身边还有更有经验的资深妈妈施以援手。在这样的群体中，幼崽的存活率比那些单打独斗的妈妈哺育的幼崽的存活率高得多。成功存活的年轻一代将学会这种成功的育儿经验，并将其应用到自己的下一代身上。

最为成功的群体拥有高效的育儿文化，包括奖励帮助行为和惩罚有害行为的传统。如果母亲介入幼崽之间的打斗，并且惩罚伤害更弱小的弟弟妹妹们的幼崽，它们就会学会控制自己应对愤怒的方式。如果母亲惩罚抢走弟弟妹妹食物的幼崽，它们就会学会控制应对饥饿的方式。控制应对各种感觉的技能很可能会伴随它们终生。同时，这也是有助于群体共同生活的社交工具。从某种程度上来说，这与第 2 章谈及的社交工具类似——能够使黑猩猩和倭黑猩猩群体内部冲突最小化的等级划分。但二者的作用刚好相反。在有着等级划分的群体中，弱势个体必须学会控制行为，从而避免与强者产生冲突；而在共同抚育下一代的群体中，更强的个体则需要学会控制自身行为，避免伤害更弱小的群体成员。[23]

如果一个群体有惩罚霸凌行为、终结"冤冤相报"死循环的惯例，则会更少发生冲突，也更有凝聚力。这些群体更有可能存活，因此，它们很快就会壮大并需要分化。两支子群体会踏上去往不同家园的旅途，但它们都需要来自母群体的文化知识。如此一来，群体就像是有机体。使它们取得成功的信息存储在群体文化中，正如基因信息存储在有机体的 DNA 中。

1865 年，阿尔弗雷德·拉塞尔·华莱士说，人类比自然选择进化论的简单解释预期的更善良、更温和、更慷慨。[24] 达尔文在其 1871 年出版的《人类的由来及性选择》中提到，这些神秘的特质之所以能在人类种群中发展进化，是因为由品格高尚的人组成的群体比贪婪自私之人组成的群体更为成功。[25] 问题在于，这样的群体最初是如何形成的？如今的社会相当广大，生活在其中的个体对什么是不良行为有着各种各样（有时候是相当模糊）的理解。我们对正义和惩罚的理解也许更加不同。结果，我们发展出了复杂（却并不总是有效）的制度，鉴别、逮捕、审判和惩罚那些被认为做出了损害行为的个体。

当今的司法体制从简单得多的司法体制演进而来。但早在人类能思考"正义"这一概念之前，母亲们和孩子们就需要共同努力，在不同的环境下求存。以一种对群体有利的方式控制对情绪——包括对爱的感觉——的反应是必要的。如果自己的孩子调皮捣蛋，母亲就必须硬起心肠。如果育儿文化更青睐对共同养育后代和群体繁荣壮大都有助益的行为，就不仅会改变群体成员的行为，也会影响后代基因特质的出现频次。要想取得成功，共同养育后代的群体就会要求年轻一代能够学习控制其对愤怒、饥饿、性欲的反应。[26] 不能或不愿合作的幼崽阻碍了集体的发展，违反规则的成员可能会遭到淘汰。假如驱逐屡次行为不端的成员成为群体的惯例，它们就能够维持共同养育后代的良好环境，而这些被养大的幼崽会为群体发展贡献积极的力量。这种惯例还会创造更好的环境，在这种环境中，后代的表现也会更好。因表现不佳而被驱逐的幼崽很难长到成年，更不用说繁育下一代，因此，与破坏性行为关联的基因将会在这个群体中越来越少见。结果，一代一代繁衍，群体成员对彼此的攻击性和竞争性会越来越弱，大家会越来越重视群体利益。

如此一来，即便是在数百万年前，我们祖先所在的群体便已不仅仅是有着一群长得更像人类的成员，其成员的行为也更"人类化"。尽管未来还会经历更多的变化，但它们已经迈出了重要的步伐。如果能和南方古猿祖先相处一段时间，我们就会发现，向人类进化不仅意味着变得更加聪明、更加温和、更加顺从，还包括能够学会更加复杂、更加多变、更加克制的行为方式。

被"遗传"的性情

苏联在 60 多年前开展的一项实验告诉我们，当哺乳动物身上温和与忍耐的特性被自然选择时，它们的群体会发生什么变化。目前还无法知道这项实验的具体发现与我们祖先身上发生的变化有多大的相关性，但这些发现对于所有的进化故事至关重要，因为它们展示了选择的影响有多么强大、广泛，有时甚至有点儿离奇。

该实验的其中一个目的在于使圈养狐狸的生活好过一点儿。20世纪50年代时兴将黑灰色狐狸皮做成皮毛大衣，于是西伯利亚开设了狐狸养殖场，驯养狐狸，使其繁育，从而获取它们的皮毛。尽管这些狐狸已受人工驯养多年，但它们被关在并排摆放的笼子里，与人类过于接近，因此很多狐狸受到了惊吓，恐惧使它们的行为呈现攻击性。饲养员对其攻击行为的应对措施加剧了它们的恐惧。养殖可以更好地适应圈养生活的狐狸具有现实意义。但科学家还想解决一个更宽泛的问题：父母的性情能在多大程度上遗传给子女？他们对诺沃西比尔斯克新西伯利亚实验养殖场的狐狸进行了简单的测试，观察它们在人类接近时的反应。经过代代传承，那些更少对人类展露恐惧和进攻性的狐狸被选为了良种，而其他狐狸则被送去了皮毛大衣制衣厂。但为了做比对，科学家们驯养了另一群表现出更大恐惧和进攻性的狐狸。

仅仅几代之后，那些更温和的狐狸的后代身上出现了变化，科学家还观察到了他们没有预料到的不同之处：那些被优选的狐狸后代不仅对人类及其他狐狸更有包容度，它们的体貌特征也发生了改变，它们的行为方式也是以前从未出现在狐狸身上的。当人类靠近的时候，它们会来回摆尾、舔舐他们，用呜咽和叫声引起人类的注意。简而言之，它们表现得更像是宠物狗，而不是必须被关在笼子里的野生狐狸。它们的外形也更像犬类，有着松垂的耳朵、卷曲的尾巴，更可爱，面部更不像狐狸。似乎狐狸的基因中隐藏着宠物狗的特质，只需要通过选择性的饲养就可以显现。

国际科学家团队现在正密切合作，研究那些表现友善、类狗的狐狸细胞中的基因信息与它们那些表现出更多恐惧和进攻性的近亲之间有何差别。从老鼠到家畜，我们在所有种类动物的驯化品种和野生品种上都可以看到类似的区别，这一点早已为人所知。[27] 这就是"驯化综合征"（见图 3.5 和图 3.6）。

图 3.5　我们可以看到野猪幼崽及其远亲——家猪幼崽的相似和相异之处

图 3.6　在逐渐变为家畜的过程中，猪经历了和其他驯化哺乳动物同样的部分改变，如松垂的耳朵、卷曲的尾巴，以及变淡的毛色

令人惊讶的是这种变化的发生之迅速。我们自己的祖先也经历了类似的变化吗？如果它们被迫生活在一起，那么它们会自己"驯化"自己吗？对"更顺从"的人的选择可能导致人们不仅更为容忍他人，也更能感觉到自身和群体之间的联结，这种联结和猿类的母婴联结同样强烈。

随着研究取得进展，有越来越多的证据可循，这一话题将可能更多地被谈及。但我们目前可以确定一件事：这不是简单的关于"驯服"或"容忍"的基因。进化并不以人类的方式去"设计"生物。没有专事性情的基因，也没有负责头发颜色或者耳朵形状的基因。我们很难不把"进化"视为一位以人类的逻辑去构造生命体的设计师或建筑师，但事实并非如此。生物学家已经发现，少量基因信息有时候被用来制造许多不同的细胞系统，用以形成一些分子机制，它们在不同的发育阶段、针对不同的身体部位、以不同方式发挥作用。

这也是为什么对某一种特质的选择会导致意想不到的结果，比如松垂的耳朵、卷曲的尾巴，以及毛色的改变。

04

早期人类（150 万年前）

研究骨骼、牙齿化石的科学家对于如何给它们的主人——死去已久的动物——进行划分并未完全达成一致。但他们多半同意，哪些动物足够像人，可以被归为人属，哪些应该被归为南方古猿。为了佐证本书的观点，我们将用大脑的大小来判定哪种猿类可以被称为"人"。在我们的定义中，"人类"是一种类似猿类的动物，其大脑比黑猩猩的大。[1]基于此，迄今为止发现的南方古猿都不能算作人类。有些动物的骨骼化石在其他方面看起来很像人类，但它们只能勉强归入人属。已发现的一颗生活在 180 万年前的雄性动物头骨（见图 4.1）的脑容量比黑猩猩的大 25%～30%。根据我们的定义，他绝对算是人类。在 150 万年前，很可能已经出现了更多有着同样尺寸的大脑的人类。但脑容量小一些的人类仍然继续存在，南方古猿也是如此。[2]

你的祖先生于 150 万年前，和更早出现的南方古猿相比，他们的体形更大，也有所不同，但他们都以大致相同的方式开启新生。他们出生之时就是群体的一员，由自己的母亲悉心照料，其他母亲和稍大一些的小伙伴负责提供帮助。对于部分或者全部生活在这一时期的祖先来说，他们的大脑比南方古猿的大得多，也正因如此，他们很可能不得不在发育早期就降生。发育程度较低的婴儿会更羸弱、肢体更不协调，也需要花更长时间才能学会走路。

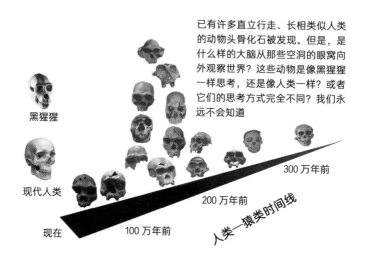

已有许多直立行走、长相类似人类的动物头骨化石被发现。但是，是什么样的大脑从那些空洞的眼窝向外观察世界？这些动物是像黑猩猩一样思考，还是像人类一样？或者它们的思考方式完全不同？我们永远不会知道

黑猩猩

现代人类

300 万年前

200 万年前

现在　　100 万年前　　人类—猿类时间线

图 4.1　根据被发现的类人动物骨骼化石，更多类人动物出现于大约 200 万年前。它们留下的骨骼、牙齿、石器仅能使我们一窥当年发生的转变

如果你生来也是这种发育程度较低的婴儿，那么照顾你时就需要多费些精力，但母亲和她的帮手都能看出你很健康。你的眼睛很明亮，很快，你回赠了他们一个笑容。你的母亲出生时也是一个弱小的婴儿，但她活了下来，并很快赶上了其他同伴的生长发育程度。

你明亮的眼睛一开始无法很好地聚焦，但你的听觉很敏锐。你身边充斥着各种噪声，听到的最多的声音来自你的照护者。你特别关注说话声，因为这听上去很熟悉。在出生之前，你就一直在听母亲的声音。随着你渐渐长大，你最初能够控制的几个身体部位之一便是嘴巴和喉咙，你试着用自己的声音重复他们的声音

片段。很快，你就能试着像其他人一样发出一长串叫声。和你一起玩耍的小伙伴很喜欢你这么叫，他们也会向你发出叫声。母亲们和父亲们也会这么做。你所在的家族和更早时期的南方古猿家族有一个重要的不同点——男性不再是仅仅不定期造访的来客。父亲成了家庭的一分子。他们没有乳汁，但他们可以在旅途中帮着带孩子。

等你有了第一颗牙齿，母亲就会开始对你进行咀嚼喂养（见图 4.2）。她把食物嚼碎到可以吞咽的程度，把嘴巴放到你的嘴巴上，就像要亲吻你。但她并不是要亲吻你，而是把她嘴里嚼碎的食物挤到你的嘴里。第一次遇到这个情况时，你会很震惊，因为这和母乳的味道、口感完全不一样。随后，你吮吸了母亲的乳房，借着乳汁咽下食物。你学着爱上这种喂养方式，等长出了更多的牙齿，你有时候也会给更小的幼儿这样喂食。

图 4.2 要发育出更大的大脑，早期人类的幼儿就需要摄入更多营养。在断奶之前，喂他们吃少量其他食物能让他们更健康、获得更多满足感。由于这些幼儿刚刚开始长牙，所以照护者可能会帮他们嚼碎食物，将小块嚼烂的食物喂到他们嘴里。在现代觅食群体中仍有咀嚼喂养的现象

等到可以四处走动时，你就会开始理解当人们发出某些声音时，他们想要你做什么。有时候他们是希望你不要做某事或者待在原地；有时候可能是鼓励你到他们身边去，模仿他们，或者拿点儿东西过去。他们常常指指某物，发出声音。你发现，如果你模仿他们发出同样的声音，他们就会很高兴，并再次发出相同的声音。你很喜欢模仿，也喜欢让大家高兴。很快，你就能伸手去够某物，并发出一种声音，然后他们就会把这件物品给你。不同的食物和很多其他的事物都对应一种特殊的发音，也就是它们的名字。每一位群体成员，包括你，也各有一个名字。[3]

你母亲又生了一个孩子，她是你的妹妹，所以你会花越来越多的时间和其他小伙伴玩耍。你不可以离母亲太远，但你和朋友们可以假装踏上采集食物之旅，轮流扮演对群体发起攻击、需要被赶走的猛兽。你用树枝和石头做了用来玩耍的工具，模拟备置食物的过程。你也会和整个群体踏上真正的旅途。有时候，这趟旅途是去往新的大本营；有时候，你会到达一个有很多坚果或浆果的地方。在这种美好的地方，即便是小孩也能采集大量食物，每个人都吃得非常饱。

一旦你真的长大，就能真正帮忙备置食物了。一开始，你会从简单的事做起，比如从树枝上剥除叶片。等你长成一个可以依靠的大人时，他们就会教你做需要更多技巧的工作。你必须得理解，即便走捷径看上去更简单，有些事也不得不用正规的方式去做。由于你学得很快，活儿也干得好，他们就会教你一些并非所有年轻伙伴都能学到的技能。你也会跟随他们一起踏上真正的觅食之旅。团队中较为年长的小伙伴会告诉你需要找什么——不仅是食物，还有有用的物件。你需要收集一些骨头、石头和牙齿，因为可以将它们做成工具：水牛腿部的大块骨骼可以用来敲破白蚁的巢穴；一些鸟类的蛋硕大坚硬，小心地打开后可以作为盛水的容器。

之后发生了一件事，它意味着你要放下一些备置食物的工作，更多地参与采集食物的过程——其中一位父亲在外出采集的时候摔伤了腿，团队的其他成员不得不将他抬回大本营。从那以后，走路会带来的疼痛使他不得不待在大本营里备置食物。没人知道，需要转移到新家园的时机到来时他还能否行走。每个人都很担心，因为少了一位强壮的父亲去采集食物。你却很开心，因为你能够更多地加入采集之旅，但母亲告诉你，即便她很理解你为此而高兴，你也不应该对那位父亲的受伤感到开心。

每一次采集，你都会暗中观察一些从未见过的植物或动物。在一趟旅程中，你第一次看到了用双腿行走的动物。它们看起来有点儿像人类，但体形要小一些，它们无法用语言交流，嘴部比较突出，看上去很有趣。如果能抓到其中一只幼崽来一起玩耍，更多地了解它们，应该会很有意思，但它们很聪明，所以很难被抓住。你喜欢学习新鲜事物，如果无意中发现一种采集团队中无人认识的东西，你就会捡起来带回大本营，拿给那位受伤的父亲看。他会告诉你他对这样东西的了解，包括它是否会在一年中的特定时节产出食物的知识。受伤的父亲很快就能拄着棍子或扶着其他人的肩膀行走了。整个群体可以启程迁往新的家园，但那位父亲仍然无法采集食物。

采集食物很劳累，但比备置食物有意思多了。你经常看到食腐鸟在头顶盘旋，如果它们的行为像是已经锁定了地面的动物残骸，团队成员们就会跑到四周去寻找。掠食者在依然饥饿的时候，会凶猛地捍卫猎物的残骸，但等到吃饱喝足，它们就会变得疲懒，尤其是烈日当空时。如果它们足够慵懒，你们的团队就可能吓跑它们，得到一些肉。

一天，你所在的采集团队找到了一具还剩很多肉的大水牛残骸。有三只鬣狗在啃食，但团队中的成年人决定放手一搏，吓退它们。这很危险，因为即便是一位体形高大的父亲，鬣狗也可以轻易将他杀死[4]，但它们很容易被愚弄。一小队人马必须表现得像一头体形巨大的动物。每个人都必须忘记恐惧，合力扮演一头巨大的愤怒的野兽，追赶鬣狗，向它们投掷石块，咆哮嘶吼、挥舞棍棒。如果其中一只鬣狗被吓跑，其他的鬣狗一般会跟着跑开。你的团队奋力一试，这一招发挥了作用。鬣狗放弃了食物，你们蜂拥而上。父亲们用他们的手斧（见图4.3）砍向水牛的关节部位，将其切割成小块，以便将其顺利带回大本营。其他人则围在父亲们身边，继续挥舞着棍子、咆哮着。在获取尽可能多且带得动的食物之前，他们要继续扮演那头巨大的野兽，这很重要。然后，你们集体带着充足的大餐撤退。回到大本营时，每个人都非常开心。

有像这样的好日子，但大多数时候，情况并不乐观。由于其中一位最有经验的老父亲受伤了，无法再外出采集食物，所以食物总是短缺。很长时间没有下雨了，水源开始干涸。采集食物很艰难，大家越来越瘦。母亲又生了一个孩子，这次是个弟弟，但他死了，群体中还有一个孩子也死了。好消息是，那位受伤的父亲伤情好转，又能正常走路了，他也说不再感到疼痛。但他走得很慢，不能跑。他再也无法当一个优秀的食物采集者了。

图 4.3　生活在 150 万年前的祖先制作了图中的石器，它可以被握在手中，用来砍剁和切割。制作石器是一门技术活。迄今为止发现的最早的石器大约出现在 260 万年前，比图片中的石器粗糙得多

图片来源：José-Manuel Benito Alvarez.

　　父亲们和母亲们开始讨论试着去寻找他们的兄弟姐妹。经过多轮探讨并观察了天象，他们决定这样做。等到启程的时候，整个团队便向着新方向进发。生活基本上一如从前。你们结束一天的行程后便会安营扎寨，在营地里待上几天，采集食物、休憩整顿，再行进一天。但团队的氛围不同了。父亲母亲们都盼着见到那些久未谋面的亲人，但他们很担心。如果不能找到亲人，你们的团队就会感到孤独；而如果找到了他们，父亲母亲们知道自己还是会感到悲伤，因为他们一定会发现所爱的人里有人去世了。

　　团队继续前进，天气好了起来，野外风光开始变得不一样，也更容易觅得食物了。你会看到你认识的动植物，也会看到一些只有父亲母亲们才认识的新事物。一天晚上，你们在一个新地

方的地面安营扎寨，你看到了别人备置食物留下的残渣。第二天，当你外出采集食物时，你们的团队找到了人留下的更多迹象。一堆风干的尸骨上有切割的痕迹，这种痕迹只有手斧才能造成。父亲母亲们的内心升起了遇到另一个团队的希望。每个人都很开心。

当你们最终见到另一支团队时，其实是他们先发现了你们。一队男性走近你们的营地，手持石斧大声叫喊。你母亲看到其中一位是她的兄弟，于是也大喊了起来。你人生中最美好也最重要的一段时光开始了。两支团队的营地相隔几天的路程。大人们都有太多的话要说。一开始，你在另一个团队的孩子们面前有点儿害羞，但母亲们都很和善，她们的孩子也很可爱。在接下来的几天中，你认识了年纪比你大一些的孩子，并和他们以及他们的父亲外出觅食。他们的觅食方式和你所习惯的有所不同，但他们熟知这片地域，你学到了很多。你和他们一起备置食物，并发现这支团队的做事方式也和你们稍有不同。

由于很多人都在这里采集食物，食物很快就消耗殆尽。父母们讨论了下一程去往何处，两支团队何时才能再次相见。即将离开这些伙伴让你感到很悲伤，你的母亲尤为悲伤，因为她要离开自己的兄弟了。两支队伍的父母一起做了个很棒的决定——相互交换团队成员。你和你的母亲、妹妹会和那位腿部受伤的老父亲一起来到新的团队，同时，那支团队中一些年轻的父亲也将加入你之前的队伍。

很快，你就在新集体中有了归属感，但你很想念以前的伙伴们。你知道，再长大一些，你就会婚配，在这个新的团队中拥有自己的孩子。你加入新的集体一年后，那位有腿伤的老父亲去世了。你的母亲又有了一个新的孩子，所有人都决定以那位老父亲的名字为他命名。

为何判断早期人类这样生活？

多条证据为探究早期人类的长相和他们的生活提供了线索。我们可以从 1984 年在肯尼亚北部图尔卡纳湖附近发现的一具骨架[5]说起（见图 4.4）。年代测定技术表明这是一具 150 万～160 万年前的骨架，对骨骼的检验判断出这是一名男孩。他死亡时的身高约为 160 厘米，比体形最大的雄性南方古猿还要高得多，但他四肢的骨骼还没有发育完全，也没有长出所有的恒牙。如果当时他还能继续存活，也许会再长高几厘米。他很年轻，死时还没有做父亲，所以我们知道，他不可能是我们的祖先。但他的骨骼结构与我们的非常相似，所以，有理由相信他是我们祖先的亲属。

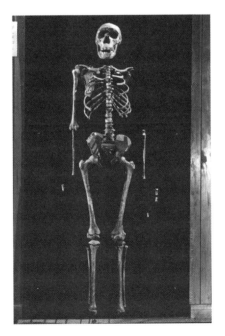

图 4.4 这是一具人称 "图尔卡纳男孩" 的遗骸，他大约死于 150 万～160 万年前。这具遗骸在很多方面都与今天的人类骨骼有相似之处

从头骨可以看出，这个男孩的面部比南方古猿更像人类。南方古猿的鼻子和猿类的一样，是扁平的，口鼻部连为一体，但这个男孩的鼻子和我们的一样，是隆起的。他的牙齿也更像我们的，比南方古猿的小。但他的下巴并不长，眉骨高耸在眼睛之上，和我们相比，其眉骨上方的前额向后倾斜的坡度更陡。前额包裹的大脑容量约为 880 立方厘米。大多数现代人类的脑容量都大于 1 300 立方厘米，所以他的大脑比我们的小得多，但如果黑猩猩或南方古猿的体形和他一样，那么他的脑容量则是它们的 1.5 倍。即便还没有发育完全，他的整个身体都更大，相比之下，一只雄性南方古猿大概只到他的肩头。但他更大的大脑并不仅仅由于他是一只体形更大的动物。

这是迄今为止发现的唯一近乎完整的早期人类骨架，但科学家在同一时期还发现了其他人类和类人动物遗骸或遗迹，如骨头、牙齿及石器。它们表明，距今 100 万~200 万年的非洲大地上仍有南方古猿与早期人类共同存在。生活在当时的人类并不都长得像图尔卡纳男孩。发现的遗骸说明了存在多种变异，包括头骨的形状和大脑的容量。有些和人类相似的头骨的脑容量使其主人几乎没有资格被称为"人类"，根据我们对人类的定义，人类的大脑应当大于黑猩猩的大脑。这些头骨的脑容量的确比黑猩猩的更大，但如果考虑到它们更大的身躯，那它们与黑猩猩脑容量上的差别几乎可以忽略不计。

更大的大脑会如何影响早期人类的思维和行为，我们不得而知，但可以肯定的是，这一时期出现的石器已经比更早阶段的石器更为精致。石器的制作者需要一个能够学习复杂技艺、计划如何生产成品的大脑。早期人类族群很可能由不同脑容量的人组成。这种混搭型的群体可能比全员脑容量一致的团队表现得更好。如果一个集体中有人有更强的学习能力、更长远的规划能力和更强的记忆力，又能想出聪明的点子，那么整个团队都会受益。但脑容量小一些的成员可能也有其价值。他们更能吃苦耐劳，更不容易感到饥饿。

和脑容量较小的人类诞下的新生儿相比，那些脑容量更大的人类诞下的新生儿动作更为迟缓，或者发育程度更低。婴儿在其大脑发育到足够大之前就必须降生，否则就难以通过母亲的骨盆。为了最终能有一个较大容量的大脑，婴儿必须在其大脑尚处在生长发育早期阶段时就出生。在通过了较窄的骨盆开口后，婴儿的大脑可以继续生长。对于猿类幼崽而言，大脑在出生后会继续发育，但过程缓慢。正因为这一过程缓慢，猿类幼崽才能够仅靠母亲的乳汁存活到可以独立觅食的年纪。现代人类幼儿大脑在其出生后一年内会迅速发育，在他们6个月左右大时就需要在母乳之外添加辅食。我们的孩子只有在得到充足能量的情况下才能更好地成长。6个月大的孩子还没有自主咀嚼的能力，所以他们的食物需要精挑细选、精心准备。

早期人类的大脑比我们的小得多，但母亲们可能仍旧需要同时抚育发育程度不够高的新生儿和嗷嗷待哺的稍大一点儿的婴儿。她们很可能会给婴儿喂打碎的食物，他们也会因此变得安静一些，不那么容易饿。对于母亲而言，要得到打碎的食物，还有比自己嚼碎它们更好的方式吗？咀嚼喂养仍是当代许多采集狩猎部落的文化组成部分。[6]被母亲嚼碎的食物已经被她唾液中的酶部分消化了，母亲嘴里的有益菌还能因此进入幼儿正在发育的消化系统。发明了这一喂养方式的早期人类母亲会有更加健康和更加安静的孩子。她们也会有更多的孩子。孩子一旦接受了咀嚼喂养，就不容易感到饥饿，也就不会那么用力地吮吸母亲的乳头。母亲的脑垂体就会因此减少分泌催乳素，也就是抑制其卵巢内卵子成熟的激素。咀嚼喂养婴儿让猿类祖先适用数百万年的自然节育方式失效了。这些给婴儿喂食的母亲会很容易在这个孩子远不能自主觅食之前怀上第二个孩子。这对猿类母亲来说是个大问题，它必须倾尽全力为自己和需要抚养的孩子寻找食物。但我们相信，这对于早期人类母亲来说已经不再是问题，因为她们所在的团队由不同年龄段的男女组成，大家可以互相帮助。

一种全新社交工具：让声音有意义

在关于早期人类进化的记录中，很少有将男性描述为父亲或者儿子的，尽管我们的每一位男性祖先都既是父亲，也是儿子。这并不是说早期人类父亲们在实际育儿过程中投入了和母亲们同样多的精力。然而，一旦我们祖先的大脑尺寸开始增大，成年男性就很可能开始与母亲和孩子一起生活，团队也开始共同采集和备置食物。我们认为，母亲们需要成年男性的帮助，为她们自己和大脑更大的幼儿们提供充足的食物。要找到足够的食物确保大脑更大的黑猩猩幼崽存活，对于黑猩猩母亲来说有些力不从心。我们推测，南方古猿母亲如果能合作，并获得年长的孩子的帮助，它们就可以应付这样的生活。但很难想象母亲们如何才能找到足够多的食物，既能为大脑更大的幼儿的生长发育提供所需的能量，同时也能支持自己更大的大脑。雄性是母亲们获取额外营养唯一可能的渠道。

很少有成年的雄性哺乳动物为自己的孩子提供食物，雄性猿类当然也不会。大多数雄性的"为父之道"就是力争和更多的雌性交配。这也许解释了为什么早期人类——"猿人"通常被描绘成暴力好战的形象。但如果向人类的转变意味着发育出更大的大脑，"猿人"就很可能必须成为"居家好男人"。自有记录以来，所有人类族群中的男性都生活在家庭里，帮助抚育后代，即便他们并不直接照看孩子。大多数的文明都会期待男性为养育自己的孩子出一分力，但这并非普遍现象。在少数文明中，母亲是从她们的兄弟那里获得帮助的。极端的案例是男人几乎不会帮忙。[7] 在我们的进化历史中，现已无从得知男性何时开始帮助抚育后代，但如果这一变化发生于 200 万年前，那它就属于与黑猩猩大脑尺寸相当的南方古猿向更大尺寸大脑的人类进化过程的一部分。基因和文明的进化都必定伴随着这种抚育模式的采用。在下一章中，我们将会更多地探讨这种模式如何演变成被我们称为"婚姻"的机制。

随着本章故事中的早期人类幼儿日渐长大，他们会逐步提升必要的心智技能，从而参与家庭劳动。他们学着发出"声音"，这些声音不仅是情绪的表露，也有其特定意义。他们一起玩耍，想象自己扮演着不同的角色。这类心智技能使得一个家庭能够劲往一处使。他们可以放下恐惧，想象自己和众人一道组成了一头猛兽，吓跑水牛残骸上的鬣狗。我们知道今天的人类具备了这样的心智技能，也非常清楚儿童如何在与成人和其他儿童的互动中发展这些技能。[8] 但我们不知道祖先何时首次拥有了具备这种能力的大脑，不过，我们认为这样的大脑很可能最早出现在 150 万年前。

早期人类制作的石斧的复杂程度表明，他们拥有比南方古猿家庭更为复杂的家庭文化。手斧和其他石器都能够经年保存，因此它们提供了大量证据，但早期人类应该也会使用不耐久的材料制作工具，如削尖的木质挖掘棒、兽皮容器、用来盛水的空心葫芦。[9] 南方古猿熟悉它们的居住环境，能够在当地谋求生存。但早期人类所掌握的知识更丰富、专业技能更为精进，他们会将帮助自己融入大家庭的社交工具传给下一代。如果年轻一辈在成长过程中就被教育要尊重祖辈沿袭下来的传统，对恰当的行为和感觉的划分有认同感，家庭生活就会比较和谐。

在我们的故事中，早期人类有一个至关重要的社交工具——语言。当然，人类何时开始通过语言进行沟通已经不得而知，也有一些研究人类进化的学者认为，人类直到 10 万年前才进化出使用语言的能力。[10] 关于语言进化的讨论可能会相当激烈，因为这的确是个谜。如果认为进化的驱动力来自个体之间的竞争，那就很难想象语言的进化过程。语言使人们可以相互沟通有用的信息，也能让我们欺骗彼此。所以，为什么我们的祖先会开始使用语言呢？他们如何通过向竞争者传递有效信息而获益？为什么他们会听竞争者说的话？

只有我们祖先所在的集体不存在内部竞争，或者至少内部竞争没有那么激烈的情况下，语言才有可能发生进化。同一团队的成员需要相互信任，而这种信任在黑猩猩和倭黑猩猩中是看不到的。黑猩猩和倭黑猩猩确实会允许同伴梳理自己私密部位的毛发，从而建立友谊、展露信任。但是，相信别人不会伤害你与相信他/她是心系你切身利益的友人则是两回事。灵长类动物学家的报告称，黑猩猩通常会发出一连串声音，似乎在说："你好啊朋友，欢迎到我这根树枝上来，我们一起享用水果吧。"但对于这只发出咕噜声的黑猩猩来说，这并不是真正的慷慨。它只是在承认这些水果不值得它们相互争夺。黑猩猩不太可能给因为受伤而无法在林间活动的同伴带回水果。和人类相比，黑猩猩是自私的。除了母亲和幼崽，它们不会和其他同类分享食物或如何获取食物的信息。所以，它们没有进化出使用语言的能力也就不奇怪了。[11]

一颗 180 万年前的头骨及其下颚（见图 4.5）被发现于土耳其以北的高加索山脉，它有力地证明了人类与其他物种的不同。这是口中仅剩一颗牙齿的一位男性的遗骸。有证据表明他曾被治愈，这意味着他在失去牙齿后继续存活了数年。不管牙齿的掉落是由于年老还是疾病，没有牙齿都属于严重的残疾。没有亲友的照顾，他就不可能继续生存。[12]

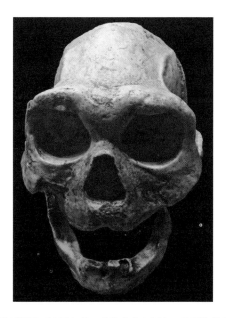

图 4.5　这颗头骨可以回溯到 180 万年前，它的主人在只有一颗牙齿的情况下继续存活了一段时间。这是当时生活在同一团队中的人类互帮互助的有力证明

　　无论我们的祖先何时进化出了语言，我们都认为，他们的行为为过去几百万年间人类和其他动物进化过程的不同之处提供了有力证据。其他动物的进化可以依据个体及其基因之间的竞争来解释。[13] 但人类的进化出现了另一层复杂性，这种复杂性使得黑猩猩群体中常见的自私行为不再受到自然选择的青睐。[14] 我们在上一章中谈道，当我们的祖先开始共同生活在一个大家庭里，彼此分享食物和信息，一起抚育下一代时，这一层面的复杂性可能就出现了。[15]

　　我们相信，现有证据充分揭示了早期人类的实践及成就，说明他们的生活相当复杂，早在 150 万年前，他们就相互联结、相互帮助。

他们制作石斧需要的技艺远比更早期的石器复杂，而且，随着他们走出非洲，东进亚洲或北上欧洲，他们也将这一技艺传授给了自己的后代。假设他们有语言作为社交工具，那么对于人类能够进行教学、提出意见、探讨问题、考虑各种选择、议定行动方案，解释起来就容易得多。

这种新的生活方式并没有阻止竞争，但极大地改变了竞争方式，因此，不同性格的个体开始受到自然选择的青睐。家庭成员并非表现得像机器人一样，完全不考虑自己，只为了集体利益而劳作。欺骗和争吵也会存在。但在更为成功的家庭中，成员之间合作良好，所以大多数人都能够比单打独斗时抚育更多的后代。和其他伙伴分享食物并不会减少某个个体及其幼儿所获的食物量，因为通过合作，尤其是让男性努力劳作，整个家庭可以比那些单独生活和觅食的个体获得更多食物、抚养更多后代。合作得最好的家庭会获得最多的食物，能让更多的后代存活。家庭成员中的个体会衰老、死亡，但有新的成员成长起来取代他们，这个家庭所使用的家庭信息和文化信息就会继续存在。如果创造出的"声音"具备意义，能够使家庭成员更好地沟通和共同劳作，那么使用语言的家族就能继续存活，而缺乏这一社交工具的家族就会逐渐消失。

早期人类的大脑比我们的大脑小得多，所以，如果学习和使用语言需要像我们一样的大脑，那么我们的祖先就不可能早于几十万年前进化出语言能力。但为什么需要尺寸更大的大脑才能开始使用语言？两名认知科学家将语言学习简单地视为数据存储，他们计算得出人类平均能记住的词汇和语法可以被存储为 1.5 兆字节的信息。[16] 这听上去似乎很多，但存储这些数据只需使用一张小到肉眼不可见的微型芯片。当然，通过处理语言数据来讲话和理解他人的话语需要额外的脑力，特别是当有复杂信息需要传递时。但我们祖先的语言能力可能比我们的弱得多。他们的生活很艰难，面临着巨大的挑战，但通过使用比如今的语言简单得多的语言，他们还是有可能探讨遇到的问题并寻找解决方案的。

成功家庭的年轻一代继承了帮助家庭取得成功的语言和其他文化实践，不那么成功的家族则逐渐消失了。生活在更为成功的家庭中的孩子们继承了父辈的基因和文化，因此有机会发育出更好的大脑，能学习语言，融入家庭。如此一来，人类心理学也进化了，为我们人类独一无二的"精神生活"创造了基础。在我们的故事中，孩子们都很喜欢模仿和取悦他人。他们的游戏充满想象力，轮流假扮猛兽，练习他们长大后可能用到的回击方式。孩童的不良行为会招致惩罚，但育儿者有时候也会试着向他们解释，为什么有些行为和情绪是不恰当的。

一种全新饮食习惯：让食物更安全

图尔卡纳男孩的骨架说明，和生活在早于 150 万年前的南方古猿祖先的饮食相比，我们的祖先在 150 万年前的饮食与我们现在的饮食更为相似。如果观察图尔卡纳男孩的骨架，你就会发现，其最下部的肋骨在腰部上方呈弯曲状。我们的肋骨也是如此。而两具迄今为止发现的近乎完整的南方古猿的肋骨则大不相同：其肋骨呈圆锥形，与现在的猿类相似。这说明它们的肋骨位于大型猿类消化系统的上方，其消化系统中的细菌发酵了大量植物纤维——没有这些细菌，植物纤维就无法被消化。和猿类的饮食相比，现代人类，即便是严格的素食主义者，饮食中所含的难以消化的纤维物质也少得多。我们今天所吃的植物性食物通常是植物中储存营养的部位，如种子或特殊的地下能量储存器官。[17]我们仍然食用水果和植物的某些部分，如叶片和茎秆，但它们不再是我们饮食结构中的重要组成部分。但对于猿类来说，它们仍是。此外，我们通常会通过烹煮或其他加工方式让食物更好消化。尽管我们的加工方式会破坏或去除食物中所含的营养，但同时可以破坏和去除食物中常常含有的毒素与无法消化的部分。结果，比起猿类的消化系统，我们的消化系统处理的食物更有营养，也包含了更多能量。我们吃下去的食物会更少地进入结肠，也就是消化系统的终端，在那里，食物由细菌进行发酵。我们的腹部更小，因为我们的结肠比猿类的小，其中发酵细菌的数量也更少。

南方古猿祖先遗骸的形状告诉我们，生活在300万年前的它们有着和现代猿类相似的腹部，而早期人类祖先则与我们的腹部类似（见图4.6）。对这一变化的最好解释是，在从南方古猿进化到早期人类的数百万年间，它们的饮食结构逐渐发生了改变。它们牙齿的形状支持了这一观点。早期人类的牙齿不再像南方古猿的牙齿一样适合磨碎结实的植物性食物。我们认为，这种变化佐证了文化的进化驱动着基因的进化，而基因则是体形的决定因素。我们的祖先学会了识别和获取具有更高营养价值的食物，他们也开发出了使食物更安全、更易消化的加工方式。他们一代一代地传递着这些知识和技能，并予以适当调整。随着环境的改变，或者每当发现了更好的加工方式时，他们就会增加或改善已有的技术，长时间不使用的技术则会被遗忘。随着饮食结构日益丰富，他们不需要再随身携带一套容纳了大量细菌的庞大消化系统。自然选择就会更青睐能发育出更为经济紧凑的消化系统的基因。学习、记忆、开发获取和加工食物的技能需要大量脑力。因此，自然选择也会更喜爱更大、更精细，并可以储存更大体量文化知识的大脑，即便这样的大脑需要更多的能量才能维持运转。

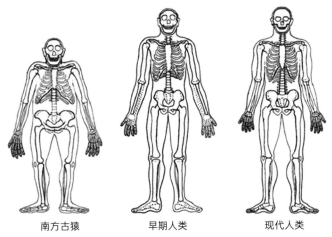

南方古猿 　　　　早期人类 　　　　现代人类

图 4.6　对比现代人类的骨骼和远古时期类人动物的骨骼遗骸，我们可以发现祖先的饮食方式在发生改变

　　我们有理由相信，150 万年前，我们的祖先为自己找到并准备了营养相对丰富的食物，但目前为止所有的证据并不能告诉我们他们到底吃的是什么，以及他们如何备置食物。他们烹煮食物吗？在过去的数万年中，生火并使用火来烹煮的技能已经成为人类文化的一部分。烹煮使得我们食用的许多食物都更有营养，也更安全。这是到目前为止我们最为重要的食品加工技巧。[18] 但我们不知道祖先何时第一次学会了生火和控制火。燃烧的火焰为考古学家留下了线索，因为高温以特定方式改变了沙土和黏土的性状。在 150 万年前的人类遗骸附近，考古学家发现了远古时代的用火痕迹。但我们无法因此得出结论，认为是人类生出了这些火。它们很可能只是由闪电引发的野火。一些早期人类的族群可能收集了在野火中燃烧的木块，并用作火种，引燃采集的燃料。这样一来，这些族群可能就保持了一段时间的火种，并找到了使用火的方式。但要定期使用火来烹煮食物、取暖、抵御掠食

者，他们就必须知道如何通过摩擦或击打点火。

灶台状遗迹中残存的烧焦的骨头或者烧黑的石头，为祖先有规律地用火提供了更好的证明。我们已经找到了这类证据，但目前只是在距今时间较近的考古遗址中有所发现。最久远的遗迹约为 30 万～40 万年前。[19] 150 万年前的祖先也许使用火烹煮食物，或者他们可能在碰巧有火的时候进行烹煮。目前为止，我们对此一无所知。但可以肯定的是，如果没有火，他们也一定会使用其他技术备置食物，使之更易消化。他们也许会切碎、敲打、研磨食物，允许食物由安全、有营养的微生物进行发酵，或者将其放入植物提取物中进行腌制。目前，没有找到关于他们具体做法的证据。一旦我们的祖先能够掌握火的使用，并对采集的食物进行烹煮，他们对其他食物加工技术的需求就会越来越少，但我们仍然会使用一些不同的技术备置食物。

一定有很容易找到食物的时节，如植物结出大量可食用水果和坚果的季节。但生活在 150 万年前的祖先很可能仍然会花大量时间采集和备置食物。最成功的集体一定是合作得最好的集体，成员彼此分享食物，共同采集和备置食物。行动不够灵活的成员，如孩子、带着孩子的母亲及伤员会更多地承担备置食物的工作。

身体适应性与持续迁徙

生活在 150 万年前的祖先和与他们角力的动物相比，行动更为迟缓，也更虚弱。他们的身体没有自带獠牙、利爪等"武器"，也没有可以猛踢敌人的蹄子。他们这些相对的弱势很可能是拥有更大大脑的副作用之一。更大的大脑需要大量能量维持运转，能运往身体其他各处的能量也就更少。较小的消化系统可以节省能量，更小块、更弱的肌肉亦然。[20] 更大的大脑的优势在于，它能够使我们的祖先创造出各种方式来弥补速度和力量上的不足。他们的双手可以做许多不同的精细动作，能将棍子和石头变成工具和武器。他们发现，通过练习，自己能够更好地使用工具和武器。同时，拥有更大的大脑使得早期人类能更好地利用意外事件和不可预知的情况。一些独立的证据告诉我们，在这一时期，这种战略已经开始发挥作用。

大约在早期人类出现之时，地球的气候开始变得有些诡谲。被科学家称为"更新世"的新地质年代始于约 250 万年前。从海底的沉积物到山巅和两极的冰雪，随处可见这一时期改变地球生存条件的证据。全球范围的改变导致了森林逐渐减少、新的干燥的栖息地逐步形成，在更新世，这种变化到达了一个临界点。此后出现了多个长达数千年的时间段，在这些时间段里，地球越来越冷，降水越来越少，气温也越来越多变。在这些冰期，大量水被冻结，形成覆盖两极和山顶的厚厚冰层。海平面下降，天气和降雨模式越来越不稳定。[21] 栖息地发生改变，并且位移。在这样的时期生活的生物都在尽己所能地求存。

火山活动增加了东非大陆的不稳定性，考古学家在那里发现了许多南方古猿和早期人类的遗骸。火山偶尔喷发产生的火山灰和有毒气体给他们带来了致命的危险，也导致了河道改变、湖泊干涸。不稳定的环境通常会同时带来挑战和机遇，大脑更大的祖先因此比其他学习能力不够强、更依赖基因进化的本能的动物更具优势。

现代人类的身体具有适应性，这使我们比其他大型动物更为灵活。即便我们的奔跑速度无法和马、狮子、黑猩猩相比，我们也可以不知疲倦地走上好几千米，而且我们可以通过训练，成为比别的哺乳动物更好的长跑者。事实上，我们的部分肌肉纤维和与我们有近亲关系的动物不太一样。我们的肌肉更具效率和耐力，而非速度和力量。[22]只要我们一直补充水分，就能在酷暑下跑马拉松。图尔卡纳湖畔的骸骨说明，生活在150万年前的祖先已经具备了人类独一无二的对耐力的适应性。他们有着更长的腿，可以比南方古猿走得更快；腿骨上附着了相当尺寸的肌肉和肌腱，赋予了他们腿部和现代人类一样的弹跳能力和力量，正是这种能力使得现代人类成为高效的跑步者。

早期人类很可能和现代人类一样，即便在一天中最热的时候也能保持活力。而其他生活在炎热气候下的大型哺乳动物则倾向于在一天中气温最高的时候找一处阴凉地静静地躺着。尽量保持不动可以减少它们身体产生的热量，这意味着它们无须大口呼吸热空气。从图尔卡纳男孩的骨架中可以发现，他和我们一样，脸部中央凸起的位置，也就是鼻子，是他的"空气调节器"。当我们用鼻子呼吸的时候，空气穿过鼻腔，在其间被加工。鼻腔潮湿的内壁使空气变得湿润，同时调节了空气的温度，鼻腔内壁的鼻毛则能吸附沙土和灰尘。鼻子使得我们吸入的空气不容易损害喉咙和肺部脆弱的黏膜组织。[23]

图尔卡纳男孩的皮肤也很可能发生了适应性变化，帮助他在炎热的天气中保持活力。我们在上一章中提到过，南方古猿的皮肤很可能比黑猩猩更易出汗、毛发更少，如此一来，它们就可以在炎热的日头下觅食时保持凉爽。如果早期人类的腿部已经适应了更快的行走速度，那么他们的皮肤就需要更好地帮助他们降温。他们可能已经拥有了和我们一样精密的降温系统，血液流经皮肤表层之下，汗液的蒸发使血液降温。降温后的血液从皮肤流向肌肉和内脏，帮助其降温。人类可以在阳光照射的沙漠里奔跑，因为我们能在一小时之内释出约1升汗液。特别擅长在炎热天气中工作的人最多可能每小时产生3.5升汗液。

和其他大型动物一样，在一天中最为炎热的时段，早期人类很可能也更倾向于休息，但他们所具备的适应性意味着没有条件休息时，他们也能保持活力。由于有了更大的大脑，他们的身体不得不燃烧更多的卡路里来维持运转。得益于大脑提供的"精神生活"，早期人类能更好地利用适应性帮助自己在炎热的天气下走更长的距离并保持活力。提前规划和预设结果的能力使他们认识到有必要在旅途中携带盛水容器，并选择一条会途经水源的行进道路。预设结果的能力也可以使他们制定战略。在其他体能更强的动物休息之时，自我鞭策、相互鞭策以保持活力有助于提升存活概率。150 万年前，在非洲平原上猎食的大型鬣狗在一天中的大部分时间里都是比人类族群强大得多的对手。但当阳光开始炙烤大地，吃饱喝足、昏昏欲睡的鬣狗就会给一群吵嚷着投掷石块的人类让路。

早期人类祖先需要持续迁徙，不断适应新的环境，而且他们已经相当适应四处迁徙的生活。他们当中有一部分人迁出了非洲，这不足为奇。（迄今为止）在欧洲东部边缘的黑海附近、中国境内，以及印度尼西亚的爪哇岛发现了距今超过 100 万年的人类遗骸。爪哇岛上出现的早期人类遗骸说明，他们早在将近 200 万年前就已经穿行了亚洲。如今，要到达亚洲大陆之外的岛屿，需要渡过几百千米宽的马六甲海峡抵达苏门答腊岛，然后跨过超过 30 千米宽的水域到达爪哇岛。但在冰期，海平面要低得多，地球上大量的水冻结成两极和山顶的冰层。在 190 万年前的冰期，海平面比现在低 60 米。爪哇岛和苏门答腊岛也与大陆相连，所以早期人类只需要走过去就好了。

毫无疑问，未来一定会发现更多关于早期人类四处迁徙的证据，但这些证据永远不可能为我们描绘一幅全景图，告诉我们他们曾去了哪里、做了什么。他们一定到达了非洲和欧亚大陆的许多地方，在那里死去，却没有留下任何可供我们发现的痕迹。

我们是不是这些远古旅行者的后代呢？基于当前的所有证据，我们不可能知道自己的祖先有多少是来自 100 万年前走出非洲的人类。生活在当今世界的所有人类的基因的接近程度，说明我们所有人都是一小队人的后代——他们可能少于 2 万人，生活在距今不到 10 万年的非洲。[24] 但我们并不了解这群人的历史。这支队伍中也可能包含了这样一群人，他们的祖先曾远离非洲，但后来回去了。从表面上看，我们的祖先似乎成就超凡，他们可以带着孩子，徒步从非洲走到近 20 000 千米之外的中国。他们真的能走那么远的路到达目的地，然后返回非洲吗？如果考虑到达成这一目标所花的时间，可能他们就显得没有那么不凡。如果每代人行进的路程平均为 100 千米，那他们需要花费近 5 万年从非洲走到中国再返回非洲。

05
像我们一样的人类
（10 万年前）

目前为止发现的远古人类遗骸告诉我们，10 万年前至少有 5 种不同的人类在地球上生存。长得和我们最像的那种人类生活在非洲以及地中海东部的亚非大陆接壤地带。我们的大多数祖先，甚至全部祖先，生活在 10 万年前的非洲（见图 5.1）。

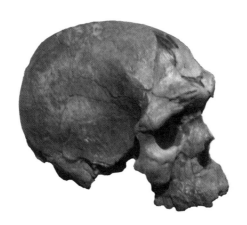

图 5.1　基于其尺寸和形状，这可能是一颗现代人的头骨。但这颗头骨的主人生活在距今 16 万年的东非
图片来源：Alessandrosmerilli 摄，亚的斯亚贝巴国家博物馆，公共域名：https://commons.wikimedia.org/w/index.php?curid=25048966.

如果外星人穿越时空，将祖先家庭中的一名婴儿带至 21 世纪，交由一对现代夫妇收养，这对夫妇多半不会发现这名家庭新成员有什么不寻常之处。孩子的肤色可能会比较深，这是在非洲长时间受到阳光照射造成的[1]，而且他很可能极易感染所有的传染病。如今出生的大多数婴儿都遗传了能对病毒威胁做出迅速反应的免疫系统。10 万年前出生的婴儿还没有机会经常接触陌生人，所以他们的免疫系统很可能还无法抵御众多传染性疾病。但有疫苗、抗生素、医疗护理和良好的营养保驾护航，来自远古时代的婴儿可以在现代世界里健康成长。他在成长过程中会遇到和 21 世纪的父母所生的孩子类似的问题，也和他们有同样的机会过上幸福、多彩的生活。

如果外星人将出生在 21 世纪的婴儿穿越时空带回远古非洲，交给那里的一位母亲抚养，现代婴儿也有一定的概率适应并存活，尽管他的生活确实会很艰难，而且，他存活至成年的概率比生活在 21 世纪低得多。

第一部分：想象 10 万年前你的出生

想象你是出生在 10 万年前的非洲大地上的祖先。请先想象一下你出生的前一天，你生命中最重要的三位女性在焦急地等待着——你的外祖母和她的两个女儿。大女儿是你最亲的大姨，二女儿就是你的母亲。

和其他所有女性一样，在第一次怀孕的最后阶段，你的母亲已经感到筋疲力尽，但坐立不安。她躺在那儿，头部和肩膀靠着一堆树枝，树枝上盖着羚羊皮做的吊兜。你的姨婆曾用它包裹自己的孩子，你母亲也将用它来包裹你。但在这一刻，她不愿想象自己使用这块吊兜的情形，因为她害怕会有不好的事情发生。她一生中见过 4 次分娩，只有一次结果是好的。她希望自己这一次分娩会像她母亲的姐姐一样顺利，而不要经历自己的姐姐在去年遭受的可怕折磨。她的脸在吊兜上摩挲，以此祈求好运，同时她呼吸着吊兜上仍然附着的婴孩气味。她的腹部和胸部都太大了，所以连续几周都感觉不舒服。你的父亲一直在努力劳作，采集、备置食物，收集柴火，承担了母亲的大部分工作。外祖母坐在她旁边，一只手放在她的腹部上。外祖母相信，你母亲的背痛是分娩即将开始的征兆。你的母亲也希望如此，尽管她非常害怕。

外祖母也是既期待又害怕。如果分娩顺利，她将会迎来第一个活着的外孙。她见过多次分娩，包括她自己生育的 5 个孩子。其中有 3 个孩子活了下来——两女一子，儿子现在已经加入了他叔叔的大家族。她回想着不同的分娩经历，试图找到有人生产困难、有人生产顺利的原因。最鲜活的记忆——你大姨所受的磨难，仍然能让外祖母的胃里翻江倒海。大姨当时分娩了两个晚上，所有人都担心她会死去。最后，孩子降生了。他虚弱地呼吸着，无力啼哭，身体软趴趴的。生产过程太长了，家族所有的女性都提醒道，这个孩子可能很难存活。外祖母紧紧地抱着这个孩子，把他的脸按在自己的肚子上，直到他停止了呼吸——与其看着这个孩子慢慢地虚弱而死，不如让他早一点儿解脱。

你的外祖母抱着死去的外孙，前往食腐鸟能带走他的地方，一路上，她都在想象掐死孩子的父亲，试图以此让自己振作一点儿。他是一名年轻男子，一天傍晚突然出现在他们面前，请求和他们一起前行。他的一些发音很奇怪，但大家都理解了他的意思。他告诉大家自己家族的名字，他们也都听说过。所以，按照传统，他们热情地欢迎了他。他解释说，因为自己和大哥吵了架，所以需要暂时离家一阵子。你的外祖母还记得，她不喜欢他的长相，但外祖父说"他看上去是个不错的小伙子"。当然，这名外来的陌生人总是满脸堆笑，很讨人喜欢的样子。他又高又壮，干活很卖力。整个家族都喜欢上了他，也很高兴他能留下来。但不幸的是，你大姨太喜欢他了。原本已经计划好了，她很快会嫁给现在是你父亲的这个人，可她偷偷地和这个新来的年轻人发生关系，并且怀孕了。如果他能信守诺言与她结婚，整个家族就会接受他，但他却趁夜溜走了。大姨非常绝望，而且她的肚子一天比一天大，家族成员们认为她已经受到了惩罚，便重新友善地待她。一想到可怜的女儿用了很长时间才生下的孩子被自己亲手闷死，外祖母就不寒而栗，但她还是很高兴那个羸弱的孩子死去了。

当大家决定让你的父亲娶你大姨的小妹时，大姨表现得毫不在意。她因为那次艰难的生产而伤心欲绝，对婚姻并不感兴趣。但她的乳房饱胀着奶水，她也很愿意喂养她的姨妈的孩子。大家都知道，如果孩子们能多喝几位母亲的乳汁，他们会长得更好。如果你能顺利出生，她也打算帮着哺育你。

你母亲的生产过程持续了一整晚，第二天清晨，太阳刚刚升起的时候，你发出了第一声洪亮的啼哭。大姨抱着你，外祖母用燧石割断了脐带，又用一块燃烧着的木块烧了烧脐带断开处的端口。然后，你的外祖母拽着脐带一端，另一端仍然连着你母亲的子宫。胎盘随之脱出，外祖母又仔细检查了一遍，确保子宫内没有残留胎盘碎片。她听说过有的母亲死于部分胎盘滞于腹中。然后她用燧石将胎盘切片，穿在木棍上，在火上烘烤。产妇通过食用胎盘来恢复元气，这是传统，但你母亲说她想和她的姐姐分享胎盘，因为姐姐会用乳汁喂养你。

　　母亲注视着你的脸，闻着你身体的气息。她感觉无比开心，也许比她一生中任何时候都要开心，但出于对姐姐的尊重，她尽量不表现出自己的欢喜。姐姐经历了艰难的生产过程，现在单身，又没有孩子。但姐姐是个特别好的人，她没有表现出任何憎恨或嫉妒，只流露出了爱与关怀。你的母亲小心地将你交到大姨怀里，说自己有点儿累了，可能要暂时放下你。当你母亲睡着的时候，大姨就耐心地教你如何含住她的乳头，于是你尝到了人生的第一口乳汁。（未完待续）

为何判断 10 万年前的祖先这样生活？

我们认为这些祖先和我们非常相似，原因有两点。

第一，即使是 16 万年前生活在非洲的人类留下的骸骨，也与现代人类的骨骼非常相近。科学家已经将这些骸骨的主人划分为我们这一种群——智人（Homo sapiens）[该名词始创于 19 世纪初期，使用了拉丁语中的"智慧"（sapiens）一词和"人"或"人类"（homo）一词]。

第二，现在已经不可能复原和分析这些骸骨或任何发掘于非洲的远古骨骼中的 DNA，因此我们也就无法确切地知道 10 万年前生活在非洲的人类和现代人类基因的相似程度。但对于人类这种长寿的物种来说，10 万年仅仅经历了约 4 000 代人。这个时间长度不足以发生基因的巨变。复原和分析数万年前生活在欧洲的人类基因序列是有可能的。由于他们和现代人类在生理上存在一定差异，所以即便他们的DNA 和我们的非常相似，他们和人类的亲缘关系可能也没有那么近。

如果 10 万年前生活在非洲的人类和现代人类很相似，我们就有理由认为，研究现代人类所获得的证据可以帮助我们了解 10 万年前祖先的情况。但请记住一点，即便这些祖先和我们在生理上非常接近，他们的文化也与我们的大相径庭。他们的生活在很多方面或许和 100 万年前的祖先没有太大不同。他们很可能也是生活在一个小型集体中，在不同地域间来回觅食。[2]

人类学家和探险家对如今仍以游牧方式觅食的族群进行了研究，其研究报告为了解这类人的生活提供了最佳信息来源。现在，只有极少一部分人仍然生活在人类学家所称的"小规模觅食社会"中，而且如今的觅食者使用的工具比 10 万年前的祖先使用的先进得多。事实上，大多数当今的觅食者都与现代社会保持着定期联系，他们穿着工厂制造的服装，使用金属刀具和烹饪器皿。有人甚至使用移动电话与他人联络。但有关他们生活方式的信息仍然可以为我们了解祖先的生活提供线索。同时，在过去一个多世纪里，探险家和人类学家一直和这类觅食者同住，并撰写与他们相关的报告，所以，已经有大量关于人类使用较简单的技术生活的报告。他们所著的"人种志"使我们得以窥探人类生活的各种方式，也揭示了觅食者如何解决全人类面临的共同日常问题，如生育和抚养大脑更大、需要更多照料的幼儿。

生活在 10 万年前的祖先所找到的解决方式很可能和现代觅食者接近。例如，生活在小型群体中的年轻人不容易找到伴侣，所以父母就会为子女包办婚姻。这种方式在如今很多文化中依然相当普遍。生活在觅食群体中的女性相互帮助哺乳孩子，特别是自己姐妹或女儿的孩子，这种情形也很普遍。由于游牧觅食的生活很难照料好重病或重残的幼儿，存活概率非常小的新生儿有时候会得不到照料，自生自灭，或者以尽可能没有痛苦的方式被杀死。

大脑与气候

10万年前，祖先已经有了和我们一样的大脑，其脑容量是上一章提到的人类的两倍多。没有多少实物证据能证明他们凭借这样的大脑取得了什么样的成就。我们只知道找到了他们使用火、扩充石器"工具箱"的相关证据。他们用来捕猎的武器包括可能绑在矛或镖前端的尖锐小石块。在对微生物繁殖受到抑制的古老土质的考古发掘中，人们已经发现了数十万年前人类制作的木矛，端头是烧硬的石块。[3]祖先也一定用可生物降解的材料制作过工具。他们有时候会将石器绑在木柄上，但也会像150万年前大脑更小的祖先一样，用石块相互撞击来制造工具。

曾有观点认为，进化出更大的大脑会让我们的祖先比与他们竞争的低智能动物更有优势，但证据却推翻了这种观点。人类在地球上已生存了超过100万年，但只有极少数的人类遗骸被发现。这说明，他们中的大多数都无法和生活在同一时代的史前哺乳动物相比，如马、猫、狒狒等——已发现大量来自这些动物的骨骼和牙齿。显然，在我们的祖先还在勉强求存的时候，这些物种已是一片欣欣向荣。这些大脑较小的动物生存状态如此之好，其实并不令人感到意外。它们的身体所具备的适应能力让它们比人类更敏捷、更强壮，在有些情况下，甚至比人类更具威胁性。

科学家现在意识到，拥有更大的大脑其实带来了相当大的劣势[4]，但肯定有优势，因为大脑更大的人类绝对比大脑较小的人类做事更出色。基于目前发掘的古人类遗骸，10万年前至少生活着三种大脑较大的人类，他们分布在非洲和欧亚大陆的很多地方。这些人种可能不尽相同，但他们都活了下来。长得和我们相近的人主要生活在非洲，他们中有一部分迁往了地中海东部，也就是非洲和欧亚大陆的连接处。大脑较小的人类似乎都已灭绝。一部分人类继续在非洲生活，直到30万年前，但迄今为止，除了在南亚的岛屿上，还没有发现过大脑较小的人类留下的距今较近的遗骸。[5]

大脑更大的人类表现得更出色，因为他们在气候极为多变的时期更容易存活。研究远古气候条件的科学家相信，在过去几百万年中，地球的气候经历了多次极度不稳定的状况（见图5.2和图5.3）。

图 5.2　沉积在海底或湖底的原状土壤记录了过去的时间。通过小心地钻入沉积层，科学家可以提取数万年前的土层样本（即"土芯样本"）。通过分析土层中逐年沉积的化学物质，科学家能够得到关于气温、大气状况、植物的变化情况及其他更多信息。分析数百万年前形成的沉积岩样本甚至可以帮助获取更早的环境信息

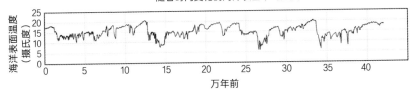

图 5.3　这是一张过去 40 万年间的气温估计值图。图中数据是基于对西班牙南部大西洋海岸附近海底土层的分析。在世界不同地区采集的样本会略有差异，因为它们都会反映当地的环境状况。但它们都表明，地球在过去 50 万年甚至更长的时间内经历了长期的气候不稳定。历史上有过多次长期的冰期，在冰期，气温不仅更低，波动也更大。相比之下，我们的星球在过去 1 万年中经历的气候相当稳定

数据来源：Belen Martrat，Joan O. Grimalt，Nicholas J Shackleton，Lucia de Abreu，Manuel A Hutterli，Thomas F Stocker，" Four Climate Cycles of Recurring Deep and Surface Water Destabilizations on the Iberian Margin," *Science* 317（2007）：502-507.

　　我们已经知道，从 19 世纪开始，北美洲和欧亚大陆的北部地区曾一度覆盖了厚厚的冰层，现在，科学家相信，在过去 250 万年中，地球经历了多轮温暖期和冰期的交替。从更早期直到 100 万年以前，这种波动的轮换期大致为 4.1 万年。在过去的 100 万年中，这一轮换期为 10 万年。在冰期与冰期之间，也有持续数万年的温暖期。温暖期的气候条件和现在差不多，全球平均气温为 18 摄氏度。

　　在冰期，地球两极和山顶的冰层范围扩大，海平面下降，降水量减少。但仅仅是这些变化本身并不会造成生态学家所认为的恶劣环境。科学家曾假设环境没有变得特别恶劣——降水的减少和温度的降低仅仅造成了荒漠和草地的缓慢扩张、海岸线的改变、栖息地位置的转换。更多近期的研究结果却刚好相反。温暖期和冰期之间的交替期会发生剧烈的气候变化。在有些交替期中，地球上部分地区的平均气温上下波动，短短几十年间的气温变化超过 5 摄氏度。在这一时期，我们的祖先在他们短短一生中经历的气温波动次数比过去 1 万年间多得多。[6] 尽管化石证据不够完整全面，但这种气候变化的加剧似乎与

人类大脑尺寸的增大及文化复杂程度的增加同时发生，这说明，对越发不稳定的自然环境的适应造就了复杂的文化，以及尺寸和能耗都更大的大脑。[7]

这种程度的气温波动不仅会造成栖息地位移，还会引发混乱。在环境条件稳定的时候，自然选择会促使生物更好地适应环境。但当环境变得不稳定，栖息地被毁坏时，很多已经适应了栖息地环境的生物就会灭绝。然而，还是有特别擅长从被破坏的栖息地获益的动物。如今，尽管人类破坏了当地的生态系统，排放了污水污物，但这类动物中的大多数在这些地方仍然蓬勃兴盛。这些被我们视为有害动物的物种不需要花太长时间就能适应与人类共存的环境，如海鸥、鸽子、老鼠。这些动物能在被破坏的环境中很好地生存，因为它们有很强的适应性和快速学习的能力。它们在各种不同的环境条件下都能找到食物、建立家园。只要有食物，它们就会如狼似虎地吞食，然后繁育众多后代。等食物快要耗尽时，它们的后代就会四散开去，寻找并利用新的生存环境。这样的动物在冰期内就会生存得很好，能够捕食它们的动物也相应地发展壮大。

拥有更大的大脑可能会帮助我们的祖先在气候混乱的时期寻找谋生的方式。他们具备的合作能力、分享信息的能力、迅速调整自己的文化使之适应新环境的能力也都非常宝贵。在这样绝望的时期，即使是最强壮、最聪明的个体，与家族成员一起也比独自一人生活容易得多。通过共同努力、探讨想法和结果、从错误中吸取教训，他们会具备更强的适应能力。虽然他们不可能像上述动物一样拥有快速繁殖的能力，但如果包括男性在内的整个家族都愿意贡献他们的智慧和更强劲的体力来帮助女性，确保家族成员都能得到保护、享有食物，他们就能养育更多的后代。

10万年前并非气候混乱时期。一些关于远古气候的证据表明，当时和现在的气候条件很相近。但这并不意味着生活就很容易。事实上，在那段时间，我们的祖先一直都在与动物抗争，那些动物更适应稳定的栖息地。在气候混乱时期，手持长矛的人类可能会是相当成功的捕猎者，但在气候稳定的时期，狮子、老虎、剑齿虎、鬣狗、野狗等动物则会重新"大权在握"。它们的成功狩猎使得人类几乎无猎可狩，甚至还面临着成为这些顶级肉食动物的猎物的风险。那是充满压力的时代，但与此同时，他们的生活中鲜有其他的大型挑战。在更稳定的气候条件下，家族成员不会面临难以应对的新问题或出人意料的新挑战，有的只是经常性的忧虑。如此一来，敏捷的头脑和团队协作就没有多少优势可言了。

如果生活在10万年前的祖先和现在的人类一样，缺乏充满刺激的挑战，同时持续面临着需要保证孩子安全和吃饱的压力，他们就不太愿意继续合作。年富力强的男性会倾向于单独生活，而非承担起照顾一群女性和孩子的责任。假如他们这样做，他们自己的生活就会轻松许多，自身的存活概率也会提升。但独自生活会降低他们基因的延续概率。只有团队中有意愿贡献力量喂养和保护下一代，并为孩子树立榜样的成年男性，才能将年轻人凝聚在一个团结的集体中。

有些男性，就像前文中提到的那个高个子、满脸堆笑的年轻男子，可能会让女性怀孕，但自己并不履行忠于家庭的职责。他们的孩子当中只有少数可能存活下来。但与家族成员生活在一起、帮助养育后代的男性，其基因能得到更好的传承，他们还能传递自己的文化知识和信仰。年轻男子如果在由男人和女人共同组成的家族中长大，他们将能够学到生存所需的技能，也会学到人们如何通力协作、养育后代。从血缘关系的概念上来说，这些人类群体也许算不上"家族"，但从共享抚育下一代这一目标来看，他们就算得上。无法抚育足够多新成员的家族注定会消亡。

成长及融入家族

为了抚育后代，我们的祖先必须齐心协力、共同合作。他们的文化包含了生火、制造工具等重要技能。但要成功开展合作，他们也需要能达成一致目标、和平解决分歧的社交技巧和社交工具。掌管大脑发育的基因与他们开发出的便于协作的社交工具在共同进化。男性和女性有不同的角色，承担着不同的分工，这一点说得通。由于女性从生理条件上来说是婴儿的"天然粮仓"，让女性承担照料婴儿的主要责任就会更有效率。在理想状态下，她们承担的其他任务应当是在孕期、怀抱婴儿或照看幼儿的同时也能完成的。男性则可以做其他工作，包括更为冒险的工作，以及需要利用他们体能优势的工作。

童工也说得通。孩子们要尽可能减少自己带来的负担，一旦体力和脑力允许，就要开始帮衬家里，这一点很重要。如此一来，孩子们就有机会从劳作中有所收获，并且随着年岁日增，为家族做出更大的贡献。大家不会惯着病恹恹的孩子。照料幼儿是一种对未来的投资，如果这个孩子长大成人、为家族创造财富的概率不大，再对他进行投入就说不过去了。每个人都要尽自己的一分力，年纪稍大的孩子必须帮忙照看弟弟妹妹，这在现在的很多文化中依然如此。[8] 我们是那些在充满挑战的环境里存活的孩子的后代，他们受到这种环境的驱动，但不至于不堪重负。他们会达到甚至超越长辈的期待，但不会过劳。太心甘情愿、太被动或太服从的孩子很容易累死。成功长大的孩子能很好地把握平衡，他们自己是很好的团队成员，同时他们希望其他成员也能做好自己分内的事。

大部分生活在今天的人都处在截然不同的文化环境中，关于儿童应当如何表现、如何得到照护的观点也正迅速变化。由于如今的我们有不同的经历，我们的大脑将会进一步发展，与祖先的大脑更为不同，但我们刚出生时的大脑，与10万年前的祖先婴儿时期的大脑几乎别无二致。这并不是说，不管是当时还是现在，所有人类婴儿出生之时都有一模一样的大脑。变异在所有种群中广泛存在，在10万年前挣扎求存的人类家族也会从家族成员不同的脑力水平中受益，正如他们也从家族成员不同的体能水平中获益一样。但要想生存，10万年前的婴儿生来就要具备这样的能力：首先成长为儿童，进而成长为愿意且能够融入团队的成年人，成为协作共存的团队的一分子。我们是成功存活的婴儿的后代，所以，也就继承了可以适应石器时代生活的大脑。相应地，我们的大脑也能好好适应21世纪的生活。

我们的大脑对身边人的行为和期望都很敏感。研究婴儿行为的心理学家发现，他们生来就擅长吸收周围的信息。降生仅数周，他们就已经是细致的行为观察者了。在观看一部木偶短剧或动画短片后，几个月大的婴儿就能分辨出角色的好坏。再过几个月，婴儿就会伸手去拿他们喜欢的玩偶，以此表明自己对某角色的喜爱。他们喜欢好的角色，以及和他们有着相同饮食偏好的角色。[9]

实验确认了父母长期以来相信的观点：早在开口说话之前，婴儿就已经非常了解他们所观察的身边的一切事物。他们能识别一名成年人的行为目的，觉察什么时候事情没有按照计划进行。让婴儿发笑的一个好办法就是假装一件事总是出错，并对此表示沮丧。婴儿和儿童都非常关注我们的行为目的。他们总想知道"为什么"，也热切地观察错误和不好的结果。幼儿最初开口说的词汇一般都是他们的照护者在出错的时候使用的词。英语国家的孩子倾向于说"哦不""天啊""哎呀"等词，如果你运气不好，也可能碰到说"该死""他妈的"的小孩。

尽管孩子们似乎很喜欢"幸灾乐祸"，他们却的确能提供帮助。心理学家将儿童置于成年人尝试做某事却无法做到的情形中，证明了儿童理解他人计划做什么事的能力。在看到有人很难取到某物，或是在腾不出双手的情况下想要开门时，仅14个月大的幼儿会蹒跚地走过去提供帮助。[10] 到目前为止，大多数此类研究都以西方人作为研究对象。生活在非西方文化中的婴幼儿也有类似的观察和理解行为的能力，以及类似的帮助他人、与他人一同玩耍和做事的愿望。仅有少量以西方文化以外的儿童作为实验对象的研究活动，但这揭示了不同的养育方式对他们的行为有着重要影响。[11]

YouTube（优兔）上数千段有关5岁左右儿童模仿当红明星唱跳的视频，充分证明了儿童擅长模仿的事实。[12] 但学会做人做事不仅仅需要模仿。假扮成不同的人也许很有趣，但小女孩并不应当表现得很像娱乐明星。要弄清楚自己模仿的是谁，儿童就必须先建立自己是谁的概念。和10万年前的儿童相比，生活在现代的儿童可能更难做到。当今的孩子们接触了太多潜在的行为"榜样"，有些形象甚至不是真人。但大多数孩子都找到了解决办法。研究美国儿童的心理学家发现，到5岁时，大多数儿童都已发展出了该对谁投入最多的注意力这一概念。如果有陌生人和他们熟悉的人长得相似，儿童就会更容易记住他们说的话。有趣的是，即便美国文化注重"看脸"，但陌生人的长相对于儿童来说还是不如他们的声音重要。孩子们对于和自己说话口音相似的陌生人印象最为深刻。而陌生人的着装和肤色则没那么重要。[13]

如果想想多年前祖先的生活，你可能就会明白，具备像我们的大脑一样的有社交能力和团队协作能力的大脑，能让他们在一个不确定的环境中尽最大可能生存并养育后代。由不同年龄段的人组成的团队必须一起生活、一起劳作。被动表现并不是好事。每个人都需要在帮助整个家族延续和保证自己也活下来之间找到最佳的平衡。一个家族也需要成员们既能做领导者，也能做追随者。缺乏经验的年轻成员会很有兴趣追随长者，但从理想的角度来说，他们也要开始学习知识、加深理解、发展技能，为自己将来成为长者做好准备。年纪大一些的孩子和成年人达成一致意见，不太可能是因为孩子们惧怕惩罚，而是他们理解了这项工作的目标，接纳它并将其作为自己的目标。他们朝着一个共同的短期目标努力，如为了到达某个山洞而攀登山峰，因为他们理解了这个小目标是在顺应他们所认同的更大目标——保护婴幼儿的安全。

今天的人类也几乎一样。我们可以成为良好的团队伙伴，但只有真正理解了"游戏"本身，相信所设目标是值得的，我们才能表现得更好。我们会忍不住对游戏规则产生自己的想法。参与这类事项的讨论也是人之所以为人的一部分。如果被排挤在外，我们就会感觉很糟糕，生活似乎也没有了目的。

第二部分：想象 10 万年前你的成长

随着你渐渐长大，你的家族成员常说，比起你的母亲，你长得更像大姨。很多人都说，这一定是因为她喂你吃了第一口奶。但也有人怀疑，她那死去孩子的灵魂进入了你的身体。你很讨厌这种说法，因为这意味着你的灵魂中带有某种邪恶的妖术。你决心向他们每个人证明，你并不邪恶，也非妖魔，但时时刻刻都表现得很好并非易事。等你长到足够大，能够帮助家里做更多杂务时，大家都知道了有个恶魔背叛了你们家族的善意，让你大姨怀孕并生下了死婴。你外祖父外祖母的亲戚朋友在家族中散布着那个可怕的故事，并且警告大家当心那个邪恶的人。他们听说，曾有人看到一个高个子的年轻男性被蛇咬了之后痛苦地死去。在另一个版本中，他被雷电击中。但没人知道他身上到底发生了什么。

当最后一颗乳牙脱落时，你第一次感到饥饿。当然，你在旱季时也常饿着肚子睡觉，但这次是第一次真真正正的饥饿。它始于你们家族的一趟旅行，他们打算前往长者记忆中的一道河岸，河岸有很多树，在旱季会产出大量坚果。在路上，你们碰到了另一个家族，他们也要前往同一个地方，所以你们结伴同行。等到你们越走越近，才发现事情不太对，当你们抵达的时候，发现河流已经改道了。现在这里只有一条涓涓细流，坚果树也几乎都死了。两个家族的家长决定一起去往别处，但走了几天之后，你们发现此地的河流几近干涸。长者决定跟随河床向上游走。好在沿途还留有一条小溪，于是，你们就不用背着盛满水的容器。

你一路跋涉，和别人轮流照看一个熟睡的婴儿，她一动不动，你一直在检查她是否还有呼吸。你想起了传说中的故事，那些处在危险边缘的家族被突然从地平线升起的云彩拯救。讲故事的人说，有些云彩会变成大群的美味蝗虫，给饥肠辘辘的旅人提供充足的食物。这个故事的道理在于人永远不要放弃希望。你不停观察着地平线上是否会出现不寻常的云彩，并尽量不要惊动在头顶盘旋的食腐鸟。你感到自己已经处在崩溃边缘，但仍在坚持走着。到了夜晚，你发现身边人们的情绪发生了变化。接着，你也闻到了水的气味，听到了河流的声响。你们到达了河流改道后的地方。这里有许多坚果、水果及大量的木柴。黎明来临之时，你们大吃了一顿。第二天，两个家族中的男性都开始围猎那些前来享用坚果和水果的狒狒。大家都很担心这里没有多少猎物。如果这一带有狮群出没，留给猎人的食物就不多了。但大伙连日来的厄运似乎已经终结。其中一支队伍抓回了两只小狒狒，另一支队伍则猎杀了一只中等大小的羚羊。

那天晚上，每个人都是很长时间以来第一次真正吃饱。家人们慵懒地围着篝火，听老者讲述他们经历过的饥荒。过了一会儿，他们开始讲更为久远的年代的故事，那个时候，所有人都还没出生。当时，既有过严重的饥荒，也有过食物极为充足的时候。另一个家族的老人讲述的关于大干旱、大洪水、大风暴的故事版本有所不同。他们描绘了大地尽头奔腾着永不止息的水流，而这水不是普通的水——它是咸的，不能喝。这对你来说很奇怪，因为你听说，在奔腾不息的水流的源头，食物生长在那里的岩石上。食物怎么可能长在不能喝的水里？

篝火渐渐熄灭，老者谈起了从饥荒中吸取的教训。另一个家族的一位祖父说，每个人都值得称赞，因为大家共同做出了决定，也没有因为并非个人原因导致的不幸而相互埋怨。然后，你的外祖母表扬了孩子们在这一次艰苦"长征"中的表现，这让孩子们都很开心。她说，如果孩子们都保持安静、不发牢骚，大人们也会比较容易耐住性子。然后，另一家族的一位父亲说，有一个错误需要认真应对，因为其他的家族一定已经知道了河流改道的情况，但他们却没有传出这个消息。他说，这种隐瞒生死攸关信息的做法是邪恶的。

所有人都陷入了沉默。"邪恶"是一个很重的词，把大家都吓到了。你和其他一些家族成员都看向了你的大姨，因为她对随意使用"邪恶"这个词有着鲜明的观点。过了一会儿她才意识到，人们期待她讲两句。于是，她坐直了一些，说道："我曾被人说邪恶，这让我很困惑，我到底是不是一个邪恶的人。这是因为很多年以前，有个陌生人说服了我，让我觉得我自己的想法比我对父母的责任更重要，这给我和我的家族招致了很坏的结果。但即便没有这样一个坏的结果，我的行为也是愚蠢的、自私的、错误的。我所感受到的羞耻是我能想象的最严厉的惩罚了。正是这种羞耻感让我觉得自己不是邪恶的。如果我邪恶，又为何要这样惩罚自己？我认为，我们应该把这趟艰苦的旅程告诉其他家族，他们也就不会再犯同样的错误。那些隐瞒消息的家族也会听到我们的遭遇。我想他们会感到羞耻，这就是他们受到的惩罚。但如果事情不是这样……如果他们对我们遭受的饥饿感到开心或者好笑，那么我们也一定会听说，这样我们就有充足的理由认为他们是邪恶的。"

　　另一个家族的人满怀敬意地望着你的大姨，你感到很骄傲，同时也感到宽慰，因为她的话让你对邪恶有了新的认识。你很清楚羞耻的感觉。在淘气或犯傻的时候，你有过很多次这种感受。那时候你可能还觉得自己很聪明，但现在想来，你却觉得很糟糕，特别是出现了坏的结果或有人看着你的时候。如果这种糟糕的羞耻感表明你并不邪恶，那就是说，即便你的灵魂中可能有邪恶魔法存在，你也不是邪恶的人。

　　多年以后，你也成了篝火旁的一位老者，儿孙绕膝，有时候你会讲起关于你经历过的第一次真正的饥荒。如果他们问起，你还会讲讲有关睿智的大姨的一生，以及她教会了你感到羞耻的重要性。

社交工具和社交情绪

认定我们的大脑拥有两种不同功能是很有用的——"思考"（如解读信息、理解事物、做出预判、提出想法、制订计划）和"感受"（如饥饿、疼痛、寒冷、愤怒、害怕、性感）。我们每分每秒的感受驱动着我们的思想，为之注入感情色彩，也影响了我们的决定。"骄傲""羞耻"等感受影响着我们如何对待他人。

随着人类的进化，他们越来越擅长与自己所处的物理环境和社会环境相处，这是因为他们越来越善于控制脑中的想法。在几代人的努力下，我们的祖先在身体和情绪两个方面的感受都更为复杂地与思维和记忆交织，这使得他们不太可能冲动行事，也提升了他们按计划行事的能力。如果被愤怒或者性欲驱使会阻碍长期计划，他们是可以抑制这些感受的。但如果这些感受可能助其达成目标，他们又可以即刻唤起愤怒或者性欲。

科学家们对比了人类大脑和动物大脑的解剖样本及工作方式，正开始研究人类大脑的进化细节，看它们如何使我们发展出了控制想法的新方式。生活在 10 万年前的祖先的大脑大小是生活在 300 万年前祖先的 2 倍多。大脑中扩展较大的部分为前额皮质，位于眼部后侧。大脑这一区域的神经细胞向大脑其他区域延伸它们细长的"手臂"（或称轴突）。轴突类似于携带信息的导线，将前额皮质与脑内不同的"心智器官"联系起来，这些"心智器官"用于接收信息、产生情绪、储存记忆及组织行为。所有哺乳动物的"心智器官"都相似。人类的不同之处在于"心智器官"彼此的联结方式。在我们大脑庞大的前额皮质内部，大量信息以不可能发生在其他动物身上的方式得到融合与处理。[14] 这使得我们对于整个世界的体验以及我们的行为选择大为不同。

在大脑额叶中，人类的感受被"大卸八块"后重新混合，并由记忆"调味"。

我们的精神生活可能很私密，但它会进化，由我们所属的社会网络进行塑造和分享。我们很少仅靠自己思考就做出决定。就算不和他人探讨自己的决定或者向他人寻求建议，我们也会忍不住想一想其他人会怎么做，他们对我们的决定会有何反应。这是因为，要生存繁衍下去，祖先们就必须相互依靠。我们所继承的大脑进化出了能够与他人的大脑联结的能力，我们也承袭了拥有大量社交工具的文化，如语言，这能使我们在一定的社交网络中各司其职，并养育出长大后同样能够各司其职的后代。[15]

700万年前，我们的猿类祖先就是社交动物，它们掌握了少量社交工具。随着不断进化，它们将"社交化"提升到了全新的水平。黑猩猩群体中最重要的社交关系是母婴之间的关系。通过大脑中神经化学物质的相互反应，黑猩猩母亲开始对自己的新生幼崽产生喜爱的情感。对于人类而言，由于大脑中可能出现千丝万缕的联结，这种基础的母婴关系机制可以由许多事物触发。我们可能对飞机上的邻座旅客产生暂时性的依恋，也可能与朋友、宠物、打动我们的某首歌的演唱者产生情感联结。我们可能真正关心某人，比如（并不真实存在的）伊丽莎白·贝内特，也会在达西先生[①]再次向她求婚而她答应嫁给他时感到如释重负。我们会爱我们的新手机、我们的祖国，以及我们祖国所奉行的理念。在己方球员得分时，我们能立刻与体育场中的半数观众感同身受。[16]

在来到这个世界时，我们就准备好了建立无数的社会关系，随着

[①] 伊丽莎白·贝内特和达西先生是英国小说家简·奥斯汀著名长篇小说《傲慢与偏见》一书中的主要角色。——译者注

对身体控制能力的日益增长，我们热切渴望加入与他人协作的游戏和任务。在这一点上，我们与黑猩猩幼崽极为不同。实验表明，黑猩猩能很好地理解合作任务，但只有在了解了这项任务如何能帮助它们获得水果或其他奖励之后，它们才会加入其中。而人类则与之形成鲜明对比，我们很多时候一起合作只是为了开心。[17]实验也表明，与他人的合作影响着儿童的行为。参与合作后，他们会更愿意分享在实验中获得的好物，好像与他人的合作会使他们更为愉快。儿童更愿意分享的原因，似乎并非仅仅是他们明白需要为和他们一起劳作的人付费，而是人类对一切事物的感觉都受到塑造我们大脑发展的个人经历的强烈影响。童年时期对他人的观察不仅帮助我们学会如何行事，也帮助我们理解应该如何感受。等我们学会了语言，就有能力理解家族期望我们对于目标和价值有深切的感受。

一旦认为儿童成长到足够的年龄、明白该如何表现，大人们就会希望他们在做错事的时候感到不安——大多数孩子的确会这样。我们可以将其称为"罪恶感"或"羞耻感"，可能会有"懊悔""尴尬""丢脸"等感觉。英语并不是唯一包含了大量描绘不良感受的语言。每种文化体系中的人都知道这种感觉，并将之视为一种复杂的事物。这些感觉都是至关重要的社交工具。每当想到自己做过的愚蠢的、伤人的、讨厌的事时，我们都会感到难过，进而不想再犯。这种感觉对我们自己和身边的人都有好处。[18]

我们庞大的社交工具箱中也包括了良好的感受，如"骄傲"，每当做了正确的事时，即便没有人注意到，我们也会感到骄傲。当我们的体育实力、钢琴演奏水平或商业头脑得到认可时，我们就会非常激动。如果一名士兵在战斗中英勇牺牲，他的母亲在接受追勋奖章时会有光荣之感。即便在与他人竞争时，我们的社会情感也会使我们遵守所属集体的规则，认同集体的看法。我们一旦丧失归属感——如果我们觉得自己对他人毫无用处——可能就会想要放弃生命。我们（或我们中的大多数[19]）生来就具有社会情感，但感受的细节、何时产生感受、如何回应这种感受则由我们不同的个人经历来塑造。

由于产生了罪恶感和骄傲等感受，我们的祖先能够在寻找食物和维持安全上投入更多的精力。这些感受使得我们的祖先更加值得信任，所以他们不必随时警惕其他人和惩罚犯错的人。在很大程度上，每个人都在进行自我监督。按照期望的方式行事成为他们想法和感受的一部分。"不正常"的表现让他们感到"不自然"。当按照周围人所认为的"正常"方式行事时，他们会感觉良好，而当做出被他人认为怪异或自私的事时，他们会感到不舒服。社会学家称此为"社会规范的内化"。[20] 现代城镇对居民征税，将税款投入"维护社会治安"的执法和司法工作中。但只有所有成员都同属一个群体，并对是非对错有着类似的评判标准时，整个族群才会感到安全舒适。如果同一街区的居民内化了同样的"邻里规范"，警察就不需要时时巡逻。如果街区的每个人都讨厌吵闹的派对、厌恶在公共场所醉酒的行为，那这个街区的周末就会宁静祥和。在喜欢热闹聚会的邻里之间，周末的确会更加吵嚷，但治安并不一定更差。

和祖先一样，我们的现代生活方式也建立在社会规范内化的基础之上，但它也揭示了一些问题。[21] 我们现在经常与来自不同文化体系的人生活在一起，有时候需要努力避免被一些让我们感到不舒服的事——我们很难理解和接受的行为——干扰。另一个问题是，即便有些社会规范没有意义，即便违反是偶尔出现的，我们也会在违反的时候以痛苦的方式自我惩罚。为什么一名女性要在经血渗出白色裤子的时候感到窘迫不已？人类族群内化的社会规范以及他们对这些规范的感受不尽相同，但在意他人如何看待自己是人之所以为人的重要组成部分。据报道，有些个体在做错事时不会感到不适，有时候他们被称为"精神病患者"或"反社会者"，我们认为他们很可怕。

我们的祖先为何成为父母？

从基因进化的角度来说，生物体最重要的任务是繁衍后代。但现在很多人选择不做父母，也许10万年前也有人不生孩子。怀孕对于他们和我们都是不适的，在没有现代医疗条件的情况下，分娩会带来更大的疼痛和死亡的风险。在经历了所有痛苦后，新生儿长到成年的概率通常不超过50%。那为什么我们的祖先还是决定生孩子呢？

解释猿类祖先为什么要生孩子相对简单一些。猿类想要交配的时候就会交配。猿类母亲想要照顾孩子，于是认真地照顾孩子。猿类父亲没有这样的感觉，也就不照顾孩子。猿类幼崽继承了父母的基因，大脑就会发育产生同样的感受，所以，到了下一代，一切就会再次发生。但如果10万年前的祖先有着和我们一样的大脑，那他们的生活就不再是想做什么便做什么的问题。他们可能经常会在感到性欲时控制自己的行为。祖先们不太可能不知道孩子是如何孕育的，也不太可能不知道如何在避免怀孕的情况下满足性欲。和如今一样，10万年前一定也有意外怀孕和性侵犯，但以这种方式孕育的孩子很可能存活时间不长。大多数祖先被孕育，都是由于他们的母亲主动选择承受怀孕的过程、面对分娩带来的风险，并愿意将自己的青壮年时期都奉献给养育下一代这项事业。他们能存活至成年阶段则是由于父亲、叔伯及其他亲属都在帮忙照顾他们。但为什么母亲会成为母亲，其他人又为什么帮助她们照看幼儿呢？

如果我们的祖先像今天的人类一样生活在小规模的社会中，他们就会在为人父母上投入大量精力，因为他们将之视为自然而正常的事情。毕竟，文化和基因很相似。如果某个族群不繁衍后代，他们的文化就和他们的基因一样，必然会消失。如同分娩和养育孩子的技巧，以及诸如吊兜、摇篮板之类的养育工具，我们祖先的文化中也包含了一套关于孩童价值的信仰和传统。许多文化仍然保留了这一传统——年轻女性一旦怀孕就会获得更高的地位，生下了多名健康婴儿的女性获得的地位尤其高。由于我们的祖先内化了这些规范，他们可能就不会意识到自己可以选择是否为人父母。他们所做的是（对自己）明显"正确"的事。为人父母的理念直到 150 年前才成为个人选择。在此之前，即便人们明白性和怀孕之间的关系，大多数人似乎都相信，凡人不应试图控制创造新生命这件事。[22] 他们这种感受与纪伯伦在 1923 年创作的诗歌《先知》中的诗句类似："你们的孩子，都不是你们的孩子，乃是生命为自己所渴望的儿女。"

这并不意味着我们的女性祖先时时都会有生育的压力。事实远非如此。让更多的孩子存活是家族兴旺发达的关键。在胎儿没有足够存活概率的情况下，怀孕几乎没有意义。如果明知新生儿的存活概率很低，却仍然任其活着，同样是没有意义的。[23] 在艰难时期，年轻男女可能会推迟自己的生育计划，转而专注于帮助更年长、更有经验的父母照顾孩子。在极为艰难的时期，有些人可能终其一生都不会有自己的孩子。[24]

在人类进化的历史进程中，也许会有思想独立的女性，她们认真思考后决定不承受母亲身份带来的痛苦和风险。她们肯定不是我们的祖先。也可能有一些家族反其道而行之，不鼓励养育更多的孩子。我们的祖先也不属于这样的家族。我们祖先所在的家族相信孩子的重要性，并努力繁衍后代。这就是我们存在的原因。

他们为何结婚？

正式承认一对有性关系的男女之间的联系，这种习俗属于一种社交工具，隶属于亲属关系这一更大的社交工具。如今，我们不可能得知祖先何时开始拥有婚姻制度，但有两个理由使我们相信，婚姻习俗在 10 万年前就已建立。

第一个理由是婚姻的理念在人类中普及甚广。[25] 即便在很多文化中，"家族"的定义相当模糊，但大多数语言都包含了详细描述血亲或姻亲关系的词汇。在很多族群中，婚姻属于一种文化黏合剂，将个体联系起来形成家庭，又将家庭联系起来形成更大的宗族和部落。它帮助规范了生育，明确了谁应当帮助养育孩子，如果孩子存活，谁应当因为帮助养育孩子而受益。许多文化都相信，只有在确定孩子会在夫家和自己的家族都得到认可时，女性才应当怀孕。这样一来，即便她的丈夫去世，他的家族仍然可能提供养育孩子所需的帮助。[26] 如果婚姻出现的时间较短，你有可能会发现至少有一小部分文化对此全无概念。但事实并非如此。谁是孩子的父亲这一重要的基本理念很可能始于数十万年前，当时我们的祖先仍生活在非洲。

认为婚姻在人类族群中由来已久的第二个理由是，我们继承的基因给了我们更能适应固定性伴侣而非多个性伴侣的身体。男性睾丸的尺寸有力地说明了人类所适应的性生活方式。对比不同哺乳动物的睾丸也可以得到清晰的答案。黑猩猩这类动物有更为开放的性关系，处在排卵期的雌性可能与多只雄性交配，因此雄性黑猩猩就有了更大的睾丸（见图 5.4）。更大的睾丸不仅可以在每次射精时释放更多精子和精液，与人类精子相比，它们释放的精子动力更强。每一颗精子都有强大动力，一旦进入雌性身体便能够奋力游得更远。产生数量众多、

"装备精良"的精子需要消耗大量能量，如果以克重来计算，睾丸组织所需能量基本和脑组织所需能量相等。与此同时，巨大的睾丸会带来身体上的不便。但我们还是很容易理解黑猩猩为何进化出了较大的睾丸。如果正在排卵的雌性与多只雄性交配，那么谁拥有数量最多、最具活力的精子，谁就最有可能成为它下一个孩子的父亲。

图 5.4　研究人员右手上的是黑猩猩的大脑，左手上的是黑猩猩的一只睾丸。雌性在排卵时通常会与多只雄性交配，这意味着不同雄性的精子需要相互竞争，成为让卵子受精的那一颗。为了有机会繁育后代，黑猩猩必须产生大量极具活力的精子。要产生这样的精子，它们就需要巨大的睾丸

　　人类男性的睾丸则要小得多，这在雌性每次排卵时只与一名雄性交配的哺乳动物中很典型。他们产生的精子动力最小。对于人类女性来说，卵子的受精更像是一场"募捐长跑"①而不是马拉松。27

　　能更有力地证明人类身体不适应多个性伴侣的证据在于女性生殖器官极易通过性传播感染细菌和病毒。当文化变迁导致更为开放的性关系时，人类群体中性传染病的感染率就会上升。从进化角度来说，

① 募捐长跑是一种慈善募捐活动，观众捐钱给跑步者，跑得越远，筹集的钱就越多。——译者注

衣原体感染是最危险的，因为感染人群几乎不会有任何症状，并可能在许多年内继续传播这种疾病。感染并不危及生命，在现代社会，仅用一剂抗生素便可治愈，但如果女性感染衣原体，病菌就会在她的生殖系统中引起轻度炎症，这种炎症通常会造成瘢痕，永久堵塞输卵管，因此她的卵子无法受精并到达子宫。如今，输卵管堵塞的女性也许可能通过体外受精的方式怀孕，但目前为止，性传播感染依然可能永久破坏女性的生育能力。如果传播这类疾病的行为在过去很普遍，我们祖先的身体应该对这类行为导致的后果具有一定的抵抗能力。我们不可能经遗传得到一具对性传播疾病风险毫无抵抗力的身体。

有人提出，要理解人类为何结婚，与其关注文化的进化，不如多看看基因的进化（这一点很重要）。他们认为，人类性行为受基因进化偏好的影响，这种偏好使人类想要交配并构建一夫一妻伴侣关系。[28]如果的确如此，婚姻制度就只是在一套由基因设置好、人类必然会做出的一系列行为上简单增加了合法性，有时候也有宗教性罢了。

这种观点的问题在于，人类婚姻与其他哺乳动物的雌雄配对关系完全不同。[29]哺乳动物中的雌雄配对机制通常由交配行为触发，雄性因此对与之交配的雌性产生依恋心理。如果发生性关系会在人类男性中触发同样的"配对情绪"，那么婚姻就不再是必要选项，有着复杂文化的社会也就不可能出现。配对情绪导致男性做出的行为，将会使人类正常的社会生活不复存在。一只有配对情绪的雄性长臂猿除了保卫它、它的伴侣及它们的幼崽栖息的领地，几乎不会抚养幼崽。它随时都希望在伴侣附近，对除了它的伴侣和幼崽的其他所有长臂猿都表现出攻击性。一名人类男性可能会在其他男性与自己女朋友调情时感到恼怒，但如果他像带有配对情绪的雄性长臂猿一样，表现出了强迫和暴力的行为特征，就可能面临被逮捕的风险。

现代人类伴侣体会到的爱的感受是真实的，其涉及的大脑机制与触发其他哺乳动物配对情绪的大脑机制相同。但我们所称的"爱"通常还包含了其他感受，比如性欲。这种原始的感受经过了大脑额叶的处理，因此，我们的一切感受都受到过去经历的强烈影响，包括我们曾经学到的应当"如何"感受。在过去的几个世纪中，人们以惊人的海量创意描绘了经历浪漫爱情时的感受（好坏都有）。[30] 与此同时，有关婚姻的理念和传统也发生了相当程度的文化进化，尤其在西方群体中。在当今西方世界，婚姻制度似乎与抚养孩子无关。许多夫妇选择丁克，单亲家长在亲属、政府补贴或保姆的帮助下独自养育孩子也很常见。离婚、再婚、同性结婚并共同抚养孩子等现象使情况更加复杂。

但在所有文化中，"婚姻"都不只是一份正式的协议和一场仪式。它是我们从身边人那里学到的全套想法、感受、理念和习惯。这不仅对于现在的我们如此，对于 10 万年前的祖先也是如此。

和通过"一纸婚约"正式结合的夫妇相比，没有"一纸婚约"证明婚姻关系，但同样幸福地生活在一起的夫妇，并不会有更多受基因驱使的原始情绪。我们在家庭中的成长经历、我们观察到的父母的行为方式塑造了我们，确保了人类婚姻关系的稳定性。尽管如此，在得到公开确认后，不管这种确认是否伴有法律或宗教仪式，两人之间的关系都会更为稳固。一对夫妇对彼此有着感情，对他们共同的孩子也有感情，在希望他们一家齐齐整整生活在一起的旁人眼里，他们也不想显得太糟糕。

饥饿

在过去的数百万年中，很多祖先都经历过严重的食物短缺时期。

近代对人类造成毁灭性打击的瘟疫、霍乱等传染病，在早期祖先时期不算是太大的问题，因为他们生活的圈子流动性较小，这样的传染病不太可能被广泛传播。但维持一个健康的免疫系统需要消耗大量能量，所以，当我们的祖先面临饥饿时，他们对所有类型的微生物和寄生虫造成的感染的抵抗力会降低。每个人都处在风险中，而婴幼儿最有可能死亡。如果食物有限，将它们分给年长的孩子和成年人是合理的，因为他们有能力外出找到更多的食物。在母亲乳汁干涸的情况下，任由一个幼儿死去或将之扼死的确很痛苦，但我们祖先的大脑能够压制这种情绪，选择采取由他们的经验引导的行动，因此他们才能存活。他们的经验既包括个人经验，也包括他们所尊重之人的智慧。他们之所以能存活，是因为他们做出了艰难的决定，给了家族从长远来看最佳的生存机会。

两条证据说明了当时的饥荒有多严重。科学家们研究祖先生活的环境，揭示了第一条证据。冰期不稳定的气候带来了繁荣期，人人都能吃饱，人口也在增长。但这一切突然结束，摆在我们祖先面前的是如何在新环境中寻求生存之道的难题。即便在冰期之间更为温暖、预测更准的时期，干旱的季节和年份仍然使祖先们的生存陷入危机。

第二条证据说明了祖先们曾经历丰年与歉年的循环，那就是我们的身体非常适应这种循环交替的生活。[31] 我们出生之时的体脂是一般哺乳动物新生幼崽的 4 倍，随着年龄增长，我们还会获得更多脂肪。当食物足够时，我们摄入的食物会比身体所需的更多，并将多余的能量以脂肪的形式储存起来。和大多数其他哺乳动物相比，人类的皮下脂肪层使我们的皮肤外观更光滑、触感更柔软。我们的身体各处有储存脂肪的特殊场所。超重的身体四处活动意味着需要消耗更多能量，但我们能够轻松应对。通常情况下，女性比男性的体脂率高，而且，即便女性的脂肪含量超过体重的 1/3，她的身体仍能运转如常。

当祖先们开始在丛林之外的栖息地生活更长时间时，人体的脂肪储存系统很可能就开始进化了。新栖息地在雨季的食物相对丰富，而在随后的旱季，食物则相对匮乏。在迁徙到这些栖息地之前，存储脂肪的能力并非必要。热带雨林中的食物从来都不充裕，但聪明而有经验的猿类总是能找到可以吃的东西。另外，对于通过在林间攀爬寻找食物的猿类来说，储存脂肪带来的多余体重更多的是一种负担，而对于大多数时间在地面行走的南方古猿则不然。黑猩猩和倭黑猩猩的身体尤为精瘦，雄性黑猩猩的体脂率仅为 1%，雌性略高（见图 5.5）。

图 5.5　詹博是一只生活在英格兰莱斯特郡特怀克罗斯动物园灵长类动物研究中心的黑猩猩。它罹患了一种特殊疾病，导致全身毛发脱落。我们因此得见黑猩猩与人类相比的精瘦程度及其肌肉的发达程度。即便生活在动物园中，雄性黑猩猩的体脂率仍在 1% 左右。人类比其他陆生哺乳动物的皮肤更为光滑，因为我们有皮下脂肪层

许多生活在季节分明栖息地的哺乳动物都会在食物充裕的时期囤积脂肪，但人类，尤其是女性的脂肪含量高得惊人，是其他任何陆上生物的数倍。如此之高的体脂率不仅是由于现代人久坐不动的习惯和食用过多垃圾食品。生活在现代觅食部落中的女性，其生活方式与10万年前的祖先类似，身体脂肪含量也类似，体脂率为19%～24%。如果女性体脂率不够高，她们的身体就无法正常运转。当女性身体的脂肪含量远低于体重的20%时，每个月的排卵和行经就会停止。

20世纪40年代，部分科学家开始认为，其他体脂率较高的动物是适应海洋环境的哺乳动物，如鲸鱼。这一观察引出了一种有意思的假设——人类可能保留了适应水中生活的能力。脂肪含量较高的身体对于水中生活来说并不是一种负担。实际上，脂肪能帮助身体漂浮起来。"水猿假说"似乎很能解释人类身上的一些奇怪之处。[32]大多数的人类脂肪位于皮下。鲸鱼也有一层皮下脂肪，称为"鲸脂"，这能帮助它们调节体温。也许，远古人类的皮脂层也有类似的作用。和鲸鱼一样，人类的身体也几乎无毛，当然，有的鲸鱼也有着很大的大脑。在我们的进化过程中，有没有可能祖先在湖畔或海边生活了很长时间，靠着游泳觅得淡水和海洋中的动植物？

这个想法不错，但答案似乎是否定的。科学家认为，"水猿假说"的证据均为律师们口中的"间接证据"。没有迹象表明我们的身体适应长时间的水下生活。比如，我们的皮肤经不起水中微生物和寄生虫的攻击。另有很多迹象表明，我们的皮肤特别适应暴露在空气中的生活环境。例如，通过出汗保持身体凉爽的能力只有在干燥的陆上才会有效，如果祖先们长时间生活在水中，这种能力就没有必要存在了。

现在，大多数体质人类学家都认同人类身体的脂肪是源于祖先为了适应严重的食物短缺，以及供给体积较大、能耗较多的大脑。[33]大脑随时需要消耗能量，要在食物短缺的时期活下去同样需要消耗能量，所以动物需要储存一些能量。祖先的大脑越大、食物短缺的情况越严重，他们就越需要储备更多的能量。在数万代人中，我们的祖先在饥荒时期活了下来，有一部分原因是他们身上有最多的脂肪存量。结果是我们遗传了祖先的身体，不仅善于储存脂肪，也能依靠脂肪存量坚持到获得充足食物之时。如果严重的饥荒频繁出现，女性就需要储存比男性更多的脂肪。我们的女性祖先在饥荒时期不仅自己能存活，她们孩子的存活率也最高。如果女性没有足够的脂肪存量，怀孕就是一件危险的事。当饥荒来临时，她们的孩子就可能死去，她们为了生育孩子所付出的体力就可能白费。这就是为什么当女性的体脂率由于压力或疾病下降时，身体就会停止排卵。[34]

人类独一无二的生命进化历程

过高的脂肪含量并不是人体生物学中唯一的奇怪特性。研究动物物种的生物学家就"生命史"做了报告。他们追踪了人类发育成熟所需的时间，如何繁衍后代，通常寿命多少。进化生物学中其他有用的模型将上述事项统称为"何为觅食的最佳方式"。专门研究这类模型应用的人类行为学专业学生将自己称为"人类行为生态学者"。[35]在生命史中，存在着一些基本模式。例如，大型哺乳动物的身体需要更长的时间才能长到成年尺寸。它们通常会生育较少的后代，并更为长寿。人类基本遵循了大型哺乳动物的生命模式，但有一些奇特的地方。思考这些特性如何更好地帮助祖先存活，能进一步帮助我们了解他们的生活。

动物的发育有其特定的速度。小狗在一年之内就能发育成熟。人类则需要十来年的时间。因为我们是猿类的后代——在第 2 章中已经提到，猿类母亲无法快速找到足够的食物来支持幼崽的快速发育。和其他动物一样，我们刚出生时的生长速度最快，随后会慢下来。到 3 岁时，人类的生长就会缓慢而稳定，等到 7 岁，生长速度会再次减缓，我们会以更为缓慢的速度生长数年。随着青春期的到来，我们开始性成熟，生长发育又一次加速。我们是唯一一种会在青少年时期加速发育的动物。为什么我们的身体继承了这种特性，把一部分生长发育的阶段留到青春期？这种特性如何帮助祖先们在童年阶段存活？

对人类青年时期所需能量的研究表明，和人体脂肪储量一样，之所以进化出这种不寻常的生长模式，是由于身体需要应对大脑带来的大量能耗。5 岁孩童的大脑已达成人大小，却比成人的大脑更忙碌。它持续地发育、学习，并不断建立各种联系，包括形成新的联系、舍弃旧的联系。测量结果显示，5 岁儿童大脑吸收的能量是成人大脑的近两倍。[36] 在食物产量较少的季节里，存活率更高的孩子一定是在发育过程中为大脑输送了更多的能量，而身体发育获得的能量较少。个头更小的孩子会让父母更放心，就像个头更小的宠物狗之于主人。他们吃得更少，占据的空间更小，也更好控制。较长时间保持较小的体形对于儿童来说同样有好处。他们会有更多时间来进行有效的观察和玩耍，学习如何妥善运用自己日益增长的体形和力量。成年人对他们的要求也更少，所以他们无须承担繁重的体力活。当他们的头脑在迅速变得更聪慧，而身体生长却较为缓慢时，儿童对家庭的贡献就会越来越多，从而赢得更多的食物份额。当他们的大脑不再需要那么多能量时，身体就会将更多能量分配给体格的发育。

这种不寻常的发育模式也让祖先们更为灵活地应对丰年和饥年。

如果食物充裕，体形大就是好事。更大的体格意味着更强壮、速度更快，也就更容易获得食物。但更大的体形需要更多的食物，因此，在食物匮乏的时期，他们就不太容易存活。人体从基因上具备了适应能力。我们最终的身高既受父母遗传基因的影响，也受环境因素的影响。我们身体部位的尺寸和形状取决于我们及我们的父母获得的营养质量，以及我们和他们患过的传染病和肠道蠕虫等寄生虫疾病的严重程度。童年时期缓慢的生长为身体提供了充足的时间来适应外部世界。如果身体没有经历过饥荒和病痛，就会释放信号，让身体在发育成熟之前生长得快一些。如今世界上很多地方的人都营养充足，比几代以前的祖先更健康，个子也更高。人类生长发育过程中的得失取舍得到了充分研究。[37]

另一件关于人类生命的"怪事"是我们的寿命。[38] 如果我们的身体遵循哺乳动物与体形大小相关的寿命模式，那么人类的最长寿命大约为 40 岁，比黑猩猩长一点儿，但不如大象，它们一般能活 70 岁，也不如最大的鲸类，它们能活 100 来岁。出生在 10 万年前的幼儿可能只有一半的概率存活至成年，直到 150 年前，婴幼儿的死亡率在所有人类族群中都居高不下。但我们知道，我们的祖先不仅都存活至成年，也有了活下来的儿女和孙辈。他们很多人都极有可能活到了 70 岁出头，并帮助抚养了孙辈。

祖辈发挥的作用显而易见，但老年人能发挥作用的这一事实并不足以解释为什么我们的寿命是预期的两倍左右。生物学家已经对寿命长短以及这种寿命模式为何存在做了大量研究。和许多进化中出现的情况一样，这归根结底还是为了繁衍后代。如果某种特性能增加后代的存活数量，这种特性就会得到青睐。动物的寿命越长，它们就有越多的时间繁衍后代。但想要有更长的寿命，动物就必须减缓繁殖速度。较长的寿命要求对身体的保养有大量投入，能量需要用来应对传染病、控制寄生虫、修复日常损耗，这样一来，留给繁衍后代的能量就不多了。寿命长度会进化到接近生育时机和生育率的平衡点。每种动物的情况都不相同，寿命长度取决于其选择的谋生方法和周遭环境带来的压力大小。

当所处群体开始分享食物和知识，祖先们就在自然环境中创造了一种社会环境，从而改变了平衡点，对修复身体的投入就取得了更好的回报。因为在这个环境中，正当盛年的人类很容易从对于其他动物而言致命的损伤中活下来。特别健康的动物有时候也会走运。它们可能会扭伤关节，或者因为虫类叮咬造成感染。这种小问题可以在一个星期内痊愈，但在自然界中，一个星期已经很长了。行动不便的动物更容易成为掠食者的猎物。它的觅食能力也会受到影响，可能无法获取伤口愈合所需的能量。一旦人类形成了生活群体，这种群体为小伤小病的成员提供食物和保护，这些成员就能够康复，继续繁衍更多的后代。[39] 如果某个个体恰巧对自身的保养有了较多的投入，其身体就能更快更好地恢复，他们也更可能繁育更多后代。结果，下一代中就有更多成员继承了这一特性——在身体修复上投入更多能量，因此有更长的寿命。

更长的寿命给身体带来的一个奇特影响是女性的"更年期"。卵巢停止排卵，激素水平下降，在生命的最后 1/3 左右的时间里，女性会失去生育能力。这是人类生命历程中的另一个独一无二的特征，其进化成因很难解释。如果女性持续保持生育能力，她们可以在更长的寿命期限内生育更多的后代。但与之相反，女性会在她生命本该终结的年龄失去生育能力——如果人类的寿命由体形决定。为什么卵巢的寿命没有增长至女性其他身体部位的寿命长度？最简单的解释是，停止生育后代并不会减少她们能存活的后代数量。与其让身体再一次经历怀孕和分娩的风险，女性可以关注并确保她已有的后代都能活到成年。当女性祖先到更年期时，她们很可能已经有了几个不同年龄段的孩子，有些孩子甚至已经生育了自己的孩子。确保子女和孙辈的存活，是对她的时间更有效的使用方式。人类需要由团队抚养长大，不是所有的女性团队成员都必须一直生育后代。团队需要教练和管理者。谁会比有经验的年长女性及其丈夫更适合担任这样的角色呢？[40]

人类族谱图扩展的 DNA 证据

强有力的证据表明，大部分人类进化故事都发生在非洲。但帮助科学家判定人类基因中 DNA 的精确结构并从远古人类遗骸中复原 DNA 的技术表明，10 万年前，我们许多人的祖先都生活在非洲以外的地方。

欧洲部分地区的气候和地质条件非常适合保存远古证据。因此，相比人类祖先数十万年前在非洲大地上的生活，我们掌握了更多关于人类祖先在欧洲生活的线索。作为欧洲地貌一大特征的石灰岩洞一定曾为我们的祖辈提供栖身之所，但从考古学的角度来说，关于这些洞穴，最重要的是它们的顶部和地面时有坍塌。这种坍塌通常会将洞中的人或物困于碎石堆中，使死者的肉身与骨骼免遭肉食动物和食腐动物的吞噬和破坏。结果，不少有关远古欧洲人的线索就被完好地保存了数万年。

直到 19 世纪中叶，欧洲人才仔细研究了由探索洞穴或在采石场工作的人不时发掘出来的古人类骨骼。研究揭示了部分远古骨骼的主人和现代欧洲人的长相完全不同。这些头骨的脑容量和现代欧洲人相当，甚至比他们更大，但形状却不同。远古头骨的额头更为扁平，面部较为突出。身体其他部位也有所不同：远古人类的身材更为矮壮，腿部更短，骨骼也更重。关于这种奇特的古人类的消息迅速传播，这一发现被视为人类进化的证据。但这一时期的很多欧洲学者都将"进化"视为"进步"，认为是更高级的生命形式取代了简单的生命形式。[41] 现已灭绝的人类种群的骨骼似乎完美地诠释了这种进步。和自己更为纤弱的身体相比，欧洲学者将这种更强壮的骨骼视为"原始人类"的典型特征，臆断骨骼主人的身体类似猿类。德国生物学家恩斯特·海克尔认为，这种灭绝的人类应该被称作"愚人"，取代他们的是与之形成鲜明对比、更为聪明的"智人"。他的观点没有得到认同。已灭绝的欧洲人最终被称为"尼安德特人"或"穴居人"，因为德国的尼安德山谷是这类骨骼首次被发现的地方。

尼安德特人和我们这种长相的人类之间有着明显的身体差异，即便是业余人士也能分辨（见图5.6），也正是基于此，生物学家将尼安德特人划分为不同的人类物种。[42] 但并没有证据表明，与那些和我们长得一样，也曾居住在非洲的人类相比，生活在10万年前的尼安德特人的思维方式和生活方式的复杂程度更低。对从古人类骨骼中提取的DNA进行的分析也提供了相关证据，质疑了尼安德特人被划分为另一人类物种。一般认为，不同物种在生物学上是截然不同的类型，不同物种的动物交配不会诞下能够存活的后代。但是，DNA证据揭示，居住在非洲、长得像我们一样的人类曾在数万年前与尼安德特人交配。不少由此诞生的后代都活了下来，而且，在大多数人类基因组中都能找到尼安德特人的DNA片段。

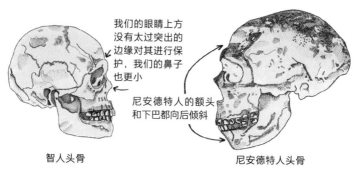

图 5.6　智人头骨和尼安德特人头骨对比

在欧洲许多凉爽干燥的洞穴中，远古骨骼细胞中的 DNA 比更炎热、更湿润环境下的 DNA 分解速度更慢。在欧洲发现的大约 40 万年前的人类骨骼提供了相关 DNA 证据。科学家很少能在发掘地更靠近南方的骨骼中提取出完好无损的 DNA 样本。迄今为止，人们仅从非洲大陆发掘的遗骸中提取到 1.5 万年前的 DNA 证据。

我们到底能从 DNA 分析中知道什么？科学家在解读 DNA 证据时使用的不实措辞往往夸大了它所能揭示的内容。的确，基因的 DNA 结构携带了建立和维持生命体的"基因密码"，但这并不意味着它是某种"程序"，强大到计算机可以对其进行解码并据此重现其主人的相貌。帮助遗传学家判断生物体细胞中 DNA 分子精确结构的技术，为生物学家提供了一批关于包括人类在内的生命体进化的全新线索，但相关分析不同于程序解码——它更像是通过分析一块面包来了解烘焙的过程。了解了一块面包中各种原料的成分，可以帮助你知道制作面包的许多知识，如使用的原材料、它们如何被混合，以及之后如何加热。

通过 DNA 分析了解人类存在一个问题：所有人都非常相似。我们的长相和行为可能不尽相同，但我们有着非常紧密的亲缘关系。一般来说，这意味着如今地球上生活的所有人类就像是数片几乎一模一样的面包。我们都有几乎一样的基因，实际上，我们与其他动物的大部分基因也是相同的。但由于基因在从父辈复制并传递给后代的过程中有时会发生微小偏差，这些基因的版本就会稍有不同，基因的表达也因此有所不同。正是我们继承的基因版本的精确组合，才将我们塑造成了人类而不是黑猩猩。在同一人种中也发现了不同版本的基因和基因表达，正是这些细微差异使得每一个人的基因独一无二，当然，同卵双胞胎除外。分析基因 DNA 的遗传学家认为，某些不同版本的基因有导致特定疾病（如乳腺癌）和特定特征（如红色头发）的倾向。所以，从一位死去已久的女性的骨骼中采集的 DNA 可能会揭示她是否有红色的头发，但无法揭示她的真容。面部在多种基因的交互作用下形成，目前我们还无法完全掌握这些交互的模式，进而无法重塑面部。

回到面包的类比，人类基因差异的程度类似于哪个品种的小麦粉用量多少，用哪种菌株的酵母进行发酵。这一信息为我们了解祖先的迁徙和交配情况提供了有用的线索。掌握当今人类所继承的 DNA 的精确结构，并将之与古人类骨骼中提取的 DNA 进行比对，就能大致画出展示人类基因联系的族谱图。分析人类 DNA 并不等同于直接下载一个关于我们这一物种过去的故事，它只是产生大量数据。要让这些数据说话，则需要计算机进行数小时复杂的数学运算和数据处理，尝试构建所有可能的迁徙和交配情形，看哪一种情形能解释已发现的变异形态。其目的在于解析一个最有可能发生的人类历史"模型"，也就是哪种迁徙和交配的组合最能适应观测数据中的模式。随着更多的 DNA 样本得到分析，我们获取了更多的数据。大多数样本来自活着的人，但科学家也越来越多地从死者身上获得了 DNA 样本。当新的数据加入计算时，人类族谱图模型的确切形状就会发生变化。

2008 年，科学家从西伯利亚丹尼索瓦洞穴中发现的一节人类指骨中提取了 DNA 样本，并对样本进行了分析。这一发现对人类族谱图的主干部分造成了较大的变化。这一 DNA 与尼安德特人和智人的DNA 都有较大差异，它表明这段骨节的主人所属的族群不是 40 万年前的尼安德特人。这一族群被称为"丹尼索瓦人"。迄今为止，只有极少量丹尼索瓦人的骨骼残骸被发掘，所以目前还不可能复原他们的样貌。但从遗骸中提取的 DNA 证实，丹尼索瓦人在数万年前和有着非洲血统（或大半非洲血统）的人类交配并诞下了存活的后代。结果是，尽管我们认为丹尼索瓦人和尼安德特人都已"灭绝"，而事实上他们在人类族谱图上仍占有一席之地，因为他们的许多后代仍然活着。[43]

根据现有模型，如今的人类很可能是至少七个不同人类族群的后代。这些族群会在交配和生育后代的时候交换家族成员。数十万年前，他们同属于一个单一族群，后来，这一单一族群随着家族成员去往不同的方向而分化。在这七个族群中，有两个生活在非洲以外，也就是我们所知的尼安德特人和丹尼索瓦人。生活在非洲的五个族群可能在 30 万年前由同一族群分化而成。尽管族群分化，当今人类 DNA携带的证据却表明，不同族群的人曾经相遇，有时也交配。他们由此生下的孩子活了下来，其后代至今仍然活着。

从泥芯中获取的关于气温的信息说明，可能是气候变化导致了 30万年前非洲大地上的族群分化。这与地球气温极其不稳定的时期大致重合。同一时期，有部分人类族群灭绝，如被称作纳莱迪人和直立人的大脑较小的人类，他们的遗骸已被找到。

10 万年前，气候相对稳定，逐步变得更为凉爽。最终气温会变得不稳定，我们的祖先为了存活，不得不改变他们的生存方式。

06
冰期的人类（3万年前）

3万年前，地球正经历冰期。大片土地不是被厚厚的冰雪覆盖，就是特别干旱、寸草不生。在有水的地方，较低的二氧化碳浓度又限制了植物的繁殖。长达5万年的极端气温波动造成了多个气候混乱时期。6万～1.2万年前似乎是所有冰期中气候最为动荡的时间段。

4万年前，长相和我们类似的人类已经在非洲之外的土地开枝散叶。3万年前，其他种类的人类很可能遭遇了灭绝。迄今为止，没有证据表明尼安德特人或丹尼索瓦人活到了3.7万年前。10万年前生活在非洲的智人的后代取代了他们。基因证据表明，尼安德特人和丹尼索瓦人的后裔仍然活着，但他们已成为智人族群的成员，其祖先大多数是2万年前离开非洲的人类。

3万年前，许多智人族群不仅在气候混乱时期活了下来，还取得了很好的发展。他们的人数增加，占据了欧洲、亚洲和大洋洲等地。他们的文化也发生了转变。他们不仅制造了更为精良的工具、使用了新的材料，更创造了我们所称的"艺术"。他们在石头、骨头、鹿角、象牙上刻画人物，用陶土塑造人物。他们制作珠宝、乐器，并在洞穴的墙上作画。

　　3万年前的祖先分布在更广阔的地域。在面对机遇和挑战的过程中，每个独立群体都进化出了自己的语言、"工具箱"、技能、习俗及信仰。基于目前掌握的证据，从这个时间点开始，我们了解得最多的人类都居住在欧洲和亚洲。欧亚大陆上分布着大片气候寒冷的草原，他们靠捕食草原上的动物为生。基因分析表明，我们许多人都是他们的后裔。[1]

图 6.1　这尊人像（约成年人食指长度）被认为雕刻于 3 万年前。它被发现于 1988 年，发现地位于奥地利东北部，靠近一块突起的光滑的灰绿色蛇纹岩，它也正是取材于此

图片来源：Creative Commons license。这尊人像名为"加尔艮堡的维纳斯"，目前陈列于维也纳自然历史博物馆。

第一部分：为3万年前的一场聚会做准备

如果你出生在3万年前的狩猎者家族，你人生之初的记忆可能会是你参加的首个大型聚会。那时你太小了，关于聚会的记忆只有对声音和影像的模糊印象——有许多人和喁喁私语，人影在移动，歌声不绝于耳，篝火摇曳闪烁。你甚至不记得往返这次聚会的路途。但即便很多年以后，家族中的人们仍会谈起那次聚会。在旅行或劳作之时，他们总会谈起在那次聚会上学到的东西。当大家在漫长的冬夜相互依偎在皮毛下取暖时，他们会追忆对那次夜间聚会的感受。在每隔几个月举办一次的小型家庭聚会上，他们也试着重温那次聚会的感受。

当你的家族准备启程前往下一个大型聚会时，你还没有完全长大。你知道，这次聚会将留给你许多深刻的记忆。你也确信，参加这次聚会将改变你的人生。在你帮着筹备行程的时候，你回忆了上次的聚会如何改变了家庭成员的生活。它决定了你最爱的舅舅未来的人生。不久前，他离开了家族，和一位女子生活在一起。当他们还是孩子的时候，在上次聚会相识。他们喜欢上了对方，并且注定会在到达婚龄后再次相遇。再次见面时，他们仍然喜欢着对方。所以，他们俩与女方的亲戚组成了一支队伍，出发去探索东南方向的土地。祖辈在这样的聚会上组织派对，便于年轻人相互认识，还可能找到未来的伴侣。要和不认识的小伙伴见面的想法让你有点儿害羞，但聚会的重要目的之一就是交朋友和找伴侣。

上次聚会对你曾外祖母的人生产生了重大影响。她在聚会后回家的路上去世了。所有长者都去了那次聚会，即便是已经走不动的人也被家人抬去了。长者之间的亲属关系将家族"黏合"在一起，他们的记忆让家族得以延续。长者们在聚会上相见时，会借由"灵魂对话者"的帮助谈起过去的时光。灵魂对话者能听到死去祖先的灵魂发出的声音，这会让长者们的记忆更丰富、更清晰。世界随时都充满挑战，而时光则会轮回。当"昨日重现"时，长者们的回忆能帮助家族更好地为未来做准备。

几年前，和你出生在同一个夏天、你最喜欢的表姐开始听到一些别人都听不到的声音。一些家族成员对此很兴奋，认为家族中能出一个灵魂对话者是莫大的荣耀。但外祖父告诉他们，不要鼓励她。他说，像她那样的年纪，应该多听听活着的长辈的话，而不该在死去的人身上花费精力。表姐说，她忍不住会听到那些声音，但她不会告诉任何人内容，即便是你。下一次聚会时，你的外祖母将带她去见见灵魂对话者的首领，看看他对这些声音怎么说。

上一次聚会带来的另一个改变，是外祖母开始让你吃一些动物胃里的食物残渣。聚会上有个女人说，这可以预防导致皮肤问题和关节疼痛的疾病。她说，她以前也不吃动物胃里的东西，因为她不喜欢这种味道，但捏着鼻子吃下去后，她的皮肤变得清爽了，也告别了疼痛，能够自由行动。她说，这对其他一些人也奏效，孩子们吃了也更健康了。一开始，你不喜欢吃，但现在你已经适应了。

你们的家族捕猎野牛、马，以及其他生活在这片草地上的动物，而他们尤为擅长捕猎猛犸象。猛犸象体形巨大，很危险，只有捕猎专家亲自出马才能保证安全。要杀死一头猛犸象，你就要能以足够的力量射出足以刺破其厚皮的长矛。你需要投矛器[2]和更多的帮助。通常需要数支长矛齐发才能杀死一头巨大的猛犸象，否则受伤的猛玛象就会转而伤害狩猎者。来自不同家族的男性必须通力合作。几个家族通常会一起在动物前往饮水的必经之路附近扎营，最好是背风处，还能轻易抵挡狮子和熊的攻击。瞭望者会知道猛犸象是否来到了附近，因为即便你还没有听到它的声音，就已经能感到它沉重的脚步让整个地面都在颤动。最好不要在它走近的时候惊动它，但追踪者要跟着它，并用烟雾给捕猎者发送信号。小猛犸象很容易被猎杀，但如果你们想要各种名贵材料，如象牙、象皮、大型骨头等，就得捕杀一头大的。但是，在大批经验丰富的猎人到来，并就捕猎策略达成一致之前，想要试着对付一头巨大的猛犸象不是明智之举。猛犸象被杀死后，附近的家族都能分到很多肉，甚至更远的家族都可能在需要的时候过来拿一些。冷冻的肉不会变质，如果把肉埋在地下，即便是夏天也能保持冷藏状态。

有些捕猎者更愿意和近亲合作，但只要彼此信任，来自不同家族的捕猎者也能一同协作。你父亲和外祖父对你最喜欢的表姐的父亲感到气愤，因为他的行事方式总是不值得信任。之后，他带着妻子和女儿去和别的家族一起生活，但新的家族同样对他感到愤怒。后来，他死于一场争斗。然后，他的遗孀和你最喜欢的表姐回到你外祖父外祖母身边，和他们一起生活。

捕猎只是猛犸象"捕猎专家"日常工作的一小部分，任何一个成长于"捕猎专家"家族的人都有很多东西要学。猛犸象躯体的所有部位都有用，但要发挥最大功用，就必须对它们进行处理。猛犸象身体某些部位的皮肤非常有弹性，可以用来制作靴子和服装；有些部位的皮肤非常坚硬，可以用来建造住所的墙面和屋顶。你的家族甚至知道如何将猛犸象的皮制成船体的衬里。有些猛犸象的骨头可以作为很好的建材，有的则不行，但却可以用作燃料。猛犸象的骨头很难燃烧，但"捕猎专家"知道怎么处理。骨头燃烧后的残渣可以被敲碎了用来铺筑住所的地面。猛犸象有些部位的肌肉表层覆盖着一层筋膜，人们可以将其剥离，拧成强韧的线和绳，用来做衣服、帐篷和捕猎网。象牙则可以被雕刻成有用的物品，如针、鱼钩、投矛器、梳子、月历，以及漂亮的礼物。

你比别的孩子都擅长做缝纫、雕刻等精细的工作，甚至做得比很多成年人都要好。你在昏暗的光线下也能看清微小的细节，干活的时候，即使身在寒冷的户外，你的双手也能保持温暖和灵活。其他的一些孩子对精细活儿感到沮丧，他们转而去做其他的工作，如给别的家族捎口信，或者帮着捕猎。送信者需要极佳的记忆力，也必须知道该如何观察天色，好让自己不要迷路。你有时候也送口信。你在学习怎么观察天色，如何使用月历。外祖父认为大家都应该学会这些重要的基本技能。

猛犸象提供了很多有用的物资，比"捕猎专家"家族的需求还多，不过，你们和别的家族有贸易往来。你的外祖母出生在滨海家族，他们在海岸线上捕捞鱼类和贝类。她遇到你外祖父的时候，他正在给她的家族展示如何改进他们的渔船。他俩结合以后，"猛犸象家族"和"渔夫家族"相处得不错，一些渔夫也去了那次大型聚会。捕鱼的家族能从住在海岸边的亲戚那里获得盐。他们自己有用不完的贝壳和鱼骨，也从河流中捡拾冲刷而来的鹅卵石，将之加工为燧石。人们使用燧石或类似的石器来制作坚硬锐利的工具，如刀、飞镖、矛尖，以及用来雕刻木头和象牙的凿子，还有剥离兽皮的刮刀。

在为聚会做准备的过程中，你一直在雕刻象牙珠。将象牙加工成串珠是对象牙的一种高级处理方式。在上次聚会时，大家决定，学习雕刻象牙的孩子们要制作象牙珠并带到下次聚会上，用来装饰灵魂对话者首领的长袍。直到去年，你的雕刻技艺才提升到可以制作一粒中心有洞的圆珠的水平。你已经做了8粒。家族在为这一趟长途旅行做准备，你雕刻的珠子也被打包装好，放在一起的还有即将用来交易的象牙和象皮。（未完待续）

为何判断 3 万年前的祖先这样生活？

故事中的家族自有一套适应了栖息地的文化，但栖息地在变化，因此他们的文化也不得不适应这些变化。他们必须持续学习，也必须牢记过去，因为他们不知道环境将会如何变化。

最后一次冰期给地球表层留下许多伤疤，也在地表之下留下了大量证据。它们都能告诉我们，在人类历史的关键时期，生活是什么样子的。

失落的世界及其居民的线索

大约 12 万年前，地球和太阳的相对位置造成了地球能吸收的太阳热量减少了。随着冬雪在夏日越来越难融化，两极和山顶的冰层逐渐增厚。被发光的白色冰层覆盖的区域越来越大，地球表面因此反射了更多的太阳能量。这使得地球越来越冷。越来越多的水冻结成冰，导致海平面下降。由于水分在寒冷的空气中更不容易蒸发，气候因此越来越干旱，天空中的云也越来越少。[3]

剧烈的气温波动始于 8 万年前，海洋、湖泊底部的泥浆和冰川内部沉积的化学物质的成分证明了这一点（见图 6.2）。波动可能是由于高层大气中的风和洋流在地球上转移热量的方式发生了变化。气流和洋流变得不稳定，改变了位置和方向。结果，有些地区骤热，而另外的地区骤冷。然后，情况可能发生逆转。[4]

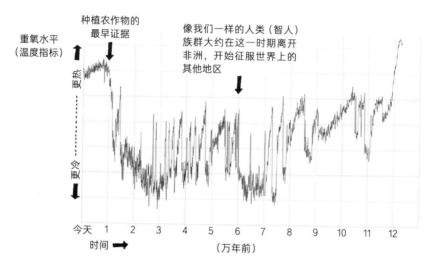

图 6.2　该曲线图绘制了格陵兰岛在过去 12.2 万年间形成的冰层中的氧–18 水平。在较冷的气温下，和积雪一样，该种重同位素含量下降得更少，所以它的水平是衡量气温的一项指标。通过提取浮冰中的 "冰芯"，研究人员可以追踪数万年前的气温变化。格陵兰岛是现在地球上最寒冷的地方之一，在更深的冰层中探测到的氧–18 含量表明，它在冰期更为寒冷。证据表明，在过去 1 万年中，气温相对稳定，但在冰期，气温则波动剧烈。部分波动与地球其他地区的气候事件有关，也说明了全球气温经历了数千年的不稳定状态。观察表明，人类从 1 万年前才开始耕种，这也为地球的气温情况提供了进一步的支撑。这些结果都说明，在那之前，气候十分不稳定，不适宜农耕

　　本章的故事发生地在北半球一片广阔无垠的草原边缘。这片草原从覆盖着欧洲北部的冰层向南延伸，并向东延伸至今天的西伯利亚。有时，草原也会经亚洲延伸至北美洲。由于冰期的海平面较低，西伯利亚东部和如今的阿拉斯加之间是一片干旱的土地。

　　对于一个泛泛的观察者来说，这片草原和我们现在的草原（如 "俄罗斯干草原" "北美大草原" "南非稀树草原"）没有多大不同，但

它们其实存在区别。长草的土层位于永冻层之上。科学家将这种冰期的栖息地称为"猛犸象草原"。[5]尽管冬夜漫长而寒冷，猛犸象草原在春夏季节却相当高产，为多种食草类哺乳动物提供了大量食物。巨型野牛、马、驯鹿、猛犸象、披毛犀等动物在没有树木的草原上吃草，而它们也是熊、狼和大型猫科动物的猎物。科学家之所以能够了解较多关于猛犸象草原的相关信息，其中一个原因是一些食草动物死后，它们身体的某些部分（有时是全部）被冻在了土层中。偶尔出土的已灭绝的冰期生物的身体部位冷冻已久，呈木乃伊状，让生物学家有机会了解动物本身及其当时生活的环境。[6]生物学家可以分析它们蹄部嵌入的土壤、检验它们胃里的内容物，甚至从牙齿间剔出它们死前仍在咀嚼的草料。

人类家族会捕猎这些哺乳动物。另外，由于他们居住的区域在冰期结束后仍然保持了人烟稀少的状态，所以，有关他们存在的证据较为完整地保留了数千年。在低温状态下，他们的实物遗迹和其他的生活痕迹比生活在更南方的人类保存得更好。[7]在遍布欧洲和亚洲北部的数百个遗址中都发现了人类生活在猛犸象草原边缘的证据，它们基本是数万年前（1.2 万～4.5 万年前）的遗迹。这些证据就像是一系列随机拍下的快照。许多证据展露了惊人的细节，但很难将它们串联起来形成一幅清晰的画面。洞穴内的壁画和雕刻描绘了草原上的动物，有马、野牛、猛犸象、狮子、熊。人们也发现了用动物骨骼、象牙和鹿角雕刻的动物模型，以及一些女性雕像（见图 6.1 和图 6.3）。许多女性人物是怀孕的形象，有着硕大的乳房和臀部。这是认为怀孕的女性特别美丽吗？也许这些人像是孩童的玩偶。部分岩洞壁画和雕刻在今天被视作艺术品，也有不那么高雅的作品——包括人类手部的轮廓和许多奇怪的小型画作，一部分画作在今天可能会被视为色情作品[8]（见图 6.4 和图 6.5）。

图 6.3 这尊人像高 11.1 厘米，由石灰岩雕刻而成，被认为制作于 3 万年前。它以发现地——奥地利一个村庄的名字命名，叫作"威伦道夫的维纳斯"

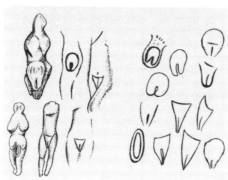

图 6.4 和图 6.5 在猛犸象草原或其附近狩猎的人们在洞穴岩壁上留下了许多画作。它们绝不都是大师之作，有一些内容在今天看来可能还有色情之嫌。较大的素描图（上图）可能描绘了一对正在交媾的夫妇，但很难说。一些小的简笔画（右下）看着似乎是蹄印，但有时可以在如左下的特定画面中看到它们，表明它们可能代表着女性的生殖器

图片来源：R. Dale Guthrie, *The Nature of Paleolithic Art* (Chicago: University of Chicago Press, 2005). 翻印已获出版商准许。

在猛犸象草原生活的人类似乎将工具和材料带到了很远的地方交易。考古学家在 500 千米以外的人类聚居地发现了贝壳。他们的石器包括了刀片、尖锥、凿子和矛尖。他们使用针、鱼钩，以及用象牙、骨头和鹿角制成的短笛。同时发现的一根带有石制矛尖的象牙长柄嵌在一只猛犸象的肩胛骨中，证明了当时的人类确实有能力杀死如此巨大的动物，不仅是从已经死去的动物身上获取骨骼和长牙。在今天捷克共和国境内的远古人类聚居点出土了陶土碎片，它们的表面有网状纹路。曾居住在那里的人类可能通过织网来捕获小型哺乳动物、鸟类和鱼类。[9]

考古学家在猛犸象草原或其附近发现了数十具古人类遗体，他们曾在此生存，又在此死去。最早的是尼安德特人，但智人族群在大约 4.5 万年前也曾居住于此。这些人类发展出了致命的手段来对付他们狩猎的大型动物，或许也用来针对那些不够"循规蹈矩"的个体。但没有证据表明群体之间发生过战争。考古学家擅长识别暴力致死的痕迹，他们从战争和屠杀的遗址发掘了很多遗体，并对其进行了仔细检查。但受到战争摧残的骨骼和集体墓葬出现的时间距今更近。战争、侵略，以及种族灭绝可能还不是居住在猛犸象草原上的人类或更远古时代人类的生活特征。[10] 他们的工具不包括战争中使用的武器，如盾——和矛不同，盾在捕猎中百无一用。他们的艺术品也没有描绘战争或庆祝胜利的场景。

在欧亚大陆的寒冷气候中，即便是年代特别久远的骨骼也常常保存得很好，科学家可以从中提取可供分析的 DNA 样本。通过分析 DNA 和骨骼中发现的其他化学物质，我们有可能得知生活在不同时代和地域的人类之间的关系，推测他们如何在广袤的"猎场"上迁徙。甚至在遥远的西伯利亚北部的北冰洋都发现了他们存在的证据。无树平原上没有木料，所以他们用巨大的骨头修建住所，并在外面覆盖动物皮。和距今较近、同样生活在北冰洋地区的人类一样，他们可能通过燃烧油脂含量较高的骨头来煮饭和取暖。[11]

他们为何进步如此迅速？

智人在非洲大草原上进化、生息了数万年，猛犸象草原是与非洲大草原截然不同的栖息地，而在此捕猎动物的人类也找到了他们的生存之道。他们的文化不仅帮助其适应了迥异的自然环境，还发展到了极其复杂的程度。是什么加速了他们文化进化的速度？在其他种类的人类灭绝之时，为何他们能繁荣兴盛？自19世纪在欧洲发现尼安德特人骨骼以来，学者一直在思考，我们的祖先是如何取代了这些看起来更为强壮的人类的。现有证据还不足以给这个问题一个明确的答案。目前没有发现相关证据证明非洲智人在智力上优于尼安德特人，至少在冰期初期无法证明。

但有关气温波动的证据确实帮助解释了生存艰难的原因。当长时间的气候混乱开始时，我们的祖先或许也濒临灭绝。智人族群在10万年前开始离开非洲。考古学家在地中海东部地区发现了他们的定居点。但这些早期移民的后代在气候进一步恶化的时候，不是灭绝就是回到了非洲。目前，地球上所有存活人类的基因相似性表明，在我们历史中至少有一个时期，智人的数量非常少，可能只有几千人。基因证据表明，如今所有人类都是6万年前生活在非洲的人类的后裔，但证据同样告诉我们，大多数人都是尼安德特人的后裔，还有不少人是丹尼索瓦人的后裔。大约6万年前，一部分智人离开非洲后，其他人类族群的基因通过交配进入了我们的血统。[12]

那么，为什么在尼安德特人和丹尼索瓦人灭绝之时，智人族群能兴盛发展呢？长期以来，有观点怀疑骨骼粗壮的尼安德特人并不是特别聪明，但在20世纪末期，有科学家称，尼安德特人和早期智人的大脑可能都在某些方面存在劣势。他们提出，这些早期人类缺乏想象力、语言能力和抽象推理能力。他们认为，某些智人可能在4万~5万年前获得了上述能力——他们的婴儿出生时可能携带一种基因突变，这种突变改变了其大脑发育的方式。DNA序列的这种随机变化具有变革性，科学家的解释是，因为它带来了"认知革命"。这个出生在非洲智人族群中的婴儿，其大脑发育出了和我们一样的思维方式。[13]婴儿成功长大，有了许多后代，他们都继承了这一突变基因。和使用"老式"大脑的人类相比，基因突变的人类能够以前者无法实现的方式合作。他们可以借助抽象符号进行思考和沟通，这也使得他们能够发明新的工具，为遇到的问题想出新的解决办法。

基因的改变很有可能以某种方式重置了人类大脑，但我们在本书中讲述了一个不同的故事，因为我们认为，目前的证据不足以很好地支撑认知革命的观点。如果当今人类正是受益于尼安德特人所缺少的基因序列，那么我们就可能通过比对当代人类和尼安德特人的DNA来识别这些序列。自2014年报道了首例女性尼安德特人完整基因组以来，科学家们就一直在努力寻找这样的序列。将尼安德特人与智人的DNA进行比对的结果揭示了一些细微的不同，而科学家认为，少量位于基因组中的不同之处并不能影响大脑发育。目前为止，没有发现相关证据能够支撑这种说法：10万年前发生的一次关键性的基因改变重新设计了祖先的大脑，极大地改变了他们的思维方式。

考古学证据同样不支持认知革命的说法。考古学家探访了位于非洲的遗址，如南非开普敦附近的布隆伯斯洞穴，发现了更为精巧的石器遗迹及其他证据，它们表明5万～10万年前居住在那里的人类已经拥有了和我们一样的大脑。他们在岩石和鸵鸟蛋壳碎片上蚀刻了不同的图案，将彩色石头磨成粉来制作颜料，在小贝壳上仔细地钻孔——也许这样就能把贝壳像珠子一样串在手链或项链上（见图6.6）。[14] 这些都有力地证明了早在5万年前，人类就拥有了具有独创能力和聪明才智的大脑。但这些证据零星分布，未能证明认知革命的发生。人们似乎在一定时期内富有创造性和想象力，但并没有继续发展，甚至可能还会倒退至不那么先进的程度。如果基因的改变使人类拥有了升级的心智能力，那为什么他们不能一直运用这种能力呢？

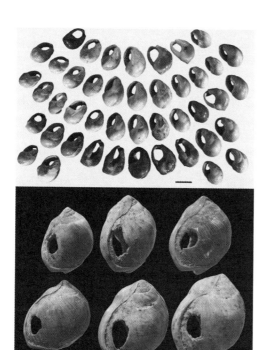

图6.6 这些蜗牛壳被发现于南非布隆伯斯洞穴地面距今7.5万年的沉积层中，它们表明，当时居住于此的人类热衷于设计和制作装饰品。这些蜗牛壳直径只有0.5厘米，如此小的尺寸，人类一定不是将它们收集起来作为食物。它们似乎经过了精挑细选，以确保大小基本一致，并用相同的方式穿孔。它们可能是被当作串珠，串在线上。残留在贝壳上的赭石色痕迹表明，创作者曾经将它们染成红色

图片来源：Image courtesy of Professor Christopher Henshilwood.

石器时代的社交网络

提出认知革命理念的科学家生活在 20 世纪末期。在那个时期，计算机的内存是千字节每秒，而不是兆字节每秒。他们和同事互发电子邮件，和朋友互发短信，但没有人使用无线网络。人们通过传真机传输文件。身处这一技术时代的科学家苦苦思考人类头骨中的"计算机"革命，他们能想到的只是硬件的升级。他们还没有体会过更好的网络联结能极大地提升计算机的性能。

现在，我们和许多其他研究人类进化的科学家都相信，是更好的网络联结使祖先们得以用更复杂的方式思考并在气候混乱时期存活。不管团队成员有多么聪慧，小规模的人类群体很难快速找到解决方法来应对不断变化的环境持续带来的新问题。如果家族之间建立并保持联系，他们就能分享信息和想法，并在困难时期彼此帮助、走出困境，也就更容易存活。

对于以狩猎和采集为生的人来说，维持较大规模的社交网络并非易事。他们通常在小范围群体中生活，食物匮乏时就离开聚居地，去往别的地方。很少有栖息地能提供足以支撑大量人口的食物，但总有些时候，有的地方的食物会充裕一阵子。例如，在鱼群聚集产卵的海湾岸边，有时可以直接从水里捞起筋疲力尽的鱼。如果不同的觅食家族知道了这个地方，他们很可能会在每一次鱼群产卵季返回这里。这就意味着，这些家族会定期见面，他们也就有机会交流观点，交易随身携带的小件物品。他们可以进一步发展对方的观点，从而使大家都获益。在容易获取食物的时节，他们有更多时间来做其他事，如打磨制作珠宝所需的串珠。非洲南部海岸靠近布隆伯斯洞穴的部分地区可能曾是季节性食物丰富的地方，这也是为什么考古学家在此处找到了更复杂文化的相关证据。[15]

但如果聚会依赖环境带来的季节性"财富",那么由此引发的文化进步将很难持续。环境在改变,最终鱼群会去别的地方产卵。失望的家族就会各自踏上旅途,失去了再次见面的理由,也就失去了交流分享的机会。他们的生活会更加黯淡无光,也会面临更多危险,因为无法获取更多的知识来给予他们更多的力量。当气温波动开始出现时,社交联系变得至关重要,但更难维持。干旱、洪水、山体滑坡阻断了人们前行的道路,也破坏了他们赖以生存的食物供给。气候带来的冲击可能导致文明倒退至初始程度。技能娴熟、知识广博的人死去,他们掌握的技能和知识也随之消亡。与世隔绝的小群体在文化和基因上都会枯竭,因为没有与家族以外的人接触,他们在可以交配和交流思想的对象上的选择就非常少。[16]

那么,是什么让我们的祖先得以快速进化,从而适应气候波动,还能进行音乐创作和创建这些在地下埋藏已久的"艺术馆"呢?我们认为,有一些家族意识到了保持联系、互帮互助的重要性。他们发展出了社交工具,创建了由几个相互保持联系的家族组成的群体,并且鼓励其他家族的加入。拥有最有效的社交工具的群体能够保持联系并存活。他们的后代继承了这种保持联系的特性——既包括了想要保持联系的欲求,也包括了满足这一欲求的风俗习惯。我们的祖先便是这种群体的成员。

进化出一种相互联系的文化不仅能让祖先活下来,还改变了他们的生活。当不同的家族开始定期会面和沟通时,他们就会开始探索自己更大大脑的潜力。这种"如饥似渴"的大脑让他们非常擅长学习和分享信息,但当没有多少东西可以学习和分享的时候,维持大脑的运转就不那么划算了。接入更大的社交网络意味着他脑中的"计算机"可以接触用于处理数据的更多数据和更多程序。

大多数祖先用来保持联系的社交工具都存在于他们的脑中，包括人们共有的信仰、风俗、习惯、记忆等。同一文化中的成员也经常分享物件，这些物件象征着他们的信仰、代表了他们的记忆，或仅仅表达了他们的情感。它们也属于社交工具。有一些物件能实实在在地帮助人们保持联系。对于居住在猛犸象草原上的人类来说，上百件出土的骨骼、鹿角、象牙等物品可能就发挥了这样的功能。这些物品上有仔细刻画的短线条或小圆点，其中许多物品有磨损和发亮的痕迹，表明它们曾被随身携带、时时摩挲。手指可能在这些蚀刻线条上反复摩擦。有些线条上有搓进去的彩色土，如赭石，可能是为了做标记。

20世纪60年代，一位名叫亚历山大·马沙克的科学记者正在编纂一本有关科学思维起源与发展的书，他被这些物件深深吸引。一些由远古时代的欧洲人制作的物品在今天被认为是伟大的艺术品，陈列于各大博物馆中。但大多数物品只是在它们发掘地所在的小镇或村庄附近的小型博物馆展出，或仅储藏于其中。艺术家们认为这些线条和刻痕组成的图案相当普通，而马沙克却对此产生了强烈的兴趣，于是他游历四方，对它们进行了细致研究（见图6.7和图6.8）。他有一个想法，即每一个标记可能代表了一天，而标记的长短则代表了当天的月相。[17] 如果他的想法正确，那这些物件就是月历，展示了整整3个月里的天数。不是所有的图案都能与月相准确地匹配，但要在石头上刻画标记并非易事。他猜测，对于还没有发明文字，也没有计数系统的人类来说，即便是一份粗陋的月历也会有所帮助。这些标记可以帮助族群约定下一次会面的月份甚至年份。月历会使记录天数更容易，这样他们就能准时到达会面地点。

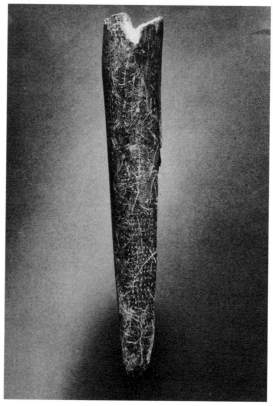

图 6.7 和图 6.8　这是亚历山大·马沙克拍摄的两幅照片，照片中是由生活在猛犸象草原上、捕食动物的人类创作的有刻痕的作品。由不同材质制作的类似物品在欧洲各地均有出土。马沙克相信，这些物品的其中一项功能是记录日期，从而帮助人们组织聚会

图片来源：Gift of Elaine F. Marshack，2005. Courtesy of the Peabody Museum of Archaeology and Ethnology，Harvard University，PM 2005.16.2.262.1（图 6.7）.

图片来源：Gift of Elaine F. Marshack，2005. Courtesy of the Peabody Museum of Archaeology and Ethnology，Harvard University，PM 2005.16.2.318.38（图 6.8）.

并非所有人都同意马沙克对这些记号的解读，但如果他的观点正确，这些东西确实是月历，那么它们就是早期的社交网络设备。冰期的祖先可能发明了多种保持联系的方式，比如一套可以通过烟雾、旗帜、鼓声、"加密的"哨声或信使传递的信号系统。但这些信号系统无法留下痕迹。而关于月相的刻痕却保留了下来，作为实物证据，证明祖先们高度重视保持联系和相聚。

在过去的数万年间，祖先们去过许多聚集地。他们留下的遗迹揭示了聚会上曾经发生的事。

第二部分：3万年前的聚会当日

你和大部队一同前往聚会的地方。队伍走得很慢，因为同行的还有老人、伤者、儿童和带着婴儿的母亲。大一点儿的孩子必须帮忙携带物资和照看婴儿。猎人和信使们作为先遣部队，会提前到达准备歇脚的地方进行布置并准备充足的食物。这趟旅程需要和同行的其他家族共同进行仔细的谋划。这是确保每个人都能以良好的状态准时抵达聚会的唯一方法。准时抵达尤为重要。如果有的家族迟迟未到，其他人则会无法承受一直等待的状态。他们很快会将食物消耗殆尽。正值盛夏时节，夜晚很短，你们每天可以行进很长的路程。即便如此，线路也必须尽可能短，同时还要经过有水和木材的地方，以便你们装满储水容器和收集木柴。你们一路向南，所以每天的天光越来越短，土地也越来越潮湿。你看到越来越多的灌木丛，最后出现了树木。

出发时，你走在最喜欢的表姐身边，你们身上都背着一条猛犸象皮做的毯子。出发前一天，她非常兴奋，期盼着这趟旅程，因为她将见到灵魂对话者们并告诉他们她所听到的声音。但这天早晨她很安静，你也没有强迫她说话。你不止一次想象，如果像表姐一样听到那些声音会是什么感觉。他们现在正在对她说话吗？这是她如此安静的原因吗？

最后，她说道："我可以和你说说话，因为我一个人太难承受了，我需要坚强起来。"

"你有什么需要坚强的？"你好奇地问道。

"我们这趟旅行是用来说再见的，我们要习惯分离。"她说道，不带一丝感情，但她的语调变了，开始哭泣，"我将留在灵魂对话者们身边，所以不会跟你一起回去了。"

你怔住了。你从未预料到这件事，对她的话将信将疑。她怎么知道的？但一想到要和表姐说再见，你还是流下了眼泪。"你妈妈知道吗？"你问道，"外祖母和外祖父呢？"

"不！"她说，"千万不能让他们知道。他们会提出很多问题，可能还会阻止这件事。未来会发生一件所有人都认为不好的事。我得做好准备，让这一切都好起来。"

"但如果是件坏事，难道不应该阻止它发生吗？"

"没人能阻止它发生，我也不知道究竟是什么事。我只是需要做好准备，让一切都好起来。"

在剩下的旅途中，你和表姐尽可能地待在一起，带着沉重的物资，一路并肩跋涉。夜晚，你们蜷在一起，不停地聊天，试图让对方回忆起自从她和她母亲与你们住在一起后发生的每一件好事和坏事。表姐的记忆清晰细致。你很好奇，是不是那些灵魂帮助强化了她的记忆。

你们越来越接近聚会的地方，你看到了传闻中的森林。你在一天之中看到的树木比你记忆中有生以来看到的所有树木都多。聚会所在地的树木已被砍掉，留出了一片空地。这个地方很完美。附近有河流经过，有充足的木柴，周围的树木可以遮蔽风雨。一片低洼的区域用作公共厕所，每个家族都分配到了一片区域，里面有一些木杆、原木，中间堆着燃烧的柴火。你们会用部分木杆和你们带过来的动物皮一起搭建成住所，原木用来生火做饭。你们到达的时候，那里已经有很多人了，但你们很快找到了你们家族的区域。没过多久，你就搭起了住所，也摆出了带来交易的动物皮和象牙。陌生的成年人在四处走动，寻找老朋友和亲戚。你的父母认出了其中一个人，他们开始交谈。小孩子们吵吵嚷嚷地玩耍，长途跋涉结束了，他们很开心。大一点儿的孩子经历着人生中第一次真正的大型聚会，他们都很安静。被一群不认识的人包围着的感觉很不舒服，尤其是有些人看上去很奇怪。有个戴着一顶有驯鹿角的帽子的人看着你，向你挥手。你也朝他挥挥手。也许是这些人的衣着让他们看起来如此不同，他们的行为似乎也不同。他们的声音听上去也很奇怪。你觉得开口说话会感到尴尬，因为有可能别人也觉得你的穿着和口音很奇怪。

外祖母让你打开装有珠子的包袱，准备带着表姐去见那些灵魂对话者。你拥抱了表姐，外祖母说道："别担心，她不会有事的。"然后拉起了她的手。你看着她们消失在树林中。随后你找到了装有8粒圆珠的小袋子。还在学步的弟弟突然尖叫了起来。他的额头流血了，可能是刚才摔了。其实只是一点儿擦伤，但他很累，脾气又急躁。母亲还在与人交谈，所以你只得抱起他，哄到他停止哭泣，吮着自己的大拇指睡去。

外祖母一个人回来了，她很高兴地说，灵魂对话者首领和他的双胞胎妹妹邀请表姐帮助他们准备合唱。然后，你和大姨、外祖母带着珠子一同前往缝制首领长袍的地方。外祖母似乎认识那里的所有人，她将你介绍给三位正在将珠子缝到长袍上的女性。她们之间有一大堆皱皱的、柔软的皮革，上面已经覆满了珠饰，地上还有更多珠子等着被缝上去，但大多数都是方形的。你手中的珠子很小，但这几位女性仔细地看了看它们，对其圆润程度赞不绝口。她们请你选出最喜欢的一粒，并指出想把它缝在长袍的什么位置。外祖母帮你展开长袍，让你一睹它的全貌，你指了指前面，希望这颗珠子被缝在首领的心口。其中一位女性接过你的珠子，迅速利落地将它缝了上去，让它与周围的其他珠饰协调一致。

人们还在陆续抵达，但已经聚集了很多人。外祖母想观看男人们为投矛比赛而进行的训练。他们使用样式不同的象牙投矛器，比赛的结果将帮助人们决定哪种为最优设计。你对雕刻更感兴趣，所以你四处看看人们展示的小雕像和珠宝。你很欣赏一支由鸟骨制作的笛子，雕刻这支笛子的男人讲述了它的制作过程，包括如何选择和准备骨材。他的口音和你不同，但你能理解他的话。你告诉他你能雕刻猛犸象象牙后，他给了你一块驯鹿角和几样工具，你体验到了雕刻驯鹿角和雕刻象牙时不同的感觉。

过了一会儿，头戴驯鹿角帽子的男子走过来，问你要不要尝尝驯鹿肉。你跟着他来到了一大群驯鹿猎食者的聚集地，他们正围坐在篝火旁。空气中飘散着烹煮肉食的强烈气味，你突然意识到自己已经饥肠辘辘。一名女性递给你一串切成薄片的驯鹿舌，她是骨笛雕刻者的姐姐，也是头戴驯鹿角帽子的男子的母亲。驯鹿舌很美味。他们对于有些词语的不同发音并没有增加你们之间交流的难度，反而让你和他们的对话变得更加容易。他们嘲笑你说话的方式很好笑，你坚持说你的发音才是正确的，他们的语言听上去才好笑。这样的讨论有点儿傻，但每个人都很开心。

因为四周有太多的树木，太阳快要落下的时候，这里已经很黑了。昏黄的余晖透过树干闪闪烁烁，在地上投下长长的树干的影子，给一切蒙上了一层神秘色彩。人们走向聚会的地方，准备开始合唱。你看到了家人，同时用目光寻找着表姐，但表姐并没有和家人在一起。聚会的地点是中间的一座高台。所有人紧凑地站在一起，林间的空地显得很大。有人唱起了你在家唱过的一首歌，大家一一加入。歌声中夹杂着许多不同的口音和音调：老者沙哑的嗓音，儿童响亮的声音，唱歌跑调的人默默念出歌词的声音。你听说过太多次关于聚会的神奇之处。这么多不同的人，但都发出了同一个声音——比你以前听过的声音都大。当合唱的人群来到你面前时，你牵起了旁边人的一只手，和他们踩着同样的步伐，所有人行动一致，如同一个人。今天早上你还觉得他们都是陌生人，现在，你已经融入了他们，感觉他们就像家人一般。

一首唱毕，有人接着唱起了另一首你更加喜爱的歌曲。你跟着一起唱的时候，听到了新的陌生声音，那声音空灵脱俗，唱出了旋律，但没有歌词。是灵魂对话者们来了，人群自觉让出了一条路，于是他们走上高台。其中三人在吹奏笛子，另有两人在击鼓。他们脸上擦有赭石色颜料，呈现出红色的温暖的生命力，透着光亮。在他们登上通往高台的阶梯时，你看到其中一人身形娇小，你认出了那是表姐，她穿戴着灵魂对话者专用的斗篷和手镯！你想高声呼喊她，但却喊不出来。她现在似乎不再是你的表姐，而是成为属于每一个人的灵魂对话者。

首领并不在其中，但他的双胞胎妹妹引领着队伍。一曲终了，她对所有人表示了欢迎，说现在所有家族都安全抵达了。台上的另一位灵魂对话者开口了，他用灵魂的口吻向大家问好。台下的观众喊出了给刚刚去世的祖先们的信息，祖先的灵魂也大声地回应。有些交流的内容很是有趣，人们都笑了起来。你一直看着表姐，看她是否能传递灵魂的信息。轮到她的时候，你无法理解她所说的内容，但最年长的观众惊讶地倒吸了一口气，然后开始点头微笑。那位女性首领也笑了，她告诉大家，灵魂对话者的队伍中加入了一位年轻的新成员，她有一对极灵敏的耳朵，能听到很久以前的祖先的声音，那个时候他们说的语言，现在几近被遗忘。"这将会是另一次难忘的聚会。"她说道。

随后，大家伴着笛声和鼓声又唱起了歌。你可以开心地唱一整晚，但唱了另外两首歌之后，今晚的合唱环节就结束了。灵魂对话者们列队站好，依次走下高台，退出人群。他们离开之后，人们便开始返回各自的住所，大家开始交谈，谈话声越来越大。你问戴驯鹿角帽子的男子和他的姐姐，明天他们是否还参加聚会。他们说会，于是你和他们说好了明天再见，便跑回了家人那里。

如你所料，家里来了很多人，包括你最喜欢的舅舅。他的妻子也在，她已经怀孕了。大家正在询问他们现在居住地以东及以南的地域的情况。那片土地在好几座山背后的山谷中，你们过去无法跨越那几座山峰。但由于冰面正在融化，人们便找到了一条可供通行的路。他们希望了解是否有长者或是祖先的灵魂知道那片土地。在那里，狩猎很容易，也有很多树木和其他千奇百怪的植物。他们计划带回一些象牙和象牙工具，和在那里遇到的人交易。那里的人食用大量植物，说着一种不同的语言。但这两群人的孩子能玩到一起，而且已经可以听懂对方的语言。

当然，谈话的主要话题还是你表姐，以及她如何成为一名灵魂对话者。在你的印象中，外祖父对此不是很高兴，但表姐的母亲和外祖母都非常自豪。你感到不适和焦虑。到底会有什么不好的事？她能否扭转局面？

你看到小弟快睡着了，于是抱起他，将他带回住处，和他一起蜷在被子里准备休息。你非常思念表姐。

等你醒来时，太阳已经升得很高了。你听见母亲在给小弟解释，只有大一点儿的孩子才能参加聚会，他则是要和父亲一起去投矛比赛现场。聚会！也许灵魂对话者会让表姐也参加。

表姐没有来，但情况比你预想的好。当上外祖母的人们都带来了美味佳肴，孩子们因此能吃到来自各地的美食。你喜欢水果干，但最喜欢的是由蜂巢做成的一种有嚼劲的大块食物。大部分时间，你都和驯鹿家族的孩子们待在一起。他们告诉你关于驯鹿的一切，并向你提出有关猛犸象的问题。

聚会结束后便是"老者谈话会"。为了表示对老者的尊敬，会谈开始的时候，每个人都到场了。但开始之后，大人们就希望大一些的孩子带着更小的孩子们离开，并照看好他们，确保他们安全并保持安静，直到会议结束。大人们需要在最为年长的长者和死去祖先灵魂的帮助下，探讨一些问题和困难。有些长者已经特别年迈了，需要被抬上高台。你的外祖父辈的长辈还不算太老，还没有资格登台，但他们都站在离高台很近的地方。

灵魂对话者们来了，脸上没有涂抹赭石色，看上去似乎一点儿魔力也没有。表姐看到了你，飞快地给了你一个笑容。随后，首领大步走来。光是看着他就让你屏住了呼吸。他身姿伟岸。走动的时候，他长袍上的无数珠饰相互碰撞摩擦，发出窸窸窣窣的声音，好像在为他欢呼。你感到无比骄傲，因为你做的珠子就在他胸口，紧贴着他的心脏。在登台之前，他宣布了本次议程的首个事项：沼泽地的扩大及其如何改变了驯鹿的迁徙路线。年幼的孩子们一开始都入迷地看着首领的长袍，但很快他们就感到无聊。大多数孩子在第一个事项还未讨论完毕的时候就偷偷溜走了。你决定留下。你能理解沼泽地扩大这个问题。随着时间的推移，世界在不断变化。老者记忆中的过去可以帮助人们知道现在该怎么做。现在的人记忆中从未有过这样的景象——硬地面变成了泥地和沼泽，以前是草地的地方现在长满了树木。这意味着有更多的木材和水源，这是好事，但这导致了动物要寻找新的迁徙线路，它们通常就不会出现在猎人希望它们出现的地方了。

老者们在讨论大家能做什么。有人认为，如果恢复使用一套老的信号系统并对其加以改进，也许可以更好地追踪猎物。你不太能听懂细节，所以只是看着首领。你发现他对这次聚会非常重要。亡灵给了他能量、耐心和智慧。他能分辨什么时候、什么人想要说点儿什么，即便这些人自己都还不知道。如果有人一时找不到合适的词语来解释自己的观点，他就会帮助他们，向他们提供建议，或重复他们已经说过的内容。如果有人跑题了，他就会不动声色地将他们拉回来。如果有人有不同意见，他则会找到双方观点中的共同之处。其他的灵魂对话者也在场，但首领几乎做了所有事。以灵魂形式存在的祖先都通过他来讲话。

老者们讨论完最重要的话题后，许多父母，包括你的父亲和母亲都离开了会场，他们要看一看孩子们的情况，然后准备做饭。你将注意力转向表姐。她看起来很好，但很难描述清楚她的状况。下午的时光慢慢流逝，首领有些累了，其他的灵魂对话者承担起更多工作。当表姐说话时，听起来似乎不是她的声音——不仅是口音和声调不同，她还自信了许多，就像一个大人。煮肉的味道慢慢浓烈起来，聚会的节奏加快了。每个人似乎都希望尽快达成一致，不要过多地争吵或讨论。最后，会议结束。灵魂对话者们慢慢走出来，围在首领四周，保护着他。他靠在妹妹身上，精疲力竭，看上去像一位老者。

你离开了会议地点，来到准备吃饭的人们中间。来自不同家族的人正在聊天，分享他们带来的食物。大家在老者谈话会上解决了很多问题，成年人都认为他们现在可以离开了，好去制订更为详尽的计划。老者们都筋疲力尽，孩子们也因为在林间玩捉迷藏的游戏而疲惫不堪。吃过饭后，大多数人都决定在日落后的闭幕式举行前小憩一会儿。你躺下了，却因为忧虑而无法入睡。聚会接近尾声，你几乎已经说服了自己：是表姐错了，不会发生什么"坏事"。

闭幕式的第一部分和之前的合唱环节类似。人们开始合唱，灵魂对话者到来，他们的脸上涂抹了赭石色。但这一次，首领走在最前面。他又变回了充满能量的年轻人。他一到来，就加入了合唱，那首老歌的歌词似乎被赋予了更多意义——是你从前从未想过的意义。每个人都围绕着首领。随着他的动作，他身上的珠饰环佩发出一种新的声音，似乎在和快乐的人群一同欢笑。它们在篝火火光的映照下摇曳闪烁。你从未如此沉醉在老歌的吟唱中，觉得从此以后它们对你而言有了更多的意义。

最后是那首大家都期盼已久的歌。开始的时候节奏缓慢，但随着鼓声擂动和珠饰环佩的撞击声渐强，歌声的节奏也逐渐加快。有的灵魂对话者唱出了一种不同的旋律，这种旋律似乎舞动于其他所有人的歌声之上。随着节奏加快，人群像是快速跳动的心脏一样一同移动，一同呼吸。你能听到首领的声音伴着吹奏骨笛的旋律。

突然，你似乎感到而不是听到一声带着痛苦的惊呼。你停止了歌唱，满是不解与狐疑。其他人也一定有同样的感觉，因为没有人再唱歌了。在灰暗的曙光中，你看到首领躺在高台上，他的双胞胎妹妹跪在他身旁，头贴着他的心口。血从首领的脖颈处喷涌而出，浸湿了缀满珠饰的长袍和妹妹的头发。

四下一片寂静，每个人都看着血液喷涌，直到停止。然后你听到了首领清晰的声音。每个人的眼光都从他躺在高台上的身体上移开，寻找声音的来源。声音从你表姐的嘴里发出，而她远远地站在高台的角落里。这个声音似乎在说："我没事，我很好。"随后表姐走上前来，她的嘴唇动着："我明白，那些灵魂希望我现在就去陪伴他们。我妹妹只是他们意念的工具。不要惩罚她，她只是做了必须要做的事。"此处停顿了一下，然后声音继续响起："现在我已经超脱了，我将在灵魂的世界里继续工作，汇集已故前辈的智慧，通过灵魂对话者传递给你们。对你们来说，我的死在当下可能是件坏事，但从长远来看会是好事。亡魂们相信，这将帮助大家度过即将到来的困难时期。"

又一阵停顿。声音再次传来，这一次是表姐的声音。她只说了一句"我太累了"，然后就地坐下，双手捂住脸。你跑过去，抱住她。那一晚，她睡在家族的住所里，但全家人都知道，这是她最后一次和你在一起了。

你醒来时，林间地面已经被挖出了一个大坑。每个人都注视着首领的遗体被放入坑中，他身上仍然裹着那件被血染透的珠饰长袍。他的双胞胎妹妹独自站在一旁，头发上沾满了哥哥的血迹。表姐离开你，去和她站在一起。你看着自己亲手做的珠饰被土掩埋。所有人都很安静，只听到土块坠落的声音，即便年幼的儿童还无法理解发生了什么，也都很安静。你突然意识到，所有人都和幼童一样，没有人明白到底发生了什么，为什么首领必须死去——即便是老者和灵魂对话者们也不懂。重要的是，你们在一起分享了这段记忆和这种感觉。也许，等到你们都故去了，在灵魂的世界里重逢时，才能理解这一切。

在聚会结束后的返程途中，你思考着这次聚会如何改变了你的生活和你自己。多年后，你将会谈起这些经历，但现在你只想考虑平凡的事情。简单的事似乎最为珍贵，比如让小弟开开心心的。大多数时候，你走在外祖父身边，因为你感到他和你一样深深思念着你的表姐。当你们回到熟悉的领地时，他对你说："我告诉过你表姐，不要去听那些声音，因为我希望她过简单而平安的生活，将来能结婚生子。现在，她献身于灵魂了，我们都不知道在她身上会发生什么。但我想，她能担此大任，我们都应该为之骄傲。"

然后，他看着你笑了。"我很高兴我们都有各自的方式来尽自己的职责，"他说，"我也很高兴你和驯鹿猎人一家能玩到一起。我们都不太了解驯鹿。他们现在迁来更往北的地区了，所以我们能更常见到他们。也许，等你再大一点儿，我们可以安排你和那个家族再见一次？"

以珠饰陪葬

当然，上述故事纯属虚构，但我们尽量使它和相关证据保持一致。这里所说的相关证据，是指莫斯科东北方向 190 余千米之外的弗拉基米尔市郊考古遗址的有关发现。1955 年，工人们在一个黏土矿坑中发现了一具看起来年代非常久远的人类骨骼。当地大学的考古学家被召集于此进行调查研究。这个遗址被称作"松希尔"，现已有多国的众多科学家对其进行了调研。随着新的分析技术不断发展，这个不寻常的地方被进一步解密。来自该遗址的样本被送往世界各大实验室。[18] 随着证据的积累，松希尔遗址提供了越来越多的细节，勾勒出了猛犸象草原上众多物种生活的剪影。

碳-14 年代测定法表明，在松希尔发现的人类距今约为 2.5 万～3.4 万年。松希尔遗址中包含了证明人类曾经在此居住的土层（考古学家称之为"文化层"），约有 1 米厚。其中有工具和制作工具的证据。有人类使用火的灶台遗迹，也有被人类猎杀后带至此处的动物遗骸，包括猛犸象、驯鹿、马、野牛等大型动物，以及野兔、松鼠、旅鼠和狐狸等小型动物。文化层的花粉和植物遗迹表明，人类居住于此时，该地区被森林覆盖，主要树种包括松树、云杉、桦树。这些树木表明，人类在此地居住时气候较为温暖。在最近一次冰期的绝大部分时间里，树木的生长范围不可能到达如此远的北部地区。海洋沉积层中发现的证据说明，大约 3 万年前，的确出现过一段较为温暖的时期。当时的气温比现在低，但比最近一次冰期的平均气温略高。

松希尔的文化层随处可见有关猛犸象草原边缘生命迹象的有趣线索，但该遗迹最著名的要数考古学家在文化层的下方发现的两处墓葬。其中一处墓葬中的骨骼主人为死时在35～45岁的男子（见图6.9）。这些骸骨在地下沉睡了大约3万年，但墓葬内部保存得相当完好。这名男子的头骨和脖颈及肩胛处的骨骼由于沾染氧化铁而呈红色，这表明他身体的上半部分与含有赭石这种矿物质的陶土或碾碎的石块有过摩擦。他的额头上戴着12颗穿孔的狐狸犬齿，胸前佩戴了一颗用人工染色石制成的吊坠，手肘上佩戴了25枚猛犸象象牙制成的臂章。墓葬中还有大约3 000粒猛犸象象牙制成的珠饰，大多数都是方形的，其中一部分小一些，是圆形的。珠饰的位置表明它们曾经用线串在一起，可能是缝制在一件长袍上。长袍很可能在这名男子下葬后几年里就已腐烂，但当这处墓葬重见天日时，埋葬他的土壤使得珠饰留在他身上。考古学家对他的骨骼进行检验发现，一处手法娴熟的致命伤导致了他的死亡。他脖子的下半部分遭受了突然的刺创，伤口很深，致其脊柱损坏，切断了通往大脑的动脉，使其立即死亡。在该墓葬中发现的一块尖锐的石制矛头可能是杀死这名男子的工具。

关于我们书写的猛犸象草原上人类的故事，与另一部分证据也吻合——社会科学家对人类族群所进行的观察，包括人们如何通过信仰、习俗、仪式、富有个人魅力的领袖等建立并保持联系。借助联系带来的优势，一些联合项目得以规划和实施，如信号系统。联合项目的成功完成使得联系更具优势。来自不同文化背景的人都相信灵魂的存在，都会缅怀、崇敬祖先，甚至都有与死去祖先对话的习俗。这样的信仰和习俗可以通过提醒人们有着共同的祖先，来帮助他们维持与彼此的联系。它们也可以帮助保存有关过去重大事件的记忆和未来可能会发挥作用的先祖智慧。

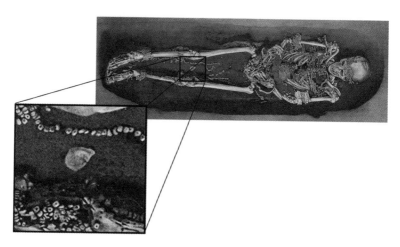

图 6.9　考古学家在俄罗斯西部的松希尔遗址发现了一位 35~45 岁男性的墓葬。这幅画是根据考古学家发掘时拍摄的遗骸和陪葬品的照片所画的。他的膝盖中间放有一片锋利的石片，可能有人用其割断了他的颈动脉

图片来源：由 K. N. Nikahristo 所画，由俄罗斯科学院考古研究所科学档案馆提供。

　　一个群体的成员聚集在一起，不仅仅是交谈、交换信息和规划联合项目。随意建立的社会联系很可能不可信，从这种联系中获得的信息可能无用，甚至有害。[19] 我们现在很难想象不包含任何仪式或礼节的人类交际活动，即便只是握手、共饮茶或咖啡，或是佩戴领带、穿上高跟鞋。诸如此类的习俗迫使人类表现一致、共同行动，从而建立有关共同经历和感受的记忆，为人们形成高质量的联系创造条件。当人们参与在他们看来有意义的事件时，其身体和大脑都在改变。研究表明，这会产生和母子联结类似的生理效应。[20]

　　生活在 3 万年前的祖先对催产素或内啡肽一无所知，但他们一定

注意到了人们对于故事、仪式、音乐与合唱的反应。最有效和最流行的群体活动最受重视，随着时间的推移也会愈加烦琐。人们可能会尝试更多繁复的步骤，如果它们广受欢迎，就会成为固定环节。除了建立对群体的承诺，复杂的典礼也可以对成员做出的承诺进行测试。遗忘了颂歌歌词或对圣物失敬的群体成员将会失去别人的信任。如果孩子们降生的文化环境有着丰富的传统和广泛而强大的社交网络，他们就更容易存活。[21]

一个群体中的信仰、习俗和仪式可能会造成令外界人士无法理解的行为。松希尔墓葬中的男子对我们来说非常神秘。墓葬中的 3 000 粒珠饰需要上千小时雕刻而成。从现代物质文化的视角来看，这说明墓葬中的男子非常富有——也许他曾是一位权势遮天的贪婪暴君，被他的人民推翻并处决。但为何杀死他的人要用如此昂贵的珠饰来为这位遭人厌恨的统治者陪葬呢？对于生活在猛犸象草原上的人来说，很可能珠饰和这个人都很珍贵，因为它们和他都帮助人们维持着对其生存至关重要的联系。

在松希尔发现的另一处著名墓葬中有两具头对头的男孩遗体（见图 6.10）。一个大约 12 岁，另一个在 10 岁左右。他们的上半身同样涂抹了赭石色，埋葬时也穿着镶有猛犸象牙珠的服饰。12 岁男孩的骨骼上有约 5 000 粒珠饰，同时头部摆放了 40 余颗狐狸犬齿，身体中部有 250 余颗狐狸犬齿。他身体旁边有两个以象牙雕刻而成的动物形象，还有一节经过抛光的人类大腿骨，腿骨末端被砍断并装满赭石。10 岁男孩的服饰上缀有约 5 400 粒象牙珠，两块刻有花纹的象牙盘，以及两片穿孔的鹿角。他身体另一侧有 16 支由猛犸象牙制成的矛，长短不一，从 0.25 米到接近 2.5 米不等。没有证据表明两个男孩的死因。

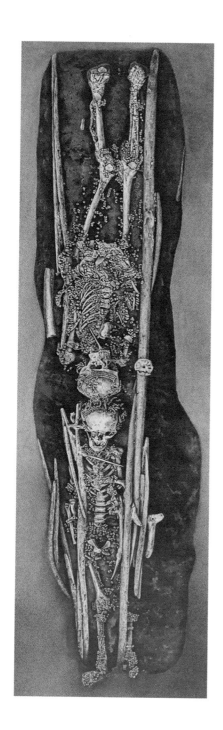

图 6.10 松希尔的第二处墓
葬里是两具头对头的男孩遗
体。小的大约 10 岁，大的大
约 12 岁。墓葬中也有数千粒
象牙珠和许多其他物品

图片来源：由 K. N. Nikahristo
所画，由俄罗斯科学院考古
研究所科学档案馆提供。

两个男孩葬在一起，但很可能他们被埋葬的时代与上一个男子不同。墓葬的相似之处说明墓葬主人属于同一个文化群体。对三具骨骼和那只大腿骨的 DNA 分析证实了这一点。这些人类骸骨均来自男性。他们不是近亲，但其 DNA 高度相似，说明他们来自同一族群，这支族群足够庞大，没有产生近亲繁殖。对骨骼化学成分的分析揭示了大腿骨的主人的出生地与三具骨架的主人不同。

这一证据支持了这样一种观点——这名到访松希尔并在此死去的男子，与一个庞杂而强大、覆盖了一片广阔地域的社交网络相连。他们丰富的文化传统帮助族群维系对远方社群的情感。在不确定的环境中，他们能彼此依靠，并且共同携手维持和调整一整套知识和技能。DNA 证据同时表明，当今很多人的祖先也属于这一族群。[22]

文化的定义

我们在本书中谈到了很多文化，使用的都是有关文化的最为广泛的定义，这一定义为研究动物文化的生物学家所喜爱。他们将文化简单地定义为同一个族群的成员共享的信息和行为体系，而且，随着对动物研究的逐步深入，他们找到了相关证据，证明越来越多的动物都在分享信息。讲英语的西方人通常对文化的定义更狭窄，他们对文化的定义是指在美术馆和音乐厅中才能找到的与人类有关的事物。它们为我们的生活增添了魔力，让我们得以窥探一个（或多个）超越我们日常经验的世界。对于这些人来说，文化是诗歌、神话、音乐、艺术及戏剧。文化将吃饭变成宴会，将篝火变为奇观，将噪声化为体育场内万人摇滚的节拍。

如此定义下的文化是狭义的，但这是广义文化的重要组成部分，而且它有一个非常实用的目的。它所带来的魔力是一种感觉，让我们认定可以彼此信任和分享的感觉，即便我们并不相识。我们的祖先在上一次冰期创造的庞大"工具箱"会唤起这种感觉。有了这些工具，祖先的文化发生了改变，他们也因此能够在气候混乱的时期活下来。

即便 3 万年前地球上的部分地区正在经历一个相对温暖的时期，冰期却远未结束。大约两万年前，北半球才开始变得更适宜居住。气温升高，降水增多，气候最终稳定下来。那时，我们的祖先才真正开始探索一颗硕大的、与庞大的社交网络互联的大脑的种种潜能。他们将继续发展出更多社交工具。

07

构建今日世界
（2 万年前～300 年前）

本章是关于人类进化历史的倒数第二个时期，也就是刚刚结束的这一时期。它始于大约两万年前，当时地球开始再次变暖，当今的物理世界开始出现，冰层减少，降水增多，海平面升高，植被区相对稳定。

当今的文化世界也在这一时期奠基。各种文化变得更为复杂，在世界的部分地区，文化的复杂程度在加速增长。生活在这一时期的人类留下了关于他们生活情形的大量证据，包括有关一些重要事件和人物的故事。人们相信这些故事，这些故事也塑造了他们的生活。流传的关于这一时期的海量故事，有的基于证据，有的则基于传说。随着新证据的发现和人们使用新的方法分析旧证据，很多故事现在也正发生改变。

我们讲述的故事能够帮助阐释本章，它发生在这一时期的中段，即大约 1 万年前。那时地球的气候已经保持了超过 1 000 年的稳定，许多地域都覆盖着森林。许多生活在 1 万年前的祖先都居住在森林边缘。他们以家族为单位聚居。有的家族一年可能会多次迁徙，每到一处就建起临时性住所。有的家族则可能更为安定。

第一部分：悲伤的一天

如果你生来就是这些祖先中的一员，在生命的初期，你会和母亲一起生活，也许白天被绑在她的背上，晚上和她躺在一起。等到她下一个孩子出生时，你已经能够和别的小伙伴一起到处玩耍了。[1]你最早的记忆是关于和伙伴们一起玩的白天，以及和母亲、姨妈、外祖母围坐在篝火边的夜晚。有时候你会见到舅舅和外祖父，但大多数时间里，他们都在远处守卫着你们家族的领地，阻止"纵火恶魔"放火烧过来。你的父亲在抗击"纵火恶魔"的斗争中死去了，现在，你的母亲嫁给了他的兄弟。

一年中的大多数时候，你和其他小伙伴白天都待在离营地不远的安全地带，捡拾柴火、寻找食物。当你还小的时候，你只是紧紧地跟着比你大的孩子们，看他们在干什么，但随着你长大，你学到了越来越多的东西。有些类型的食物可以即食，另有一些类型的食物必须带回营地加以烹煮或以某种形式加工。学会辨认食物需要花很长时间，因为不同的地域有不同的食物，每一片地域在一年之中的不同季节也在发生变化。春天的巢里有鸟蛋，或者幼鸟、小鸭子等。到了秋天，水果和坚果都成熟了，等着被采摘。最年长的孩子是你的表兄，他有一只兽皮制成的袋子，用来盛放找到的食物并带回营地。他很擅长使用投石器投出石块，你们指向哪一只动物，他就准备猎杀哪一只。当他成功猎杀了动物后，所有的孩子都会和他一同回到营地，看着你的母亲、姨妈或外祖母剥下兽皮并取出内脏。有一天，表兄做了一个新的投石器，就把旧的那个送给了你。你努力地练习，其他孩子都嘲笑你，说你打出的石子满天乱飞，把动物都吓跑了。

到了冬天，或者在炎热干燥的夏日，能找到的食物不多。但有了储备的橡果，你们就不会挨饿。秋天，橡果从橡树上落下，在以橡果为食的动物到来之前，大家就要一起把它们收集起来。男人们有时也来帮忙。之后，你们将橡果放进干裂的岩石缝隙中，以便它们能安全地储存。身形足够矮小的孩子能钻入缝隙中，将橡果靠着石壁排好。然后，大一点儿的孩子会递给他们从溪流中挖出的湿黏土土块，他们就在排好的橡果前砌出一道墙。等到黏土风干，这面墙就会变硬，看起来就像是一块完整的岩石。除了将橡果放在那里的人，没人知道墙后的储备物资。很多动物不吃橡果，因为它的味道有点儿恶心。你们食用橡果的唯一原因是，比你的外祖母早几代的祖先发现了食用橡果的安全方式。暖暖的烤橡果是冬季寒夜里让人振作的不二之选！你们族人学会了如何食用橡果后，就开始照料橡树。如果一棵小橡树被其他树种的幼苗包围，你们就会清除其他的幼苗，好让橡树苗获得更多土壤和阳光的滋养。你们也有一个传统，就是保留最大的橡果，并在老橡树倒下的地方或者森林的边缘种下它们。许多高大健壮的橡树生长在森林中，森林外是广袤的草原。

这是悲伤的一天。你的表兄要和部族里的男人们一同离开，去和"纵火恶魔"战斗。他说他很兴奋，很快他就能够用投石器投出石块，击打敌人。他说，他会打在敌人的双眼之间，这样他们就会立刻身亡。但他对离开也很伤感。孩子们从未见过恶魔，因为家族里的男性不让他们接近其他人居住和觅食的地方。现在，表兄即将成为这些战士中的一员，他也有可能像你父亲那样死去。他保证会经常回来看看，还说会告诉你更多关于恶魔的信息。根据外祖母讲的故事，那些恶魔小时候只是普通孩子，那时他们还没有学会如何纵火。外祖母有时候会讲很久以前的故事，久到她自己的外祖母都还是个孩子。她说，那时候还没有打斗，因为恶魔都住在别的地方，还没有开始在森林里纵火。很难相信，人们会与任何破坏作为食物之源的土地和林木的人成为朋友。

在你的大表兄和其他守卫家园的男性走后，他的弟弟希望取代他的位置，背上存放食物的袋子，向小孩子发出指令。但你和大多数孩子都更喜欢你姐姐，通常听她的话。结果，你的姐姐成了"执袋者"，你们找到并带回了很多食物。这让你那位表兄很生气，但他什么也做不了。有一天，姐姐突然告诉你，她必须准备离开营地，去和一个新的家族生活。你的继父在回家探望时，偶尔会带回一些其他的战士。有一次，一名男子看到了你姐姐，想要和她结婚。你舅舅同意了，现在，他们都说她必须去和这名男子的母亲以及他的第一位妻子一起生活。姐姐对于离开家感到很痛苦，母亲和舅舅为此争论了很久。母亲哭了，开始冲着舅舅叫喊。舅舅重重地打了她一耳光，她只能妥协了。未来几天，营地笼罩着悲伤的气氛。只有你的表兄很开心。他说，等你姐姐一走，他就会成为"执袋者"，所有的小孩都会听他的话。

姐姐和母亲启程前往新的家庭了。你已经觉得很糟糕，但表兄变本加厉的颐指气使让你更加难受，他说，你现在必须听他的，因为你的大姐已经走了。你试着起来反抗，但他比你个头大，一连扇了你好几个耳光。你极其愤怒和痛苦，但只能独自坐着，一边哭泣一边思考。你决定逃走。你回到营地，带上一条兽皮毯、一片刀片，还有你的投石器。你将它们装进袋子，沿着母亲和姐姐离开的方向出发了。她们走出了一条小径，很容易寻迹而至，你还能比她们走得快，因为她们带的东西更多，还有一个小婴儿。天刚擦黑的时候，你追上了她们，她们正准备安顿下来。你一看到她们就哭了起来，她们也哭了。你吃了一点儿她们带的食物。母亲说，她很理解你为什么会追上来，但还是请求你回去，因为如果你跟着她们离开，其他人会更难过的。你答应回去，也答应变得坚强，同时等着母亲返程。然后，你们一家四口抱在一起，盖着你带来的兽皮毯睡了。

她们继续向姐姐的新家走去，你开始沿着自己来时的足迹返回营地。你不紧不慢地走着，快到营地时，太阳已经高悬天空，但你意识到情况不妙。你闻到了烟味。你小心地继续前行，突然被眼前的一幕惊呆了——在你脚下通往营地的这条路上燃烧着一条火线，烟雾四下弥漫。这条火线似乎向两端延伸了很远。火线的另一端，目之所及皆是一片焦土。营地一定已经被烧毁了！你一动不动地站在原地，试图想出最佳的应对方案。然后你开始奔跑。你沿着火线奔跑，一直跑进丛林深处。

最后，你跑到了火线的另一头，看到两名男子和一名男孩在扑打火苗。你不认识他们，但猜想他们一定是附近的其他家族赶来帮忙灭火的。即便这么想，你仍然小心翼翼地靠近他们。由于火焰燃烧发出噼啪声，他们并没有听到你靠近——谢天谢地！当你走近时，你才意识到，他们就是恶魔。你不止一次听到战士们模仿恶魔奇怪的说话方式，嘲笑他们错误的发音。你听到男子和男孩朝彼此叫喊的声音，这不就是恶魔的声音吗！你伏在灌木丛中，直到他们背对着你走远。然后你逃跑了。

你跑了很久，想离恶魔越远越好，完全没有想过你身处何地，或是要去哪儿。天色渐暗，你找到了一条可以啜饮的溪流，又打开了你的兽皮毯。天已经黑了，没办法找到吃的，但你不饿。你很奇怪，为什么自己没有哭，为什么自己如此平静。一定是因为你完全孤身一人，只能与森林中的游魂为伴。没有人听到你的哭泣，游魂告诉你，你能靠你自己，你也必须靠你自己。你缩进毯子，聆听林中的声音。听上去，似乎这片森林将你的性命握在手中。躺着的时候，你开始制订计划。有几次你似乎已经开始执行计划，但随后发现自己还裹在毯子里。也许是在做梦，也许是林中游魂传来的信息。

天光微亮之时，你决定必须朝着太阳升起的方向走，因为森林的边缘很可能就在那个方向。昨天害怕的时候，你想跑到森林深处躲避恶魔。但要想活下去并找到人迹，你就需要前往森林的边缘。那里汇聚了最多的食物，也是人们的营地所在之处。你启程了，缓慢地行进，尽量避免制造响动。你仔细地听着声响，寻找人的痕迹。开始的时候，你朝着日出的方向前进，但后来你越来越向右走，因为那个方向看起来能到达"森林边缘"。树木分向两边，阳光斑驳地洒在森林地面。附近还有很多食物！黑莓灌木丛生长在采光最好的区域，有些黑莓已经成熟了。采摘黑莓的时候，你注意到鸟儿和鹿群已经光顾了灌木丛，但还没有人来过。你听到附近有溪水淙淙流过，你喝了点儿水。你还听到许多动物的声音——刮擦声、咕噜声、鸣叫声，但就是没有人声。为什么森林的这个地方没人呢？你看到一丛灌木，上面结着成熟了的榛果。你在容易够到的范围内尽量多采摘了一些，放进袋子里作为未来行程中的食物。松鼠在树枝上相互追逐。你吓跑了一小群鹿，也看到了很多野猪刨地的痕迹。这真是搭建营地的好地方！你找到了几块石子，掏出投石器练习了几次。你抓起一把石子放进袋子里，又将其中一枚石子放入投石器的小袋子中。

你又启程了，一直走到日落都没有碰到任何人，也没有抵达森林的边缘。在用兽皮毯将自己裹起来睡觉之前，你砸开一半的坚果吃了下去。躺在黑暗中的你在想，在这样一个食物充足但没有人烟的地方，你是否能快乐地生活。你还是觉得没有他人的陪伴会很孤单，于是你请求林间游魂将你带往有人的地方。

第二天，你走了不远就看到了更多的黑莓灌木丛。灌木丛上空空的花萼很明显是有人采摘莓果后留下的痕迹。你的脚步更轻，最终听到了人声。你的心怦怦乱跳地爬到一棵树上，坐在树枝上仔细聆听。声音越来越清晰，你能分辨出他们说话的方式就像恶魔，但却是小孩子的声音。你瞥见了他们，发现只是一群孩子，没有成年人。外祖母说，恶魔小时候和正常人一样。这些孩子看起来当然是很正常的。他们玩的和你与兄弟姐妹几天前玩的一样。他们就好像是世界上的另一群你们。

你感到恐惧，所以一直坐在树上，不过，等他们一走，你就下来了。你既想要逃走又不想。你坐在地上，一阵悲伤和自怜的感觉袭来，你觉得，与其独自一人度过又一个夜晚，还不如被一群恶魔放火烧死算了。（未完待续）

为何判断1万年前的祖先这样生活？

1万年前，地球上的气温和现在接近，不再有大幅波动。这使得植物群落、动物群落和微生物群落能够共生，开始形成复杂的生态系统。出现了大批多样化的栖息地，人类族群开始探索它们，了解它们能提供的食物和有用的材料。他们在世界上不同的地方发现了不同种类的橡树，许多不同的人类族群都采集和储存橡果。在不同区域生活的人们需要不同的知识、工具和技能。他们也进化出了不同的社交工具。

两万年前，冰盖和冰川面积缩减，暴露了更多的土地。这一变化释放的湿度使得降雨增加，为大片几近荒芜的沙漠带来了新的生命。永久冻土开始软化，在很多平原和山地，树木代替了草地。森林回归，猛犸象草原逐渐消失，原本生活于此的毛茸茸的庞然大物也随之灭绝。拥有社交工具的人类群体能够适应快速变化的气候，人口增加，人类迁徙到了曾经不适宜居住的地域。虽然不知道人类首次到达美洲大陆的确切时间[2]，但1.5万年前人类从亚洲东北部向北美洲西部的移民、定居进程很顺利，且在1 000年之内，这些人的后代就遍布北美和南美。

使地球变暖的高空风和洋流在变暖过程开始后仍经历了几千年的不稳定期，所以冰期的气温波动在一段时间之后才得以平息。非洲北部、欧亚大陆西部、北美洲很可能在大约1.47万年前经历了气温快速上升又再次下降的轻度波动，然后，约1.29万年前，气温突然下降。在某些地区，年平均气温下降达6摄氏度，随之而来的是几百年的冰期环境。这一最后的寒冷时期被科学家称为"新仙女木期"（见图7.1），它于1.16万年前结束。随后，气温迅速升高，气候趋于稳定，今天的植被区开始出现。[3]

图 7.1　被称为"新仙女木期"的寒冷时期得名于这种生长在阿尔卑斯山的小花，其学名为"仙女木"。科学家在 19 世纪末已经识到，可以通过挖掘土层和沉积于土层中的植物体来了解过去的环境。欧洲部分沼泽中的泥炭土形成于数万年前。每年，从附近生长的植物上掉落的花粉被风吹到沼泽里，困于沼泽的土层中并被保存下来。结果，沼泽地就记录了本土栖息地上一次冰期随气温波动而发生的变化。在上一次冰期最寒冷的阶段，仙女木在欧洲多地都很常见，所以，它们的花粉在形成于这一时期的沉积层中也很常见。随后，大约 1.5 万年前，气温开始回暖，适宜温暖气候的灌木、树木和其他植物开始生长。在此之后，在大约 1.29 万～1.16 万年前的土层中，仙女木花粉又出现了，说明这一地区又一次经历了严寒时期。研究古代气候的科学家将这一寒冷时期称为"新仙女木期"，这一名称保留了下来

部落的冲突

广泛共享的信仰和仪式等在冰期进化出来的社交工具使我们的祖先有可能与更多人取得联系，并能在较远的距离内维持强大的社交网络。这种社交网络的优势并非由于人们理性地认识到了齐心协力的好处。在最强大的社交网络中，其成员参加的群体活动让陌生人之间也感觉像认识了多年一样亲近。在这种聚会中产生的情绪使人们希望信任他人，也得到他人的信任，并维护共同的规则和习俗。结果，等到气温趋于稳定，祖先的文化就包含了一套在许多家族之间增进和平、

互帮互助、信息共享的社交工具。这些工具被一代代传承，一同传承的还有相关基因，它们构建了能够学会使用这些工具并受其影响的大脑。如此一来，即便是天各一方的家族，依然能感到密切的联系。随着冰期的结束，他们开始合作，充分利用新出现的栖息地带来的新机遇。

但在更为稳定的环境下，社交工具发挥作用的方式就会与在冰期有所不同。当气候混乱时，家族之间有共同的敌人，即一直变化着的环境。个体和孤立的家族很难独立找到应对威胁的方式。每个人都处在危险之中，大多数家族都可能在某一时刻需要帮助，所以，除非有充分的不信任理由，这种姑且相信陌生人的传统是说得通的。[4]人们慷慨一点儿没什么损失，而且，人们从他人的慷慨行为中能有很多收获。如果来自不同家族的人分享他们的想法和资源，所有人就会获得更多机会。

在更稳定的气候条件下，人们面临的挑战不会很突然或很随机。栖息地的发展可以养活更多的人。这些地域的人口实现增长，他们不必再长途跋涉去维系一个有用的社交网络。一旦栖息地经年累月维持不变，那么人类理所应当会减少旅行，转而投入更多时间学习如何更高效地开发周围的土地。通过对栖息地上生长的植物进行试验，觅食者们能够发现哪些植物可食用且有营养，哪些植物经过加工后可食用且有营养。例如，很多人都知道，青色的豆荚不能采摘，要等到它们成熟后，种子才会更有营养。成熟的种子有剧毒，但如果充分浸泡并煮沸，就可以安全食用。对食品加工进行的试验耗时又冒险，但对于希望在同一片栖息地上生活数代的觅食者来说，这种投入是值得的。同样，对改进栖息地进行试验，从而多种有用植物，或吸引更多动物前来以便捕猎也是值得的。随着时间的推移，人们给栖息地带来了越来越多的重大改变。但我们所称的"农耕"还未真正出现，还在逐步进化的过程中。[5]

1万年前，我们的祖先深入了解了在栖息地的何处可以找到食物。一个家族掌握的专业知识越多，它的成员就越强大。他们越是强大，就越不需要求助他人或与他人交换知识。越是具备专业知识的家族，越能获得更多食物，养育更多后代。他们将自己的专业知识传授给下一代，下一代长大后搬到附近的领地，经常与已经在当地生活的人发生竞争。慷慨分享专业知识的家族可能会被利用，所以，限制友好情谊的产生是有道理的。将最珍贵的发现视为家族秘密的人们会更为成功。也许一开始他们只在血亲或姻亲之间分享这些秘密，但如果他们取得了成功，由血亲和姻亲构成的家族就会非常庞大。分享文化的家族网络就变成了我们今天所谓的"部落"。随着时间的推移，部落的边界可能会发生变化，因为家族间会建立新的联系，部落中的群体也可能产生分裂。数百年间，部落网络经历发展、缩减、分裂、融合，每个族群都掌握了一套承自不同祖先的信仰、习惯、风俗、专业知识和社交工具而组成的"拼接文化"。每一代人都希望自己能更好地适应当下的环境，于是会为其增添新的知识和理念，这一文化混合体也就随之不断变化和进化。人们通常也会无意识地决定哪些老旧的知识和理念不再值得记住。

考古学家和历史学家找到了不少证据，表明在过去1万年中群体之间发生过冲突。冲突的形式多样，发生地也不同，但学者们注意到了冲突参与者们行为上的共同特点，而且我们今天仍然能在有的人身上看到。[6]这一观察结果支撑了有关猿人在稀树草原上相互对抗的故事，也支持了人类为领地而战、厌恨与自己不同的人可能是人类的"本性"。学者们认为，好战的行为可能是设置在人类基因中的程序，由人脑自动生成。如果真的是这样，不同人类族群间就不可能和平相处。对历史的进一步探究给了"和平卫士"和"外交官"们更多希望。

诉诸战争并非祖先的本能[7]，恰恰相反，这种行为似乎在人类进化史上出现的时间并不长。考古学证据表明，在大约 8 000 年以前，战争都很罕见。[8]

最早关于族群间暴力冲突的考古学证据被发现于尼罗河流域的沙地中，该遗址被称为"捷贝尔·撒哈巴"（见图 7.2）。61 具男性、女性、孩童的骸骨被发现掩埋于此，一同被发现的还有其他人身体部位的骸骨。近半数的骸骨有遭受暴力的清晰迹象，骨骼上有切割的痕迹，或有武器残骸嵌入其中。有的骸骨有伤愈的痕迹，说明他们曾在上一场暴力冲突中幸存。捷贝尔·撒哈巴遗址大约能追溯到 1.3 万年前。这与新仙女木期初期气温陡降的估计日期非常接近，而且，这似乎并非巧合。在此之前的时期，气候温暖湿润，土地产出丰饶，人口实现增长。突然回到冰期的气候条件使得森林无法存活。多产的土地变成荒漠，冰川再次扩大。很容易想象，由饥民组成的群体狭路相逢并开始争夺有限的食物和水源时，如何爆发了冲突。

图 7.2　这是在位于尼罗河流域沙地的考古遗址"捷贝尔·撒哈巴"出土的 61 具骸骨中的一颗破损的头骨。据信，此处为 1.3 万年前发生的一次大屠杀的遗址

图片来源：Marta Mirazon Lahr.

饥饿的动物之间激烈地争夺有限的食物，这是本能。在这一方面，人类也不例外。我们的例外之处在于，即便我们经历了产生这种攻击性的感受，我们也能试着忽略这种感受并压制攻击性，而且我们确实是这么做的。个体通常不会只满足自己一人，因此有限的食物可以在他们的群体内分享。将攻击性变为战争的原因并非个体的贪婪。恰恰相反，由于我们所在的群体内部资源共享，所以资源争夺战通常发生在群体之间，而不是个体之间。[9]

不同人群之间的仇恨和偏狭似乎是"自然出现"的，但对于灵活的人脑来说，很多行为都是自然而然产生的。一旦部落之间在一个富饶且宜居的环境中争夺空间，"部落制度"就逐渐发展起来，但它是文化上的进化，而不是基因上的进化。每个部落都会讲述对自己有利的故事，夸大不同部落的人之间的差异。这种夸大（或者说"刻板印象"）成了每个部落的民间传说。每个部落都有一套社交工具，通过分发资源、解决冲突和维持信任来确保群体内部的和平。但这些规则和习俗不适用于外部人员。群体成员通过说话方式、行为方式和外表来辨认谁是内部人员、谁是外部人员、谁是敌人。[10]

如果鼓励其成员将外部人员视作陌生人、疯子，甚至非人类，部落可能更容易取得成功。从他们的角度来说，其他部落的成员确实有着古怪的习俗和信仰，也不能理解"正常的"行为守则。更进一步将敌对部落的成员"妖魔化"可能会是一项有效的社交工具。如果部落之间的竞争变成彻底的冲突，将敌人视为恶魔而不是像自己一样的人的战士就可能更为凶残无情。如果战士们对敌人有着强烈的恐惧和仇恨情绪，其所在的部落就会赢得更多战役。通过赢得战役，部落会获得更多领地，成员也会增加。得胜部落的孩子们继承了这种有助于取得胜利的文化，包括将敌人妖魔化。

我们的祖先在每一代人中都是更为成功的佼佼者，因此他们可能属于更为成功的部落。我们从他们那里"继承"了一种倾向，也就是将那些长相和行为对我们而言似乎不够正常的人视为"非人"，但没有证据可以证明这种倾向是设定在基因中的。基因遗传让我们的大脑能够感知愤怒和恐惧等情绪，同时也擅长记忆和分析信息，判断哪些信息是熟悉的，哪些是全新的。而文化遗产告诉我们如何给我们所分析的信息分类，我们应当对不同的分类持何种情绪。我们的大脑会忍不住看到人与人之间的不同点，但关于哪些不同之处使得某些人不那么像人类的观念，则是文化继承的范畴。

文化、自然，以及由来已久的育儿难题

生活在今天的人们对祖先的觅食活动有着混合的观点，这些观点通常按照"自然"和"文化"两个层面来表述。大多数有关觅食活动的积极观点认为，其更多是出于一种"自然"的本能，因此，觅食这一行为对人类及其所在的环境都会更好。有一种说法是，觅食者将自己视为环境的一部分，所食用的食物种类是我们身体进化之后的选择。持消极观点的人则指出，所有证据都表明，对于环境来说，觅食的祖先并未仔细地管理他们所在的环境，相反，他们通常会对栖息地造成严重破坏。那些持怀疑态度的人认为，幸好现代文明让生活更为容易。考虑到祖先们的艰难经历，对于他们几乎不考虑环境管理的情况，怀疑论者并不感到惊讶。现代文化已经解决了很多困难，平息了暴行，减少了不公，而这一切在"自然"的生活方式中则不可避免。

对祖先生活的进一步观察使我们不得不放弃这两种论点。将"自然"和"文化"截然分开毫无意义。文化的产生是我们人类"自然"

本能的一部分。数万代祖先有赖于从文化上适应他们的环境。例如，没有所谓"自然"的人类饮食。和其他动物一样，人类的饮食必须包含特定的营养成分。我们祖先的文化进化让他们能在植物、动物、真菌、细菌中获取营养，而这些食物存在于非常广泛的环境中。对我们来说，三文鱼和豆类中的氨基酸并不比牛肉或鸡肉中的氨基酸更好。环境中有些化学物质的确对人体有害，但祖先们掌握了安全可食用的食物，并从文化上进化出了许多食物的解毒方法。在探索利用栖息地的过程中，我们的祖先改变了栖息地，也创造出新的栖息地。

进一步证伪"自然"和"文化"两相对抗理论的是，我们关于"感觉自然"的信念大都来自我们的文化——我们对于残暴、恶心、不公、反常的理解也是如此。为了更好地理解我们所继承的这个复杂而迅速变化的文化世界，我们需要远离这些感受和理念，试着不让它们歪曲我们的想法。更有用的方式是看看在过去两万年中文化是如何形成和变化的。

新的一代会依赖他们从老一辈那里继承的文化，从这个意义上说，文化变迁在"进化"。年轻人总是幻想自己是革命的一代，但这只是因为他们所继承的文化"家园"已然成为他们生活的一部分，他们因此无法真正理解它的规模或结构。每一代人所做的只是对文化家园进行更新。他们有可能带来彻底的变化，如将地毯撕碎、将厨房彻底换掉，但他们不能将整栋房屋推倒再从头盖。仅凭一代人无法创造一个完整的文化体系，作为人类，如果没有文化为我们遮风挡雨，我们就无法生存。我们需要语言、如何生存的知识，以及关于生命意义的信仰等。

关于过去的故事通常将文化变迁描绘成由关键事件（如战役、新发现、新发明、灾害）和关键人物（如将军、学者、宗教领袖、暴君）

触发，这些关键人物通常是男性，有时候也会是神或女神，偶尔可能会是女性。个人行为确实在塑造历史事件中发挥了一定的作用，这样的事件也的确能对文化产生影响。但文化属于一个族群——一个生活在复杂环境中、有着复杂历史且置身网络的族群。因此，文化变迁的过程相当复杂。若用进化的视角审视过去的两万年，我们看到的英雄和反派就会更少。达·芬奇才华横溢，但他并未改变这个世界——他只是变化中的世界的组成部分。

文化变迁有时很迅速，有时又很缓慢。一般来说，接入某种文化"网络"的用户越多，多样性越高，这种文化就越生动有趣。庞大的族群能分享更大体量的文化信息，这种信息在这样的族群中会发生更快的变化。这是文化变迁在当今庞大的现代社会中发生得如此迅速的原因。但仅仅因为人们总是翻新他们从祖辈处继承的"文化家园"，并不能让我们更容易预测或影响翻新的过程。外部人员会试图劝说人们摈弃自身文化遗产中的某些元素，这使得这些"祖传遗物"更为珍贵。有些元素对于整个族群"文化大厦"稳固的意义，可能比任何人，尤其是外部人员所认为的更为重要。

有些文化元素有着显著的实际用途，例如使我们的互动更为便捷的技术知识和社交工具。其他的则似乎无关紧要、随意，甚至有害。为什么人们要费心用服装、彩绘和首饰装饰自己的身体？为什么有些文化进化出的理念认为男性可以殴打妻子？进一步研究发现，某些文化元素似乎很古怪，说不通。例如，有的部落可能会发展出一种庆祝男孩成年的仪式，其中包括划破他们脸上的皮肤来制造伤痕。这种仪式似乎带来了不必要的疼痛，又有风险，但这样的划痕仪式并不罕见。[11] 因为疤痕可以是一种社交工具——一种部落成员的标志。如果一名男性的脸上有合宜的疤痕图案，就能获得来自远方、有着类似疤痕的部落成员的帮助和信任。不那么疼痛的仪式，如只是给年轻男子一枚标志着他们成熟的徽章，效力则会大打折扣。这不仅是因为一枚"成熟徽章"很容易被偷窃或伪造，还因为获得一枚徽章并不是难忘的共同经历，它并不要求有力的承诺，也不能唤起强烈的情绪。

在过去的两万年中，战争、自然灾害和移民导致部分文化网络分裂或缩小，最后相互隔绝，而其他一部分则壮大、重合，有时甚至融合。这种部落之间的相互碰撞在后冰期的世界中持续了数千年。在这期间，创新的发展和传播都非常缓慢，但文化变迁的节奏逐渐加快，人们的生活变得越来越复杂。历史学家所称的"文明觉醒"包括了不同的文化网络之间产生联结。这个过程开始的时候很缓慢，也曾经历数次倒退，但新的方式逐步确立。这在很大程度上得益于社交工具的出现，它使得来自不同部落、有着文化差异的人群能够和平互利地进行交往。后文将会详述。

我们的祖先发现了很多新的方式来获取和使用他们所在环境中的资源，但我们这一物种面临的主要问题——养育大脑更大、更难应付的后代——的解决办法与过去几乎相同。"家族"这样的小型团队往往同心协力养育下一代。这段时期出现了一些较为有用的创新，如为年龄稍大一些的婴儿增添辅食，这个时候他们的牙齿刚刚萌出，但已经需要母乳之外的更多营养。很多文明都找到了从其他哺乳动物身上提取乳汁的方法——大约始于 8 000 年前。乳汁能有效增加稍大一些的婴儿及学步期幼童的存活率，但在年龄稍大一些的孩子和成年人同样从乳汁中获取营养之前，更多的进化（基因和文化层面）是必要的。[12]

人类家族生活的多样化组织方式证明，祖先认为养育孩子具有相当大的难度。如果他们能够找到一套有效的信仰、习俗和规则，那么，在所有人类族群中，家族的组织方式或多或少都是一样的。但事实却是，并没有"传统的家族价值观"。所有文化都有相关信仰——家族是什么样的，哪种家族成员应当为母亲提供什么样的帮助，等等。但不同文化的信仰各不相同，每种文化都清楚，家族生活不可能永久和平，家族成员也不可能一丝不苟地遵守那些"规则"。

关于婚姻的理念广泛存在，但除了认证孩子的"父亲"[13]，大多数文化并未对"婚姻"的概念达成共识。在不同文化中，父亲的职责不尽相同。在极少部分文化中，如在中国云南省和四川省耕作的摩梭人，父亲可能会赠送自己的孩子小礼物，但他们在养育过程中发挥的作用很小，甚至没有任何作用。男性承担的是他们的母亲和外祖母家族的责任，他们所做的努力都是在帮助养育姐妹或表/堂姐妹的孩子。农场的所有者是女性，也是女性承担了种植农作物的大部分工作。有的文化希望男性承担更多责任。马赛人中的男性在东非大裂谷所在的肯尼亚和坦桑尼亚等国的部分地区放牧，他们可能不会直接照顾婴儿，但家族成员希望他们能管理好家族的财富以及他们自己的行为。人们认为，父亲是家庭全部财产的所有者，拥有比妻子（们）和孩子们更高的权力。[14]

大多数家族或多或少介于摩梭人和马赛人之间，但并非全部如此。例如，当人类学家初次接触在南美洲热带和亚热带地区以狩猎、采集和农耕为生的人时，他们发现，相当一部分部落的成员相信一个孩子可以有多个父亲。刚好在一名女性怀孕前或孕期与之发生性关系的男性都相信，自己为她的受孕做出了贡献。人们会要求他们在女性孕期和产后为其提供食物。这些人认为，孩子们有多个父亲是最佳安排，如此一来母亲们就能获得足够的支持。研究这些人的人类学家发现了相关证据，证明了他们是对的。有着多个父亲的孩子比只认一个父亲的孩子更容易存活！[15]

我们的祖先可能还没有发现组织团队养育后代的理想方式，但他们仍然成功地养大了孩子。他们在如今大多数人无法想象的生存条件下抚养孩子。他们养育而成的孩子所学到的家族养育方式，影响了孩子们养育自己孩子的方式。如果你是现代社会的一员，你的家族可能不会在你现在的生活中扮演非常重要的角色，甚至你可能根本没有家族。但是家族——无论它们是什么样子的——仍然很重要，即使在现代，但它们在以前通常重要得多。

然而，生活在今天的很多人难以理解"家族"在过去如何发挥着更为重要的作用。现代社会有很多机构——从医院到大学——都能帮助母亲生育和抚养下一代。但直到不久前，这些工作都只能由家族完成。只有距我们最近的祖辈才理解外出工作或读书的概念。以前的大多数人都在一个家族中工作和接受教育。有时，随着年纪的增长，他们也在不同的家族间迁移。如果他们受伤或生病，就会得到家族成员的支持和照护。如果他们受到来自其他家族的人的虐待，他们的家族可能会试图索取补偿或实施报复。如果他们被指控虐待他人，家族通常会出言维护，或代表他们进行交涉。家族成员都希望家族所有财富能代代相传。对于大多数家族来说，这种"财富"包括他们的家园、他们赖以谋生的技能和工具，以及他们与其他家族的联结——所谓他们"在社会上的好名声"。有时候，家族内部的纷争会让个体与之"脱离关系"，这些个体在成为另一个家族的成员之前都会与社会脱节。祖先能够成功养育子女，这意味着他们一生中至少有一段时间与值得信赖的家族成员生活在一起，这些家族成员拥有实用技能，也能进行良好的协作。

如果家族成员生活幸福、相亲相爱，当然是好事，但所有家族真正应该做的，是要与竞争对手做得一样好，甚至更好。你可能会问，为什么我们刚刚描述完家族之间的联系，并声称不同的家族过去和现在都绑定于合作性的文化网络中，又会突然谈及家族之间的竞争。这是因为，即便家族之间相互合作，他们仍然不可避免地在生育成功率方面竞争。成功养育更多后代的家族就是竞争的赢家。如果家族间开展合作，成功者便是在几个家族达成一致的规则范围内取得了成功。他们不会允许欺骗、偷盗、通奸等行为成为习惯。在他人需要的时候，他们总是施以援手。他们还会为子女安排婚姻。他们之间有合作，同时也存在竞争。

如果家族能够养育更多子女，他们在未来数代人中就有更多的子孙后代。下一代人中就会有更多人继承他们的基因和家族习俗。孩子的存活部分取决于运气，但辛勤劳作和父母的教育技巧对其也有重要影响。要养育多于平均数的子女，家族就必须获得多于平均数的食物份额和环境中可用的其他资源。他们养育的孩子也必须为了实现这一目标而有所贡献——孩子们必须锦上添花而非徒增负担。理想状态下，儿童长大成人后，要能够维持甚至提升家族在社会和部落中的地位。

在第 5 章中，我们指出了一个显而易见的事实，即没有留下存活后代的男女不可能是我们的祖先。同样的逻辑也适用于家族。也许在有的家族中，成员决定不养育孩子。他们了解了交配与怀孕之间的联系，能够轻易掌握既能满足性欲又不致怀孕的方式。世道艰难之时，生活饱经艰辛和磨难，他们决定不把孩子带到人世。这是完全符合人性和人道主义的选择。但我们的祖先不属于这样的家族。有着这种信仰和习俗的家族，其信仰和习俗不会传到后世。我们祖先的行为方式让他们自己成功繁育了后代。他们所属的家族可能相信，避孕是错误的，因为决定谁应当获得生命机会的权力属于更高的力量。他们也可能相信，为抚养孩子而付出的努力是值得的，因为子女和孙子孙女丰富了他们的生活，为其带来了陪伴的快乐和晚年的保障。或者他们也许只是单纯地认为生养孩子是应尽的责任。既然他们在艰难时期都尽力生育了孩子，所以不管他们是怎么想的，我们的存在都应当归功于他们的信念。

由于各家族的谋生方式不同，其传承的有关家族生活的信仰和习俗的类型也各有不同。对前现代族群的生活进行观察的人类学家发现，进行农耕和放牧的族群比游牧觅食者有更为严格的等级体系。农民和牧民的孩子会被安排工作，并且随着他们年龄的增长，工作会难度更高、更为复杂。如果不听话或是懒惰，他们很可能会受到惩罚。这种家族的成员接受的教育是，他们有义务将家族的需要和荣誉置于个人的需求和欲望之上。他们学会了尊重和服从长辈。以年龄为基础的等级制度能够减少争议和不确定性，长者通常也知道得更多。如果孩子们活下来，他们就能在家族等级机制中进阶。这些家族的儿童死亡率很高，多半是由于疾病，而不是受到虐待或缺少照顾。但死去的儿童基本都是由于身体素质或判断力较差。

游牧觅食者对他们的孩子更为随和纵容。有人可能认为这种教养风格更加"自然"，但事实上，农民和牧民才能养育更多的孩子。他们的养育方式传给了下一代，经历数个世纪，农民和牧民就占据了地球上更多的栖息地。

家族生活的规则不需要公平，长辈教给子女的东西也不必都是真的。他们所需做的就是鼓励家族成员能够养育更多能活下来的孩子。例如，家族需要养育女孩，因为女孩长大后会成为母亲。女孩需要学习母亲照料孩子的技能；通过帮忙照料年幼的家族成员，她们需要长大后愿意怀孕与分娩。如果一个家族相信（也教育女儿们），生育子女不仅是一项责任，也是一名女性能做的最有成就感的事，这个家族就最有可能获得成功。如果一位母亲告诉她的女儿们，她们有权选择是否结婚，或者允许她们志存高远、追逐梦想，从而干扰生育，那么她的孙辈可能会比那些"知道"好女孩只想做母亲的母亲的孙辈少得多。

但要确保婴儿有机会存活至成年，需要大量付出，所以生育太多孩子也是一个问题。那些习惯于规范性行为的家族可能会实现最佳的生育率。在许多家族，婚姻在规范生育上扮演了重要作用。我们在第5章中已经提到，人们普遍认为，早在10万年前，许多人类族群就已经拥有为子女安排婚姻的习俗。婚姻不仅能帮助维系家族关系，建立新生儿之间的家族纽带，还能作为一种节育措施。通过建立年轻女性不得在婚前发生性关系的规则，家族可以更好地准备养育她们所生的孩子。其中一个让大家遵守这一规则的有效方式是控制孩子们接受性知识。例如，让青春期少女相信，对于女性来说，性是粗俗的、痛苦的，但为了有孩子，她们又必须满足丈夫的肉欲。婚后，女性可能会发现性一点儿也不可怕。但她可能仍然相信，自己的未婚女儿对于将要在婚床上遭受的痛苦应当保持无知和恐惧。这样的观念可能会造成年轻女性的焦虑，但和在婚前被引诱发生性行为、经历怀孕风险并生育存活率较低的孩子相比，适当的焦虑不算什么。某些文化发展出了为女孩的性器官做手术的习俗，因为很多人相信，这样可以减少她们享受性爱的机会。[16]

人们期望女性在婚后与丈夫发生性关系并生育孩子，但生得频率太高其实效率低下。这会过度消耗母亲和帮手们的精力，导致婴儿存活率降低。母乳喂养能够触发抑制排卵的激素系统，帮助女性推迟下一次怀孕。但等到孩子足够大，需要在乳汁之外添加其他食物时，这一系统就不再有效。增加孩子的存活率可能正是某些神秘的"民间传说"背后的原因。例如，认为性交会污染母亲的乳汁，以此劝阻夫妻在孩子尚需哺乳的时候发生性关系。一旦孩子准备断奶，人们就会鼓励他们频繁性交，希望借此让母亲的乳汁变得难喝，从而更容易给孩子断奶。为一个实际目标服务的理论不一定都是真的。优化怀孕间隔的理念能够增加家族的健康后代。

人类学家发现男性和女性对待彼此的方式有很大的文化差异。在某些前现代文化中，女性掌握着家族财富。如果一名男性胆敢动手打他的妻子，他很可能会被送回去和自己的母亲生活。今天的人很容易认为这种文化"开明"或"先进"，但还有更多实际的解释。持有这种信念的族群更倾向于母亲和孩子在没有男性的帮助下独立生活。在这样的家族中，男性没有多少权力，他们也不用做太多活儿。家族需要男性做越多的事——越是需要男性帮助他们抵御掠食者和入侵者，其生存越是基于需要力量的活动，如处理大型动物——男性对"他们的"女人和孩子就拥有越多权力。[17]

在今天的人看来，祖先继承的关于为人父母、性别角色、性行为的信仰和传统非常愚蠢且不公，甚至邪恶。尽管我们（本书作者）对这一看法表示赞同，但我们认为，充分认识这些信仰和传统为何仍然存在也很重要。它们存在数代的原因在于，持有这种信仰的家族是达尔文竞争理论的赢家。当日子真的很艰难的时候，这样的家族能够生育更多存活至成年的孩子，这些孩子又继续生育自己的孩子。这些带来成功的信仰和传统持续存在，因为人类大脑的进一步进化，成为共享文化信息的族群的组成部分。我们无意识地吸收周围的文化元素。改变思维方式需要时间。每一代人都在"继承"上一代的大量文化。文化变迁不可能一蹴而就。

觅食部落走失孩子的命运说明，部落间文化和不同家族的不同谋生手段之间存在着复杂关系。

第二部分：新家族的生活

你在地上静静地坐了几分钟，听着森林的声音，试图从游魂处汲取力量。然后你听到了树枝断裂的轻微噼啪声。你期待地抬头看，甚至有点儿希望是"小恶魔"——结果却是一只鹿。你悄悄站起来，摸出了投石器。那只鹿还在咀嚼它扯下来的大把树叶。你可以轻松地击中它的头部侧面。如果你用石头重重地击打，可能会将它打晕几秒。在你打出石块时，那只鹿突然转过头来对着你，那块石头正中它的眉心。你听到一声惨叫，它身边的两只鹿立刻跳开了，撞在了树枝上。你打中的那只鹿应声而倒，四蹄瘫软。你朝它跑过去。等你跑到它身边的时候，它已经开始恢复知觉。所以你扑到它的前蹄上防止它站起来。它开始挣扎，试图摆脱你。

"我找到了一块石头，"一个女孩说，"小心，我要打它的头。"一群"小恶魔"来到周围，有的已经抓住了那只鹿的腿。它已经无法逃脱了。最后，那个女孩给了鹿头一击。你还在原地，死死地压住鹿的前腿，直到它的身体开始抽搐，最后停止了呼吸。你深吸了一口气，开始大笑。其他孩子也大笑起来。最后，孩子们中年纪最大的那个女孩说道："哇！太棒了！你是怎么抓到它的？它病了吗？"

"它没病。我用投石器打出的石块打晕了它，"你试着尽量模仿"恶魔"的说话方式。

"你要对它做什么？"年纪最大的女孩问道。

你没有回答，因为你也不知道要做什么。

她似乎看出了你无法决定，于是说："我认为你应当和我们分享这只鹿，因为我们帮你杀了它。你的家人会允许吗？我们不知道这附近还有其他家族。"

"这附近没有其他家族。"你答道。

所有的孩子都惊讶地看着你，一个年纪小一点儿的孩子问道："只有你自己吗？"

他有些好奇和怜悯的语气触动了你，你哭了，哭得停不下来。你把脸埋在双手中，不让他们看到你痛苦而扭曲的表情。年纪最大的女孩伸手抱住你，其他的孩子也都靠过来。你感到有湿湿的小手轻轻拍着你的肚子和腿。这让你哭得更厉害了。

最后，那个年纪最大的女孩——她让你想起了自己的长姐——说："好吧，看来你必须和我们分享这只鹿了。我们把它抬回营地去吧。"

"我没问题。"你说。你把捂在脸上的手拿开，冲他们微笑，表明你已经不哭了。你、年纪最大的女孩，还有其他几个孩子费了很大力气才将这只鹿抬起来，然后你们挣扎着前行。那个女孩派了一名男孩跑到前面去寻求帮助。很快，他和两名成年男性一同回来了。当他们看到鹿的块头时，就赶紧跑过来让孩子们放下。"你们这群孩子用一块石头杀了它吗？"他们问道，"干得漂亮。"随后，他们把鹿抬到肩膀上便出发了。他们似乎没有注意到有一个陌生的孩子也在。年纪最大的女孩牵着你的手，让你跟随他们前行。

你们到达了营地，这个营地和之前你们家族搭建的营地几乎相同，也是用了树枝和兽皮，但这里更大。男人们抬着你打的鹿来到一棵树下，那里已经有一只鹿，后腿被挂了起来，他们把你打的鹿挂在了它旁边。年幼的孩子们对这只鹿感到很兴奋，男人们逗他们，假装自己才是杀死这只鹿的功臣。孩子们愤愤不平地尖叫起来。年纪最大的女孩仍然握着你的手。"坐在这儿，"她指着地面说道，"别害怕，没人会伤害你。"

你坐下来，看着她走进营地深处，找到一名女性，与她交谈。她向她指了指你，你试着露出微笑。你身边又聚满了人，这种感觉很棒，即便都是陌生人，而且这些陌生人说话的方式就像"纵火恶魔"一样。这些人似乎都很正常，如果说他们有所不同，也都是好的方面。你身边还没有过这么多男性，主要是因为在你的家族，大部分男性都在外参加战斗。他们在家面对孩子们时脾气非常暴躁。他们只想吃饭，还有和女人待在一起。在这个营地中，男性看起来都很和善，食物也很充足。在你的全部记忆中，父亲和叔叔抬着一只鹿回来的时候只有两次。而在这个营地，同时挂着两只鹿！营地附近生活着大量的鹿，连孩子们都能打回一只！

女孩回来了。"我母亲说，如果你愿意，可以留下来和我们一起，"她说，"我很快就要出嫁，你来了就能帮着照看婴儿。我希望你能及时发现蛇。我弟弟去年被蛇咬死了。"

你向她保证你能及时发现蛇，又跟着她来到她母亲坐着的地方。她的小儿子正在学走路。你跪在他面前，拉着他的手，帮他站起来。你朝他微笑，发出了鼓励的声音；你用嘴贴在他的脸上吹气，发出"噗噗"声，他也向你微笑，用湿漉漉的嘴唇亲吻你的脸，然后大笑起来。所有孩子都喜欢这么玩。

和新家族的新生活开始了，和过去的生活没有太大不同。大部分时间你都在营地里，主要是和那个孩子在一起。有时候你将小婴儿交给他的母亲（也是你新认的母亲），和新认的姐姐及其他孩子外出采集柴火和食物。你观察这些孩子，试着模仿他们做事的方式。但由于你以前觅食的地方的食物比这里少很多，所以你常常会找到他们看不到的食物。同时，没有人比你更擅长用投石器发射石子。杀死那只鹿纯属侥幸——它是林间游魂送来的礼物——但你之后成功地杀死了不少小猪、野兔和松鼠。有一次，你发现了一条蛇，然后杀了它，这让姐姐很高兴。她说，这可能就是咬死她弟弟的那条。蛇肉很好吃，就是碎骨头太多！你的新家族也会在夜晚围着篝火讲故事，有些故事和你听过的很类似。你第一次听到了男人讲故事。有一段时间，除了对那个小婴儿，你几乎不说话。但你认真听着每个人说的话。等再开口时，你的发音已经和新家族的所有成员一模一样了。

没过多久你就发现，你现在是和"纵火恶魔"家族住在一起——至少你原来的家族会这么叫他们。你听到男人们在制订计划，要去烧了一个地方，对他们而言，好像在森林里放火是一件寻常事。他们这次要去烧的地方非常远，男人们和年纪较大的男孩们要外出好些天。新认的姐姐不会去，这让你如释重负，他们走后，你悄悄问她，为什么他们要去放火烧森林。她很惊讶你居然不知道，于是告诉你，每隔几年，森林就需要一把火来清除死物，让更多食物生长，也会吸引更多可以捕食的动物。男人们掌控火，如此一来，火能烧掉干枯、患病和无用的植物。这会让健康的植物获得更多阳光和水分。

当你准备去捡拾营地旁的橡树掉落的橡果时，你发现了新家族另一件令人惊讶的事情。你听到有孩子在笑，抬头一看，他们正在嘲笑你。你疑惑地环顾四周，脸红了。

"因为你捡的是猪的食物，"姐姐轻声说道，"你知道人们不能吃这种东西，对吧？"

你点点头，将橡果扔到地上。他们把橡果叫作"猪食"！营地四周有很多参天橡树，不能去捡拾橡果让你感到难受。你在想，这些树是不是你的祖先所植。他们可能曾经在此居住，又被他们所称的"纵火恶魔"驱赶。你的表兄和叔叔也许此刻正在全力拼杀你的新家族的亲属。你觉得很恐怖，便尽量不去想这些。你只知道，新家族的人们不是恶魔——他们是人，他们很和善。

随着新认的姐姐出嫁日子的临近，你想到了很多关于自己长姐的事，以及她出嫁前那段可怕的日子。新认的姐姐很开心能结婚，她即将搬去草原上居住。她的未婚夫并不老，而且他们从小就认识，因为他是她最喜欢的姑妈的儿子。她说，姑妈勤劳、有智慧，她非常期待做她的儿媳。婚礼的日子终于来临，很大一支队伍离开森林，行进两天后来到了草原。有时候你抱着弟弟，有时候扛着那只被你杀死的小猪——它将被做成婚宴上的佳肴。

夜幕降临时，你们需要停下来歇息，你和养父一起进行第一轮值守。你从未在森林之外度过夜晚，你觉得广阔的星空怎么看都看不够。借助星光，你可以看到大型动物的轮廓，它们在慢慢靠近山谷。"那是牛群，"养父说，"它们的角很危险。我曾看到一头母牛为了保护它的小牛击退了一群狼。它杀了其中一只，并赶走了其余的狼。"

"你姐夫的家族会捕猎那些动物吗?"你问道。

"当然，"他说，"但他们大多数时候只是击退它们。有些草地能长出肥美硕大的种子。女人和孩子将它们收集起来，等到夏末，它们会变干，便于冬日储存。在没有多少其他食物时，我们可以把种子磨成粉，叫作'面粉'，加入水后制成面团，然后将扁平的石块放在火上加热，用来烹饪面团。"

这和你以前的家族处理橡果的方式类似，但你什么都没有说，因为他可能会嘲笑你们吃猪食。你问道:"男人们怎么保护草地不受大型动物的啃食呢？"

"不需要保护所有的草地，"他笑道，"只保护有肥硕种子的草地。它们只生长在一些特殊的地方，我姐姐认为她找到了让这类草种生长的新方法。我姐夫忙着赶走牛羊和其他食草动物，免得它们把我姐姐种在特定地方的草吃了或者踩踏了。牛群很难赶走，但小型食草动物很容易驱赶。他们还让猎犬帮忙。"

你注意到远处有动静，指了指那个方向。是两个人在走路，很可能是男性。他们走近时，养父站了起来，朝他们挥手。他们也朝这边喊。年轻的那一个就是你姐姐的未婚夫。你们在篝火旁见面，你看到他是个高大英俊的年轻人，但他一直在哭。养父给篝火添了把柴火，叫你去唤醒所有人。

人们聚过来，姐姐的未婚夫开始讲述他的经历。他说，他的弟弟死了，他母亲现在觉得，也许应当放弃所有种植和收获肥硕草籽的计划。去年夏天，她注意到有少数种球上长出了小英，种子收获后，她发现有些种子比其他种子颜色要深（见图7.3）。原本很容易将这些深色种子挑拣出来扔掉。但这个夏天，大多数种球都长出了小英，很多种子都是黑色的。

"我说我愿意尝一点儿黑色的种子，看看它们是否可以吃，"他说，为了忍住不哭，他的声音哽咽了，"但我弟弟说他可以试试，因为我在婚礼前身体不能出任何状况。"

他停了下来，脸上满是泪水。

"他一开始只是肠胃不适，"他继续说，"但很快我们就发现，他的样子变了，像是有恶灵附体。然后情况进一步恶化，他痛得大喊大叫，身体开始僵硬、颤抖。后来他失去了意识，从手指、脚趾开始，身体逐渐变得冰凉，在我们面前慢慢死去。"

图 7.3　真菌麦角菌孢子在春天的时候会感染草类或谷类植物的小花，长出的荚随着种子的发育而缩小、变黑。除了颜色为黑色，这种荚看上去就像是谷粒。但它包含真菌毒素，即便极少的剂量也可能致命

图片来源：Dominique Jacquin.

"这是我见过最可怕的死亡。"那位年长一点儿的男性说。

姐姐的婚礼因此和大家期待中的婚礼不同。但她告诉大家，在悲伤中铸就的婚姻会比在庆典中启航的婚姻更为坚固。她似乎盼望着等在前方的挑战，这让所有人满怀希望。你更加崇敬她了。

出席婚宴的人们都觉得，他们应当积蓄体能准备过冬。收获的肥美草籽装满了很多篮子，你的家族还计划带一部分草籽回到森林并将它们磨成粉，以此度过这个冬天。但谷粒中混杂着黑色的种子，大家都不敢吃。你空着手走在回森林的路上，沮丧地想，这个冬天该会有多饿。回家路上有很多高大美丽的

橡树。你望着树下的地面，橡果都被猪、鹿、老鼠和其他动物吃光了。

走进丛林后，家族在一片小小的沼泽湖畔搭起了营地，湖畔有一处可以挡风的高大岩石山脊，鸟类也都在此过冬。第二天下午，你和年纪较大的孩子们、成年男性一起外出用网捕鸟。第一次张网就抓到了好几只，但其他鸟都被吓跑了，所以你们当天只能打道回府。路过湖畔一块扁平的岩石时，你注意到上面有一些碗状凹陷，就像你以前的家族用来研磨橡果的石臼。你抬头看了看山脊，发现了可能储藏着橡果的缝隙。

冬日时光缓慢流淌，人们越来越瘦。和很多其他婴儿一样，你的弟弟还从未经历过如此难熬的饥饿。他的哭泣和抽噎很恼人，但这至少表明他还没有生病。家族中最小的婴儿很安静，大家都等待着她的死亡到来。

最终你决定，不管是不是"猪食"，先探探那些岩石缝隙再说。你带上一只袋子和一块锋利的石块，爬到缝隙的最低处，挤了进去。缝隙内侧的墙面像用黏土砌成的，用石块猛击几下就凿出了一个大洞，你的手刚好可以伸进去。当摸到里面藏着的橡果时，一阵满足感和愉悦感传遍你全身。但你同时感到悲伤，或者说有些罪恶感。这些橡果一定曾是别人的食物储备，而他们被"纵火恶魔"赶走了。

当你带着满满一袋橡果回到营地时，天快黑了。你告诉大家，你发现了一个藏有橡果的地方，但大家的兴致不高。他们好奇地看着你砸开并剥下橡果的壳，教育两名幼童不要去吃这种"味道恶心的坚果"。也许是因为橡果在缝隙里储存时间太长，它们的外壳都干了，很容易剥落。等你准备睡觉的时候，已经剥完了几乎一半的橡果壳。

第二天早晨，你在人们存放袋子的地方找了找，选了一只透水的薄皮袋子。你用它装着剥了壳的橡果，到湖边有碗状凹槽的石头旁。你找了一块圆形石头用作研磨工具，抓起一把橡果放进最大的凹槽，将它们研磨成粉。你把橡果粉装进袋子，又抓起一把橡果放进凹槽。

做到一半的时候，养母带着她的孩子下来了，她看着你手中的活计，说："我看到你在做什么了。你想用橡果磨粉。"

"是的，"你回答道，"我觉得可以洗掉橡果的苦味，让橡果粉好吃一些。我以前的家族每年冬天都这么做。"

你在袋子里装满水，用手搅动橡果粉，向她展示。然后你将袋子绑在一根树枝上，伸进水中，让橡果粉得到浸泡。你的双手打湿了，冷到手指几乎无法动弹，于是你把手放在脸部和颈部取暖。

"抱着孩子，"养母说，"我来磨。"

两人轮换着抱孩子和研磨橡果。你们做完的时候，袋子几乎半满，里面的橡果粉得到了彻底的清洁。"我们得好好洗洗，"你告诉她，"把有苦味的水倒掉，再洗一遍。洗几次后，再倒出来的水就不苦了，粉糊就会好吃。"

你回到家，和大家一起坐在篝火旁。人们抓到了一只瘦鸭，正在烹煮。这根本不够全家吃的，但有总比没有强。下午你又去了几趟湖边淘洗橡果粉，当晚，弟弟入睡后，你和母亲一起剥了剩下的橡果。饥饿让全家都无精打采，没有一个兄弟问你在做什么。

第二天早上，你又洗了一遍橡果粉，然后尝了尝水的味道，已经完全没有苦味了。于是，你尽力挤出了袋子里的水分，将粉糊带回家，展示给所有人看。你和母亲告诉大家你们是怎么做的。每个人都很感兴趣，但他们还是不相信这种食物的安全性。草原男孩之死让大家深感忧虑。

尽管最好是煮熟了再吃，但为了向大家展示橡果粉可以安全食用，你还是吃了几块生冷粉糊。你很喜欢这种熟悉的味道以及食物带来的饱腹感。随后，整个家族都来到湖边，看你和母亲如何将橡果磨成粉，又如何淘洗橡果粉。当晚，看你没有什么不舒服的表现，每个人都尝了一点儿粉糊，也像做面团一样试着将粉糊在滚烫的石头上烹煮。母亲给小弟弟喂了他人生的第一块橡果粉"三明治"，他狼吞虎咽地吃了下去。第二天清晨，有几个人说他们胃里有一点儿奇怪的感觉，其他人嘲笑他们，说他们的胃已经忘了吃饱饭的感觉了。现在，每个人都想去探一探那些岩石缝隙。

那年冬天，家族吃完了储藏的橡果。连婴儿和幼童都活了下来，你母亲的妹妹甚至怀孕了。第二年秋天，全家都齐心协力收集橡果，你还向孩子们展示了如何用黏土在缝隙背侧筑墙，以此储存橡果。你现在已经长大了，很难再钻入那样的缝隙中。周围的部族都传开了，有个孩子发现了橡果并将其磨粉淘洗。和母亲商量后，你们决定这样说——是草原男孩的灵魂托梦于你，告诉了你橡果的事。这样一来，你就不用再提自己曾经属于另一个家族。更重要的是，这表明尽管草原男孩惨死，但他的灵魂留了下来，并为大家带来了福音。这个故事让草原家族非常高兴。

你的生活远离了森林边缘地带，在那里，原来的族人和他们认为的"纵火恶魔"之间的斗争仍在继续。你再未见过原来的家族，即便是对你的孩子们，你也不会提起他们，因为你不想把孩子们搞糊涂。当你老了，你的孩子有了他们的孩子时，你开始觉得，你带入新家族的知识让大家变成了你不喜欢的样子。他们越来越像你以前的族人，男人们常年在外生活。他们一旦开始采集和食用橡果，留给林间的猪和鹿等动物的食物就更少了。这意味着猎人的猎物也就更少，可以吃的肉也更少。当然，食用橡果本来也意味着食用肉类的需求减少，但对于那些人来说，这并不是重点。

这本来不是问题，除了让男人们觉得自己百无一用、不受重视。他们仍然外出打猎，并且焚烧森林以去除林间的枯枝败叶，但很多年轻男性开始更愿意生活在草原上，带着他们的狗彼此为伴。他们有时会带回绵羊或山羊的尸骨，但似乎对收集和穿戴华丽的皮草、狐尾和狼牙更感兴趣。他们现在大量杀死猎食食草动物的食肉动物，但却不是为了吃肉。他们说，从长远来看这是好事，因为会有更多的食草动物可供食用。时间会证明一切。

从生命进化中得到的经验

有观点认为，人类基因已经不再进化，因为我们的文化保护我们免受自然选择。很容易理解为何会产生这种观点。如果我们试图在野外独自生活，可能会死于很多因素，但由于文化的存在，我们便不会有这样的遭遇。但文化阻止基因进化的唯一途径是，确保族群的每一个人都有数量完全相同的存活后代（而就我们所知，没有任何文化试图这样做）。不管什么原因，只要有人有更多的孩子，他们的基因就被选择了。下一代中就会更多地包含他们的基因，族群的基因就以这种方式进化了。

我们的文化帮助塑造我们所居住的环境，因此它们会造成不同的特征（和基因）被选择。例如，随着人们进化出通过农业生产食物的方式，他们最终会形成和四处觅食的祖先相比更为严格的饮食习惯。在很多情况下，他们的饮食中含有祖先们很少遇到的大量物质。有些人的基因能让他们依靠新的日常饮食很好地存活。这些人会有更多的后代，所以他们的基因在族群中就更为常见。基因的进化由文化的进化驱动。过去两万年中的人类进化故事主要是有关文化进化的，这种进化以一种不断增长的速率发生，它通常驱使着基因的进化。[18]

从表面看来，似乎文化进化和基因进化没有多少共同之处。并非有某种意愿或智能驱使基因进化。复制信息时的随机错误造成了族群成员中的变异。那些变体由盲目而残酷的自然选择挑选而出。足够幸运的生物体会与变体配合良好，从而更好地适应环境，也就更可能存活并生育后代。

文化变迁的背后有人类智能的驱动。人们通常努力学习以提升自己的知识水平，找到改进事物的方式。我们的祖先一直在寻找新的食物种类，发展出与环境和彼此相处的新方式。他们通常会认真思考一种新的行事方式是否取得了切实的改进，或者是否最好依然沿用经过验证的老法子。从表面上看，基因进化是一种随机的自然过程，而文化进化则似乎更像是"智能设计"。

但如果你再深入一点儿，看看文化实际上是如何变迁的，你就会发现其过程和生命进化的过程非常相似，其中完全不存在智能设计。人类无法"设计"自己的文化，因为还没有人聪明到这种程度。我们的文化"家园"早在我们出生之前就已存在，并将在我们死后继续存在更长时间。有一些房间我们从未探索过，还有一些走廊我们甚至从未听说。我们可能认为，置办一些新的家电或更换更大的窗户就能改进我们的文化家园，但这更多的只是一种希望，而非认识。新家电可能会着火。想要敲掉部分墙壁让更多的光线透进来，可能会造成屋顶垮塌。短期内，我们无法得知任何变化对文化的影响——当然，长期来讲就更不可能知道了。故事中辛勤种植和收割谷物的女人不会知道，她的土地有感染真菌毒素的风险。限制人类智能的不仅仅是无知，也有情绪。关于一个备受喜爱的男孩之死的记忆，可能比多年来研究和实验获得的信息更能影响文化变迁的方向。

1万年前，由于农作物受到昆虫、寄生虫和微生物的侵害，或被洪涝灾害摧毁，许多种植谷物的尝试很可能都以失败告终。在某些情况下，种植粮食的尝试可能对狩猎者转变为牧民起了意想不到的推动作用。人们要保护种有粮食的土地免遭食草动物破坏，在此过程中取得的经验使他们认识到，他们可以管控动物，特别是体形较小的动物，如山羊和绵羊。他们可能产生了这样的想法——最好杀死雄性动物，再和他们豢养的狗一同保护雌性及其幼崽免受掠食者的伤害。

文化可能进化得很快，因为人类总是会产生新的想法，这意味着有大量变体可供选择，并有可能传给下一代。在众多文化变体中，哪些被采纳、哪些被弃用并非完全随机，但二者并不总是合理或理性决策的结果。此外，由于无法预测采纳新的变体会以何种方式影响文化，凡是认为人类能够完全设计文化的人，都被蒙蔽了（近代史中一些最为悲剧的时期，正是始于有些人认为他们懂得如何设计整个社会的运作，并且能让全社会变得更好）。人们的所思所想和所作所为能够影响也确实影响了文化变迁，但这些影响的全部效应只有在变迁发生很久以后才能得到人类认同。这并不是说我们不应试图通过集体或个人的力量去改进文化，但我们需要明白，这些做法具有实验性质，成败皆有可能。

简而言之，文化进化更像是生命的进化，而不是由超自然代理人所控制的智能设计。有些人可能认为，近代以来产生的社交工具，如科学和民主选举的政府提升了我们的能力，让我们能够建设一个更加美好的世界。但如果我们认识到这些工具的局限，我们的能力会提升得更快。如果我们想要理解文化如何进化，了解生物学家研究的生命进化过程会很有帮助。从生命进化中，我们能学到不少经验。下文重点介绍其中三项。

经验一：不要认为进化等同于"进步"，但它确实有这样的趋势

当人们在日常生活中谈及"进化"时，他们通常是指"进步"。首席执行官们会骄傲地谈论他们的生意，从初创时期两个人挤在车库里"进化"为市值数十亿美元的大公司。当人们觉得事情变坏时，就不会将这种变化视为进化。如果一座城市从繁荣的工业中心变为满是废弃工厂、空旷房屋和有毒土壤的不毛之地，就没人会说这座城市"进化"了。我们对"更好"有自己的看法，但是，让这种看法过度影响我们对文化变迁的分析并无意义。

以达尔文为首的众多生物学家已经反复表明，通常不应认为生物体的进化是一种进步。蚯蚓对环境的适应并不比捕食它们的黄莺差。也没有理由认为人类是最高级或"高度进化"的动物。生物的确通过进化更好地适应了它们所处的环境，但这不是"进步"。生物只是复杂的生态平衡的一部分，而生态平衡随时在发生变化。让一种有机体更为成功的适应性变化可能会以某种方式改变平衡，从而降低这种适应性变化的有效性。进化也有可能青睐一种完全不同的适

应方式。因为环境总是在变化，所以不可能有达到"完美适应"的"进步"。

想要理解文化变迁，就不能干预塑造我们想法的文化。这要求谦卑之心和不断自省。对于事物如何发生改变（或应当如何改变）才能让世界更美好，我们可能会有明确的观点。这些观点可能基于证据，并且当下非常流行，但任何变化产生的效果都是复杂的。仅仅因为有人想要自己的"一亩三分地"变得更加美好，并不意味着我们会朝着"更加美好"的世界"更进一步"。我们所知道的只是"变化永远存在"。事件会发生，变化也会发生。很多情况下，与其试图带来根本性的改变，不如充分利用当下的环境。

尽管不应将进化视为进步，但我们能看到生物进化和人类文化进化中都有一个明显的趋势。随着时间的推移，地球上的生命和人类文明的复杂程度都在增加。现在，地球上的生命既有大量单细胞有机体，也有许多多细胞动物、植物和真菌。人类文明从猿类的层次进化到了高度复杂的程度。生命和文明不断增长的复杂程度一部分是由于不断变化的环境。如果地球环境中没有足够的氧气支持大型生物体的新陈代谢，动物就无法存活。如果冰期没有结束，气候没有变得更稳定，人类文明也不可能演变至高度复杂的程度。

另一个不断增加复杂程度的重要因素是所谓的"网络工具"的出现。多细胞生物体并非仅仅是一群恰好生活在一起的细胞——它们组成了一个时时交流合作的细胞网络。使这种交流合作成为可能的工具在基因上得到了进化。DNA 复制过程中的随机错误最终产生了一种基因，这种基因创造的物质能让单一细胞作为更复杂细胞的组成部分，相互联系、共同生活和繁殖。随着时间推移，其他基因也会出现，它们产生的物质让细胞群最终进化成了动物、植物和多细胞真菌。[19]

在文化进化中，随着新社交工具的出现，人们能以新的方式联结，更多的复杂性成为可能。

很多世纪以来，不同部落探索和了解了他们居住的栖息地，但部落间的竞争阻碍了更为复杂的文化的形成。不同部落间的信息流动缓慢而偶然。在我们的故事中，一个部落因为收养了一名无家可归的孤儿而获得了如何食用橡果的知识。如果人类进化仅仅基于基因的自然选择，那这样的收养就毫无意义，因为没有血缘关系的孩子并未携带收养者的基因。一旦认识到文化在人类进化中扮演的角色，就能明白为什么收养孩子在许多文化中都很普遍。强壮健康的新成员会给文化群体带来好处，尤其是他们还可能带来新的知识和观点。这种情况在类似城市构造的蜂巢和蚁穴中并不存在，因为让这些动物个体间相互沟通合作的"社交工具"诞生自基因。社会化的群居昆虫群体通常在基因上紧密相连。至于人类的社交工具则是一种文化继承。人类族群联系紧密是因为大家在文化上相互联系，成员之间不必有血缘关系。一名被收养的儿童可以在新家庭中长大，并成为在部落中发挥作用的成员。[20] 数千年来，我们的祖先在文化中进化出了社交工具，创建了不同家族和部落间安全互利的交往方式。部落联盟内部交换知识、观念、成员，使自己的文化更快地适应环境，并且变得更为复杂。

随着农耕专业知识的发展，人们开始建造固定居所，这就需要新的社交规则来确认建造房屋和种植粮食所投入的精力，从而应对人口密度的增长。一旦人们定居，就很难搬离恼人的邻居。规则和强制执行规则的手段逐渐出现。如今我们耳熟能详的历史上的统治者（如尤利乌斯·恺撒、成吉思汗等），比起他们受人爱戴的美名，其贪婪、残暴和铁腕手段更为世人所知。"坏"名声很可能作为一种社交工具提升了领导者的效力。在某些社会环境中，如果人们都惧怕统治者，那么统治者就能发挥最大作用。在武装民兵的帮助下，统治者可以维持家族间的和平，并保护自己免遭目无法纪的外来者的侵略。如果对规则的执行能帮助人们维持一个运转良好的网络，生活在这个网络中的每个人就都有机会过上更好的生活。使所有人受益的大型项目能够顺利完成，如水库和水渠系统的建设可以灌溉更多田地，允许更多粮食生长。这给了不同家族更多选择，而且他们可以术业有专攻。只有一部分家族需要进行农耕，其他人则可以发展技术和工具，这样他们就能用劳动换取粮食。有的人可以制造物品，有的可以做矿工，有的可以组织交通和贸易，有的则可以负责记录，等等。[21]

大约 5 000 年前，某些部族发展出了"钱"，用来作为商品价值的象征，人们由此可以开展更广泛的贸易活动。钱是一种很棒的社交工具，但只有在每个参与贸易的人都相信本地货币具有一定价值，也愿意遵守相关规则来维持这种信念时，它才真正有效。一个强大的统治者需要充分运用手中的无上权力和巨大财富，才能让人们相信参与早期的经济活动是安全的。

经济收益和有效的执行使网络保持联结，但只有人们对于世界如何运行、生命的意义为何等有着基本相同的信仰时，各个网络才能实现最为平稳的运行。如果网络中的人来自不同部族，尊崇不同的祖先、吃不同的食物、欣赏不同的音乐、对日常生活之外看不见的世界持有不同观点，这就很难。在某个时间节点，某些部族会进化出新的社交工具，至少能部分解决这个问题。他们声称，自己部族的故事和仪式比别的部落更为必要，并敦促人们放弃原生家族的信仰和世界观。如果他们接受了新的故事，学着参与新的仪式，遵守新的规则，他们就能成为一个更为庞大、更有权力的部落的成员。这一"超级部落"可能会供奉众多神祇，包含了所有小型部落所供奉的神灵。或者它可能只承认一位全能的神。统治者通常被视为"天赋神权"。社会可能会鼓励人们将统治者视为神或神的"仆从"。

新的处于支配地位的信仰体系（宗教）带来了一种情绪上的"秘制酱料"，帮助人们更愉快地与来自不同家族、有着不同文化背景的陌生人一起生活和工作。某些体系教育人们，崇拜者们能得重生，并共享一位和世俗的好父亲一样保护孩子、赏罚分明的天父。不同成员能够容忍彼此，甚至互相欣赏彼此的文化差异。因为通过共有的宗教信仰，他们视彼此为亲属，且共享了许多重要观点，这些观点包括人们之间应当如何相待。这样一来，大量家族能够互相信任、合作、和平共处——至少在一定时期内如此。

数年来，统治者、王国、宗教来去更迭。它们在瘟疫、饥荒、自然灾害、民众的不满和残暴的外来侵略者面前不堪一击。但总体趋势仍是社会的复杂性在日益增加。

经验二：文化奇观和"失控选择"

在 1859 年发表了有关自然选择的进化论之后，达尔文面临许多问题。其中最难解的问题之一就是生物学上的奇观，如孔雀的尾羽。当然，如果孔雀没有如此巨大且华而不实的尾羽，它们会更好地适应环境。达尔文在 1871 年[22]出版的书中给出的解释为"性选择"。他认为，雄孔雀之所以进化出亮蓝色的"豪华"尾羽，是受到了雌孔雀交配偏好的驱使。这种进化的发生显而易见——长相寒酸的雄性很可能患有疾病或正忍饥挨饿，这说明它们未能很好地适应环境。雌性会拒绝它们，转而选择羽毛华丽的雄性，最终产下的幼孔雀能更好地适应环境，其存活概率也更高。但由此形成的积极反馈环路容易失控。雄性会变得越来越"华丽"，经历数代以后，它们就产生了如雄孔雀尾羽这种非常夸张的特征。

罗纳德·费舍尔是20世纪初的统计学家，他更为详尽地解释了"失控"机制。这是由于过分挑剔的雌性产下的幼崽不仅继承了父亲的健康体魄，也完全承袭了父亲吸引母亲的华丽特质。同时，它们也继承了母亲受这些特质吸引的倾向。如果母亲选择了有浮夸的巨大尾羽的雄性，那么不仅它的雄性后代更容易长出巨大的尾羽，其雌性后代也更热衷于选择有大型尾羽的雄性交配。当女儿们长大，准备择偶时，能在它们面前"搔首弄姿"的雄性平均而言都有更大的尾羽。下一代亦是如此，再下一代仍然如此，这种倾向会一直延续。[23]

文化同样带来了令人惊叹的奇观——如埃及金字塔。为什么4 500多年前生活在尼罗河流域的人要花这么多时间为其统治者法老修建如此庞大的坟墓？答案或许与失控机制类似。随着文化的进化，积极的反馈环路同样可能产生，特别是在社交工具的进化中。例如，集体项目可以是非常有用的社交工具，因为当人们合作时，大家就会习惯于相互信任。在这样的社会环境中，小分歧能够在发展为耗时、费力的大纠纷之前得到解决。某些集体项目的完成还能带来实际利益。人们可能一起架桥掘井。但对明显实用的项目进行规划，可能无法解决集体内部的矛盾，反而造成分歧。例如，大家可能会就在何处掘井才能确保家族所有人均衡受益而产生争论。

如果该项目为日常生活提供了实际价值，就会产生较少的分歧。这也许能解释为什么尼罗河流域的人们愿意修建金字塔以供法老安排身后事。共同修建宏伟的坟墓、共享由此产生的自豪感，这会产生集体意识，从而帮助维持和平与繁荣，也会给人们以希望，让人们相信来世的美好。通过修建坟墓，人们很容易相信，他们享受当下的生活方式，并希望继续这种生活方式。他们的下一代继承了这种信念，也就愿意为法老的儿子建造一个更为宏大的工程。只要和平与繁荣一直得以维持，这项工程就只会越来越浩大。[24]

如今，世界上分散着古代宏伟工程的遗迹，它们都由当时的人们集体建造，如金字塔、寺庙、雕像、巨石阵等。吸引我们参观这些宏伟遗迹的其中一点在于，你可以试着想象当时劳动者的心理。我们（本书作者）对于他们心理活动的细节并不了解，但我们的确认为，激发人们修建这些遗迹的文化信仰很可能在进化中经历了失控的过程。它们就像是文化环境中的孔雀尾羽或牡鹿的长角。和这些动物的夸张特质一样，它们象征着一个群体的健康和活力。建造这些宏伟的建筑有助于保持这种健康活力。但文化失控的潜在问题也很明显——它使人们的精力从寻找食物和养育子女上转移开。文化进化的失控会使族群变得脆弱，我们在当今的文化中也见到了不少例子，下一章将会谈及。

经验三：一切与"复制"有关

数十年来，讲述人类进化故事的人都将尼安德特人称为"已灭绝人种"。当判定尼安德特人远古化石的基因材料中所蕴含的DNA序列成为可能时，这些故事就不得不改写。当代人类基因组中的DNA序列与尼安德特人骨骼中发现的DNA序列高度相似，科学家由此得出结论，他们一定是复制了尼安德特人的基因。出现这种序列的最佳解释是，拥有该种基因序列的人类是从尼安德特人祖先处继承而来的。也许纯种尼安德特人已经不复存在，但曾由尼安德特人携带的大部分基因被复制，分布在所有现代欧亚种群的人类基因中。

文化信息的"副本"比基因信息的"副本"扩散范围更广，传播速度更快，也能产生更快的变化。但一切仍然有关"复制"。如果一个族群发明了某种有用的事物，而其他族群的人对其进行了复制，这个理念就有了生命。当它在不同族群中传播时，就能被他人学会、尝试，再传递给其他人，并且经历多次改变。例如，全世界的人都使用同样的计时方式——60 秒为一分钟，60 分钟为一小时，等等。研究古代文明的历史学家提出，这种计时方式由 5 000 年前生活在底格里斯河与幼发拉底河流域的人发明。这两条河流流经的地域现为伊拉克。当然，这些人可能也是从其他人那里学来的。

对文化信息复制、修改、传播的方式进行最为系统的研究的人员被称为历史语言学家[25]，他们比对了一个族群的语言及人们的发音方式。5 岁儿童的词汇量约为 2 000，但他们对单词的发音并非对其父母的精准模仿。孩子们倾向于模仿其他孩子的说话方式，所以发音也会在数代之间发生改变。在本章的故事中，"纵火恶魔"族群和食用橡果的族群能听懂对方的语言，因为他们同属数代以前的同一个族群。他们继承了绝大多数相同的词汇，但两个部落对于词汇的发音都发生了改变。如果一个族群中不同派系间产生了巨大的矛盾，彼此不再说话，仅需经历几代人，口音就会发生足以区分敌我双方的变化。大约 20 代以后，他们就几乎完全听不懂彼此说话了。

但是，即便在这些语言经历了数千年的分隔后，学者仍然能够探明其词汇和语法中的相似之处，这些相似之处说明这些语言有"血缘关系"——它们都是同一种古代"原始语"的后裔。历史语言学家懂得如何辨认语言的共同祖先，也发展出了估算两种相关联的语言在多久以前有着共同祖先的技术。他们细致地对比了大量现代人的语音样本，这也使他们得以通过可靠的方式重建数千年来没有说过的原始语。就部分古代原始语而言，如从口头（或"通俗"）版本的拉丁语演化而来的罗曼语族（如法语、西班牙语、意大利语等），都有写有原始语的文件留存于世。这种古代文件既证实了用来重建古代语言的技术之有效性，也帮助了这种技术发展。

在现存的 7 000 余种语言中，只有几十种是"与世隔绝"的，与目前为止发现的任何语言都毫无关联。但我们大多数人所说的语言都属于几大主要语系之一。汉语属于总共拥有 450 余个成员的汉藏语系。阿拉伯语是亚非语系的 350 余种语言之一。世界一半以上的人口都至少能说印欧语系 430 余种语言中的一种，分布范围从冰岛到斯里兰卡，从符拉迪沃斯托克到西班牙。英语也在其中，全球有超过 10 亿人口将英语作为第二语言。

在新证据到来时重写历史

多年来，人们都带着敬畏之心看待分布在欧洲大陆上的神秘巨石阵和立石（见图 7.4）。毫无疑问，许多到此参观的游客都试图想象他们祖先挖掘巨大的坑洞，将巨石放入其中，再将它们稳稳地立住，数千年后，它们依旧傲然耸立。但未来的参访者就不必再去做这样的幻想了，因为他们的祖先很可能并未在此生活过。我们现在已知这些建造巨石阵的人仅有为数不多的后代存活于世。

现在，科学家可以提取和分析古代骨骼中残留的 DNA 碎片，这就有可能更深入地了解在全球考古遗址中发现的数以千计的骨架。遗传学家无法对这些死去已久的人的 DNA 进行"解码"并让我们知道他们的长相，至少目前还不能。但他们能发现这些人之间和这些人与我们之间如何发生关联。随着新证据的积累，部分证据必然会导致人们质疑有关其祖先故事的准确性，而他们长期以来对这些故事深信不疑。要讲述与新证据相符的故事可能会引发政治焦虑，但如果人们希望关于自己祖先的故事基于证据，那么，在新证据呈现之时，就不得不修订历史。在理想状态下，如果学者们充分考虑多种来源的证据，并牢记文化进化的规律，那么他们将会推动新故事缓慢发展。

图7.4　本书其中一位作者彼得·理查森站在两块巨石间。这两块巨石属于5 000年前被安放在此的巨石阵，阵中有100多块巨石，它们位于现在的英格兰村庄埃夫伯里。曾有观点认为，将巨石放于此处的人们是欧洲人的祖先。对古代DNA的研究有可能验证这样的假设。现在一般认为，在欧洲建造许多巨石阵的人现仅有少量后代存世

图书来源：Lesley Newson.

从远古骨骼中提取和分析DNA的技术主要发展于欧洲，因而欧洲人最早经历了有关其血统信仰的"大地震"。[26]例如，关于那段被称作"青铜时代"的欧洲历史就必须接受重大改写。这一时代始于5 000多年前，持续了2 000多年。在这个时代，冶炼金属的知识在欧亚大陆发展传播。在青铜时代，最好的工具和兵器都由青铜制成。关于青铜时代历史的主要修改无关冶金技术，而是有关人们使用土地和迁徙的方式。早期认为应当重新书写这一时代故事的观点就已引发争

议 [27]，而且，有关这一争议的故事提供了一个范例，即从进化中获得的证据和经验如何帮助历史故事发展。

如今，科学家分析了从数百人的遗骸中提取的 DNA，这些人在不同的时期生活在欧洲的不同地域。从某些方面来讲，从 5 000 年前的人类骨骼中有所发现并不令人惊奇。它们表明，在全球变暖、冰雪消退之时，生活在欧洲的狩猎采集者的数量有所增长。大约 9 000 年前，另一支不同的族群开始向欧洲移民。他们是在地中海东部发展出谷物种植的家族的后裔。随着人口增长，开垦的土地越来越多，这支族群逐渐走遍了欧洲。不久之后，两支族群产生了融合。5 000 年前，欧洲人的染色体中就携带了两种族群 DNA 序列的混合特征，即长期生活在欧洲的狩猎采集者，以及更晚到达欧洲的近东农耕者。

这些结果令人惊异之处在于，这些人的 DNA 看上去和今天的欧洲人非常不同。这并非因为他们的基因大相径庭。相反，他们 DNA 中的加密指令几乎是一样的，但在 DNA 的某些部分有着细微不同，这种不同不会影响基因指令中携带的信息——就像是相同的指令由不同的声音说出。今天欧洲人的染色体中有一些 DNA 片段是用古代狩猎采集者的"声音"表达的，还有的片段由近东农耕者的"声音"表达。但是，在几乎每一个有欧洲血统的人身上，都有大量 DNA 片段由第三种"声音"表达。这说明他们有大量遗传物质继承自第三个族群——这个族群在 5 000 年前还未到达欧洲。携带这种新族群"声音"的 DNA 在不到 5 000 年前死去的人的骨骼里才出现，但在 1 000 年之内，这个族群的 DNA 几乎已经成为每个欧洲人染色体的重要组成部分。[28] 唯一的解释是，5 000 年前开始有大量来自新族群的人口迁徙至欧洲，他们与很多已经生活在那里的人融合，并最终取代了他们。

考古学家们毕生都在发掘相关证据，发展完善有关欧洲历史的故事，但他们并未发现任何证据足以让他们怀疑曾发生规模如此庞大的人口流动。他们注意到，巨石阵的建造戛然而止，农耕和墓葬的方式也发生了改变，他们发掘的残破陶罐的形状和花纹也有所改变。但这样的文化变迁随时都在发生，可能仅仅是由于潮流和理念的变化。考古学家发掘的实物很难说明曾发生大规模的移民。但历史语言学家却找到了大量证据，证明人们曾迁徙至欧洲。[29]

上文已经提到，印欧语系是最大的语系。世界上超过半数人口的语言都属于印欧语系，其中包括了大量有着欧洲血统的人。现在看来，5 000 年前开始向欧洲移民的人所说的古代语言，似乎正是历史语言学家所称的"原始印欧语"（Proto-Indo-European），也称"PIE"。PIE 是印欧语系中所有语言的始祖。说 PIE 的人并未发明文字，但说 PIE 的派生语言，如拉丁语和梵语的人却留下了许多记录他们语言样本的卷轴和石板。通过对比如今的 300 多种 PIE 派生语言和早期有记录的 PIE 派生语言，学者能够重新构建部分 PIE 词汇。如果大部分派生语言对于同一事物都有大致相同的词汇，学者就认为这些语言均继承了共同的原始语言中的词汇。最终，学者有关 PIE 的知识发展到了他们可以使用 PIE 进行对话的程度。当然，他们不可能开展真正的对话，因为数千年前的词汇中缺少现代人感兴趣的大多数事物。即便如此，历史语言学家也认为已经足够了解 PIE 以及说 PIE 的人当年的生活。

许多考古学家和历史学家认为，PIE 很可能是从近东进入欧洲的早期谷物种植者所说的语言，而历史语言学家则不同意这一观点。他们指出，说 PIE 的人并不掌握近东农耕者的词汇。PIE 中没有生活在近东地区的人们都很熟悉的单词，如"棕榈树""橄榄""猴子"。另外，PIE 中有"桦树""三文鱼""海狸"等词汇，而近东地区的人们从未见过这些事物。此外，PIE 词汇包括了"公牛""母牛""公羊""母羊""羔羊""猪""猪崽"等单词，相比谷物种植者而言，这些词汇对于牧民来说更有用。这些词汇也说明，牧民豢养动物并不仅仅为了吃肉。他们可能还会谈论"羊毛""剪羊毛"；可能给某些动物挤奶，因为他们有"酸乳""凝乳""乳清"等词汇；"马鞍"一词说明他们还会骑马。

DNA 证据解决了什么人说过 PIE 这一争议。历史语言学家是正确的。大部分欧洲人既继承了 5 000 年前进入欧洲族群的大量 DNA，也继承了那些人的语言。[30] 进一步的研究揭示，在说 PIE 的移民从何而来，以及他们何以为生的问题上，历史语言学家也是正确的。他们来自现今属于乌克兰和俄罗斯西南部的地带，从黑海北部一直延伸至里海北部。那里是草地或草原风貌，但生活在那里的人也见过桦树、三文鱼和海狸。他们放牧和养殖牲畜，挤奶、剪毛、骑马。他们通常被称为"颜那亚人"（The Yamnaya），但他们并不这么称呼自己。这一名称由最早考察他们生活遗迹的俄罗斯考古学家命名。"Yama"是俄语中"坑洞"的意思，意指他们埋葬遗体的方式——将遗体放入坑洞并在上面垒出坟堆。对颜那亚人骸骨的 DNA 分析表明，他们的某些祖先与冰期埋葬于松希尔以及俄罗斯其他地域的古老骸骨来自同一族群。现代欧洲人主要是通过他们与冰期猛犸象草原上的狩猎者产生了血缘关系。

DNA 证据无法解释为什么在欧洲的青铜时代会发生一次大规模的种群周转，但确实提供了一条新的线索。可以看出，来自新族群的 DNA 大多数出自父系。移民而来的男性不久之后和他们的男性后裔成为大多数新出生的欧洲人的父亲。男性移民在很大程度上取代了长期生活在欧洲的族群中的男性。

也许，首批用来解释人口流动的故事充斥暴力和血腥，这并不令人意外。我们很容易想象来自东部的入侵者身骑高头大马，挥舞着铜剑或石斧。爱好和平的谷物种植者们有可能在石阵前举行典礼，试图请他们的神出手相助，但一切无济于事。嗜杀成性的侵略者们屠杀了男性，绑架并强暴了女性。[31] 这种故事的问题在于缺乏证据。考古学家擅长辨认人类骸骨上遗留的暴力致死痕迹。如果移民的到来带来了种族屠杀，考古学家应该会在他们到来的时期发现更多暴力致死的证据。

无论这种更替是通过暴力还是和平手段完成的，它的发生都非常迅速，因为当移民到来时，原本生活在欧洲的人已处于低迷脆弱的状态。考古学家发现的大量证据表明，谷物种植的情形在很多地方并不理想。在谷物种植者抵达欧洲之初，似乎粮食还有较好的收成，因为人口在一定时期内有所增长。但随后族群数量便开始减少。也许，粮食的减产是由于土地的过度使用、气候变化，或植物病虫害。[32] 另一个导致人口状况脆弱不堪的原因可能是传染病。学者已经发现，死于新移民抵达时期的年轻人骸骨中的 DNA 与引发瘟疫的细菌 DNA 有关联。[33]

生活在欧洲的人也可能由于其信仰和文化活动削弱了自身实力。在艰难时期帮助减少冲突的社交工具可能进入了一种"失控"的旋涡，最终阻碍了他们想出解决问题的实用方案。如果人们应对艰难时期的办法就是举行更加复杂的仪式、修建更为浮夸的石阵，那他们用于解决孩子吃饭问题的时间就更少了。

新的男性移民也许会提供更好的解决方案。如果他们擅长饲养和驯化牲畜，就可能接管被过度开垦的农田，将之用作牧场。土地成为牧场，得到休养，最终会重新肥沃。如果这些移民的文化鼓励他们做勤劳、负责任的好父亲，许多本土的女性就会选择他们做丈夫，而不是和自己同一族群的男性。她们可能会认为，和这些男性生育的后代存活概率会更高。牧民的孩子也许裹着温暖舒适的羊毛毯，喝着牛奶。而牛奶和羊毛都来自牧民饲养的奶牛和绵羊。

当然，我们不可能知道到底发生了什么，但我们不应简单地设想故事里的女性在男性之间的冲突中不过是棋子。基因证据表明，长期生活在欧洲的族群中的女性与男性移民有了孩子，这些孩子活了下来，成为如今欧洲人的祖先。女性必须辛勤劳作以养育后代，她们极有可能已经意识到，在说 PIE 的新移民的帮助下，她们能更轻松地换取更大的回报。她们的孩子学会了放牧，她们也有可能教孩子们一些农作物种植的技能。这些孩子获得了混合的文化遗产，说着 PIE 长大。

亚洲中南部的人也说 PIE 的派生语言。这些人是否也有一部分颜那亚人移民的血统？更多研究将会阐明这一点，也将弄清生活在世界其他地区的人的血统问题。学者收集的部分证据将会质疑长期以来被人们接受的传说的准确性，并产生新的故事。如果学者在争论应当如何改写历史时仍想遵循进化理论，他们就必须牢记，所有有关人类进化的故事都不以战争为基础。这个故事是关于人们生育孩子，孩子得以存活的。

从 100 万到 10 亿

两万年前，世界刚开始变暖的时候，人类还是非常稀有的动物。整个地球上的人口可能少于 100 万，分布于欧亚大陆、非洲、大洋洲等地的宜居地区。在气候变暖 1 万年后，地球表面有更多地区变得丰饶多产，足以支持人类的生存。彼时，人类已经抵达了北美和南美。但全球总人口可能没超过 200 万。

我们的祖先逐步发现了新的、更好的谋生之道。新的知识成为族群文化的组成部分，并代代相传。新社交工具的进化增加了社交网络的复杂性，增进了族群之间的联系。文化信息的交换变得更为容易，文化变迁的速度进一步加快。从生物学的角度来说，这一切都使我们的祖先更为成功——他们能更有效地从环境中攫取资源，从而促进人口增长。更大的族群需要新的社交工具，这些工具使族群之间的联系更为紧密，社交网络的复杂性更强。这就进一步加速了文化变迁。4 000 年前，即青铜时代中期，人类不再稀有。全球人口在 3 000 年前左右达到了 1 亿[①]。当时，中国的周朝正开始统治黄河流域的居民。200 年前，全球人口已超 10 亿（见图 7.5）。[34]

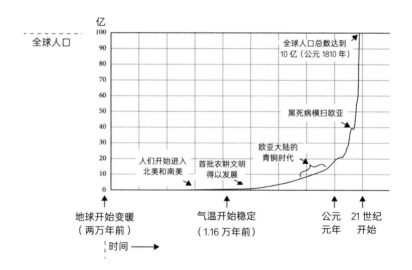

图 7.5 过去两万年中的人口增长估值

---

① 有说是 5 000 万。——编者注

并非所有族群都有能力建立同等水平的联系。一些大河流域土地肥沃，人口密度较高，各族群的人们之间要想建立联系比较容易。而生活在物产不那么丰富地区的家族则相对孤立，他们的文化也因此没那么复杂。在诸如新几内亚岛的美拉尼西亚群岛和欧洲的巴尔干地区等山地，相互联系非常困难。地理条件为每个部族设置了天然屏障，因此，他们之间倾向于通过斗争竞争资源，而不是共同合作让家园更为丰饶多产。总而言之，族群不断进化其社交工具，它们在短期内发挥了最大效用，帮助族人生存。

08

另一次转型
（近现代）

人类族群随着环境变化调整行为，这对于文化而言很有意义。文化在进化，但我们现在正在经历的不仅是普通的文化进化。和最后一次冰期的情况一样，人类生活正在经历又一次转型。得益于冰期的那次转型，我们的祖先进化出了复杂得多的文化，具备了适应突发气候剧变的能力。我们正在经历的转型也一样深刻，也许更为深刻。

我们在第 6 章中提出，冰期的转型是由于祖先发展出了新的社交工具，使他们在一个广阔的地域范围内为相互联系的家族创建网络。在冰期结束后，建立联结的新能力允许网络随着人口的增长和迁徙而扩张，但在环境变化和联系中断的情况下，网络也会收缩。即便如此，在数千年中，总的趋势仍然是联结日益增长，文化越来越复杂。在过去几千年中，这种增长发生得越来越快。

在某种程度上，可以把当今世界看作第 7 章中所描述进程的最后阶段。人类的网络已经联通全球，人们发明了许多建立联系的新方式，但不止于此。人类网络不仅在发展，也在改变形态。本书最后一章将解释我们所说的"变化的形态"，以及信息网络的变化为何转变了人类看待生活、看待自己及彼此的方式。欧洲人在数个世纪以前就开始了转型。他们的后代如今生活在世界各地，包括自称"西方人"的人，以及曾居住在欧洲东部的人的后裔。有欧洲血统的人们继续经历着快速的剧变，这说明，即便对于最早开始发生转型的族群来说，转型都远未结束。

图 8.1　蒸汽朋克赛博格头骨雕塑，合成树脂，手绘，大西洋收藏品藏
图片来源：Lesley Newson.

　　欧洲的转型开始后不久，世界其他地区也开始发生类似的变化。现在，几乎全球所有族群都受到影响。我们姑且将这种转型称为"现代化"。我们所认为的"现代"一直处在变化之中，因此"现代化"这个词能恰如其分地形容这一过程。[1] 出生于 20 世纪中叶的两名女性的生活记录，阐明了西方人所经历的文化变迁的速度和方向。

第一部分：战争结束以后

尽管战争在她们出生前几年就已结束，鲁思和丽贝卡仍然记得大人们总是谈论战时的生活。她们的父亲曾参战，但却不愿向她们谈及有关战争的一切。他只说，自己很幸运，海军生涯教他成为一名水电工。

鲁思和丽贝卡是双胞胎姐妹，但她们并不是长得一模一样。鲁思有深棕色直发，而贝卡[①]的发色稍浅，头发微卷。不过，她们的外婆总说，她们在所有重要的方面都是一样的——她们一样健康、一样聪明、一样可爱。她们的奶奶谈起过她们会有一个小弟弟。她们也记得自己曾想要有一个小弟弟，但母亲说，不会有弟弟，因为她有两个女儿已经很开心了。

父亲的水电生意很红火。姐妹俩即将到达学龄之时，他们一家搬到了城边的一座新房子中。从这里走路上学只需要10分钟。新房子离以前的街区很远，她们没法每天见到外公外婆。这让姐妹俩和外公外婆都很难过，但这也意味着她们不用每周日都穿着不舒服的衣服和外公外婆一起在教堂里待很久。她们现在去的是带一座专为儿童开设的有星期日课程的学校的教堂，这很有意思。姐妹俩也喜欢上平时的学校。她们不觉得课业繁重，而且，因为有彼此的陪伴，她们从不觉得孤单或是被忽略。即便常常吵闹，她们仍是最好的朋友。

孩子们6岁时，家里买了第一台电视机。只有在夜晚，全家人坐在一起时，她们才能看电视，因为父母认为人在白天应该忙

---

① 贝卡是丽贝卡的昵称。——译者注

起来。母亲总是做家务或帮衬父亲的水电生意，比如接电话、拆来信、寄账单等。父亲说，必须给孩子们安排点儿事情做，给家里帮忙；母亲却说，她们别碍手碍脚就已经是帮忙了。于是，姐妹俩就忙着玩耍。放学后，天气好的话，她们会和邻居家的孩子们一起玩一些常规项目，如跳绳、打球或捉迷藏。周末和节假日，她们有更多时间去冒险。每年，附近的街区都会修建一条新的街道，街道两旁都是新房子，但工人们工作日才上班。到了周末，孩子们可以爬进还没修好的房子里，想象各个房间的样子，看看每周的建设进度。他们知道，在建筑工地玩耍很危险。如果他们中有人出事或受伤，那就麻烦了，所以他们都很小心。看到年纪小一些的孩子在做任何危险的傻事时，年纪稍大的孩子就会立刻喝止。

姐妹俩9岁生日时有了自行车，这下她们就可以到离家更远的地方去。她们有时进城跑跑腿，有时到图书馆借书，在阳光明媚的日子，她们经常骑车到乡下。有一次，几头放养的奶牛跑到了路上，她们帮着农场主把它们赶回了牧场。之后，她们就经常造访农场，帮助农场主放牧牛羊、喂小牛、堆干草垛，做做农场其他的杂活。有一天，她们看到一头公牛与一头母牛交配。农场主告诉她们，这样母牛才会生下小牛。她们本想了解更多这方面的知识，但知道大人们不大想谈论这种事。对于这些冒险经历，她们对父母只字未提。

如果天气不好，不适宜到户外玩耍，她们就在家里看书。书里的主人公是孩子们，他们抓住了强盗、走私犯、间谍。她们也向往这样的冒险。邻居们倒没有什么明显的犯罪举动，但那位农场主朋友总是抱怨住在附近一所很大的老宅里的一群人。他将老宅称为"比查姆的地盘"。这所房子隐藏在树丛中，四周有高高的篱笆。贝卡觉得这些人可能是罪犯。一天，她们没有去农场，而是决定对"比查姆的地盘"一探究竟。篱笆太高了，爬不上去，但她们找到了一处动物在篱笆下方拱出的口子，只需要再深挖一点点就能钻过去。

她们蹑手蹑脚地穿过树林时，一栋漂亮的大型建筑逐渐映入眼帘。房子像宫殿一般，窗户比成年人还高。楼上有一些窗户是通往阳台的门。房屋四周的花坛种满各色鲜花，绿藤爬满屋墙。姐妹俩从灌木下方钻过，在这儿，她们有一个很好的视角，又不会被发现（希望如此）。一开始，她们只是看着那栋房子，给对方指指这儿指指那儿，比如，"狂风暴雨的时候，坐在高塔的窗前会不会很棒？""你觉得有秘道或者幽灵吗？"她们迫不及待地想要看一看住在里面的人们，但四下空无一人。似乎已经有很多年无人进入或离开这所房子了。贝卡认为，罪犯肯定不在，所以可以爬到房子的窗户上看一看。鲁思拒绝了，她说她们必须藏好。于是，两个姑娘就在原地坐着，直到她们觉得无聊了，就回了家。贝卡总是说要再回去看看，看能发现什么，但鲁思都拒绝了。贝卡也不想独自前往。

很快，姐妹俩长成了少女，一切都变了。她们精力和志向都不再相同，也开始担心被男孩子叫作"男人婆"。她们也意识到学习穿着打扮的重要性。贝卡先来了例假，几个月后，鲁思也来了。青春期的大多数时候，她们都不太开心，一部分是因为她们不再相互支持对方了，而是争论、羞辱、嘲弄对方。两人幼时曾有的信任和友谊不复存在。她们在学校里也有不同的兴趣，交了不同的朋友。

学业对她们来说仍然很容易，但老师们敦促她们考虑未来的事业。父母不太确定女孩是否需要事业，但贝卡说服了他们，让他们相信，商业管理课程可以教会她实用技能，这样，一旦结婚，她就能像母亲一样帮助自己的丈夫打理生意。家里无法同时负担两个孩子的大学学费，但反正鲁思想待在家里，离男朋友近一些。所以，贝卡去上大学了，而鲁思则在本地的大专修读一些商业课程。母亲精确记录了贝卡大学期间花的每一分钱，以确保以后在负担得起时能（连本带利地）给鲁思同样的金额。（未完待续）

成长于文化飞速变迁的时代

到 20 世纪中叶，文化转型正在如火如荼地发生，涉及的大多数欧洲族群包括移民至美洲、大洋洲及世界其他地区的人。现代化也在远东族群中发生着。鲁思和丽贝卡成长在一个文化变迁飞速发展的时代。

自冰期以来，人们作为家族、部落和本地社群的成员长大成人。但从 18 世纪以来，越来越多的欧洲人将自己视作"民族"的一部分。这种日益增长的"民族主义"扩大了不同群体间的冲突规模。从 1914 年到 1918 年，大多数欧洲国家都卷入了一场惨烈的战争。千百万名男性身穿戎装，为家国而战。据估计，上千万士兵和平民伤亡。从 1939 年到 1945 年，另一场大型战争全面爆发，史称"第二次世界大战"。更多国家卷入了这次战争，冲突的发生范围更广。死亡总数是"一战"的几倍，平民死亡人数比士兵多得多。幸存者以不同方式经历了战争，但有关战时的破坏和战后重建的共同经历，对所有受到战争伤害的族群的文化造成了深远影响。鲁思和丽贝卡这一代人的父母害怕他们的孩子也被卷入战争，甚至可能死于战争。

随着国家的重要性日益增加，家族的重要性逐渐消减。"二战"结束时，西方族群的家族变得更小、更分散。亲属们彼此距离遥远，出现了一种仅仅包括父母和子女的"典型家庭模式"。这种小规模的"核心家庭"的成员不会花太多时间聚在一起。大人们要上班，孩子们要上学。虽然母亲待在家中作为"家庭主妇"的情况仍然常见，但"家"被看作人们休息和放松的地方，不再是劳作的场所。家庭成员离开家，与非家庭成员一起工作、玩耍、学习。人们不再认为自己对远亲负有同样的责任。他们可能会在亲戚遇到困难时施以援手；如果有的家族成员非常富有，他们就只和自己的孩子分享巨额财富。

人们对亲属的责任有所消退，对国家的责任就增加了。他们要参与讨论民主治理和选举政府代表等议题。他们需要缴税，以支持政府的运作；如果政府宣战，青年男性就要参战。政府部门越来越多地接管了家族的义务。如果家族中的"败家子"惹了麻烦，政府会对其实施惩戒；对其妻儿将要长期承受的困苦，家族其他成员可能不会觉得有义务帮衬，使之免受长期痛苦，他们得自己向政府申请援助。

久而久之，宗教组织也会发生变化。家族成员越来越分散，并与更广泛的人群交流，他们因此会接触不同的宗教信仰，通常也会开始质疑儿时学到的东西。

观念应当基于证据而非宗教信仰——这一理念对于促进人口现代化非常有用，因为它能帮助人们达成共识，以此建立共同信仰，即便大家来自不同的家族，有着不同的文化背景。然而，这种看法并非总有帮助，因为在有关一个复杂问题的信息上，即便是微小的分歧也不可能得到弥合。通常，人们只会认同自己的朋友，或者将自己的意见与他们心目中专家的观点匹配。一般来说，不同背景的人们会信任不同的专家和不同的证据来源。不同宗教信仰的人们认为，自己在阅读各自的宗教圣书时，便是在查阅相关证据。

与"家族"的"缩水"和分散共同演变的，还有提供服务的新方式——这些服务原来都由家族承担。随着时间的推移，这种演变带来了许多改进。得益于现代医疗，我们比只有"家族老偏方"的时候健康得多。受过专业训练的教育者能提供更广泛的知识和技能，比我们通过观察家族长辈所学到的多很多。我们有了更可靠、更多样、更便捷的食物供应，也生活在一个更卫生的环境中。

转型也使育儿的某些方面更为容易，但养育孩子并不仅仅是喂养和保护他们。人类不断进化，作为家庭的一分子成长、生活，文化转型缩减了家庭的规模，进而改变了人们的童年。这种变化还在继续。自转型开始以来，每一代人的成长环境都与父辈的成长环境全然不同——这一点很重要，因为幼时的经历会帮助塑造我们的情绪和神经发育。无人知道，什么样的经历可能会帮助孩子成长为现代社会的出色人才。在转型发生之前，虽然家庭生活的细节千差万别，但基本情况大致相同。前现代的家族是由不同年龄段的成员组成的。人们希望孩子成长为团队一员，等到他们有能力的时候，就希望他为家族做出贡献，照顾有需要的家族成员。无法融入团体的孩子存活概率很小。

到 20 世纪中叶，西方的家族不再像团队一样运作。鲁思和丽贝卡一代有时候会被安排做家务、照顾弟弟妹妹，但不用再帮着寻找、生产和加工食物。他们不用再辛苦劳作。他们有时在成年人的监护下学习、做游戏，其余的闲暇时间就得自己安排。他们和来自其他家庭的孩子一起玩耍，通常会用到社交工具，比如做游戏，这既能让他们相互竞争，又不至于伤到彼此。他们汲取大人授予的知识，也享受他们提供的娱乐项目，同时充分发挥自身的想象力，将其转化为看似有意义的事物。时间和阅历能使他们更好地理解周遭的一切，这一代的许多孩子在成年之时都准备好了应对一个正在变化的世界。我们通过人们在社交媒体的发文可以看出，很多成长于 20 世纪中叶的人都认为他们的童年经历比现在的孩子们更好。

当西方的"战后一代"即将成年时，他们成了第一批面对未来无限可能的年轻人。他们接受的教育是，自己的未来建立在自己的表现和所做的决定上。他们不必受到家庭背景的限制。但家庭背景仍然很重要，今天依然如此。年轻一代越来越有能力追逐自己的父辈连想都不敢想的生活。女性则是更为深刻地体验到了更多的人生选择。她们的母亲大都认为，想要成为母亲是"正常的""自然的"，将绝大部分精力放在家庭上，为丈夫和其他家人营造一个温暖的家也是"正常的""自然的"。自 20 世纪 60 年代起，越来越多的女孩得到鼓励，她们相信应当考虑其他的人生选择。

第二部分：她们的选择

贝卡在大学的花销对于她的家庭来说有些高昂，因为她选择了一所大城市的学校。她喜爱城市生活，还没毕业就已在一家广告公司找好了工作。她在面试时说，广告创意让她着迷，但其实她更感兴趣的是商业管理和发展——赢得新的客户、寻找有创造力的人才并对其进行培养。一开始，她的薪水几乎不够负担伙食费和合租费用。但学生时代的经历教会了她艰苦朴素。

在老家，鲁思的花销则低一些，她仍和父母住在一起，但工作机会也相应少一些。她受雇于一名镇上的牙医，做办公室行政和部分接待工作。在牙医家里举办的圣诞派对上，她遇到了老板的儿子保罗，他们开始约会。他上过大学，现在正在学做会计。他说自己很讨厌做会计，但不知道还能做什么。这让鲁思相当恼怒——他竟然如此不珍惜这样好的机会！但他很贴心，又有趣，重要的是，他真的很爱她。鲁思自然也爱上了他。他父亲和鲁思开玩笑说，他就知道她能从他身上捞点儿好处。鲁思说她会继续为他工作。她拒绝了保罗的第一次求婚，因为她才 23 岁，还没有准备好。

外公突发心脏病去世了。贝卡回来参加葬礼，在整个过程中，她始终和鲁思手牵手，比以往任何时候都更感亲密。随后，她们和父母谈起了外婆。她现在很健忘，生活无法自理。所以，鲁思和贝卡一起打扫了贝卡空置的卧室，好让外婆搬进来。从外婆住进来的第一天起，就像"噩梦"一般。她总是忘记丈夫已经去世了，总是要求家里人放她回去，她要和丈夫住在一起。母亲有些分身乏术，很难兼顾照看外婆和继续忙购物、做饭、打扫等事务以及水电生意的文书工作。外婆离家出走了很多次，最后都被警车送了回来。医生给她开了镇静剂，好让她的情绪更平稳。但这种药物让她变得迟钝，走不稳路，洗漱、穿衣、上厕所都需要帮助。鲁思必须负责购物，很多时候，晚上还得帮忙做父亲生意上的事，因为母亲忙着照顾外婆，顾不上那些事。不管鲁思有多辛苦，永远都有忙不完的活儿。房子里充斥着难闻的气味。

贝卡会给家里打很长时间的电话，在电话里，她得知了外婆的情况。她因为无法在家帮忙而有负罪感，但现在她在家里连张床都没有了。她自己的工作也很忙。公司赋予了她更多职责，也给她涨了薪水。与她合租的女生订婚了，打算尽快搬走。贝卡没有想好是再找一个室友还是看看自己能否独自承担房租。她也怀疑自己会找不到男朋友。工作上认识的男性总是和她调情，而她对于男人都想和自己发生关系早已习以为常。大学时，她曾与几名男性发生关系，但事后总是很后悔。（如果父母知道自己已经不是处女了，他们会怎么想！）她有男性朋友，但他们都已"名草有主"，他们的对象大都是她的女性朋友。她知道，当今的女性并不是非得结婚，非得成家，但她总是幻想自己会有一个家。她已经25岁了！

鲁思打电话给贝卡，说了外婆摔倒的事，但只字未提保罗再次向她求婚，而且她答应了。鲁思告诉她，外婆的葬礼将于两周后举行。外婆摔伤了髋部，住院期间又感染了流感，很快转成了肺炎。她在睡梦中离开了人世。所有人都觉得她的离去算是一件幸事，对她自己和这个家庭都是如此。保罗和他的家人也参加了葬礼，贝卡见到了他们。她觉得保罗不像她担心的那么无趣。她看到了他可爱的一面，觉得他会是鲁思的完美伴侣。

外婆去世的另一件"幸事"是她留下的遗产。她和外公存下了一笔数目可观的钱，母亲继承了其中一半。她现在可以给鲁思做一些经济补偿，弥补她没能像贝卡一样上大学，而是待在家中的遗憾。鲁思向保罗提议，他们可以用这笔钱购买一项产业来共同经营。保罗认为这是个好主意。他的父母也说要给这对新人差不多的一笔钱作为结婚礼物。鲁思和保罗开始做市场调查，同时计算他们可能需要的额外资助。最终，他们选择了在当地开设一家麦当劳餐厅。当时，他们所在的小镇还没有麦当劳，而这种新兴餐饮店铺似乎开在哪里都很赚钱。婚礼后不久，快餐店就快建好了，他们开始面试员工。保罗终于找到了自己擅长的事业。大家都很喜欢给他做事，他和鲁思也鼓励员工像家人一样相处。生意比预想的还要好，他们便为忠诚的员工加薪水、发奖金。

如果贝卡没有坠入爱河，她可能都会嫉妒自己的姐姐了。她认识戴维有一段时间了，但一开始时，她拒绝了他。她只把他看作又一个想通过摄影赚钱的年轻帅哥而已。他确实比大多数人更聪明、更有魅力，但她只觉得这很烦人。评判摄影师的依据应当是他们拍摄的照片，而不是他们的个性。在看了戴维的摄影作品后，她改变了自己的想法。看到他的工作状态，她明白了，他的个人魅力也是其艺术创作的组成部分。他用自己的魅力调动模特的面部表情，捕捉令人着迷的瞬间。他的魔力对男性模特、儿童模特和动物都很奏效，对女性模特则更有用。他似乎能轻松做到这一点，但这其实说明了他有着高超的技艺。他的打光技术能让一盘菠菜都显得性感无比。

当贝卡与他谈及工作和事业规划时，她的崇拜感油然而生，这种情感绝对不是轻浮的情愫。她希望从专业的角度加深对他的了解，因为她自己已经厌倦了在广告公司的工作，考虑开启属于自己的事业——营销和管理像戴维这样的天才摄影师。有很多次，他们一边吃饭一边谈论这个话题，还喝得酩酊大醉。

几年后，贝卡决定将两人的关系升级为恋人，随后他们步入婚姻，因为除了同床共枕的对象，戴维无法信任其他女人。他希望他们之间有爱，所以他火力全开，向贝卡施展了所有魅力，贝卡自然而然地坠入爱河。她成了他的妻子，他随时都需要她。贝卡充分发挥自己的技能和才华，并依托戴维的技能和才华成立了公司，让他能够自由发挥。相比婚姻伴侣，贝卡和戴维是更好的商业伙伴。

鲁思和保罗的儿子托马斯出生于他们婚后18个月。他是鲁思和保罗双方父母的第一个孙子，这让小家伙有了特殊的家庭地位。餐厅员工也都很喜欢他。这一次，贝卡真的承认了她对姐姐的嫉妒。她和戴维结婚已经8个月，但他们都同意过几年再考虑生孩子的事。托马斯两岁半的时候，鲁思又怀孕了。几个月后，医生推荐她去做一种叫作"超声波扫描"的新型检查。他解释说，胎心听上去有些不寻常，考虑到她的家族史，这次极有可能怀了双胞胎，而且他确实听到了两种心跳。扫描会给出确切的答案，因为通过超声波扫描，他们可以看到子宫内的胎儿。鲁思和保罗将托马斯托付给了她的母亲，驱车几小时来到了大学附属医院，做了这项先进的检查，果然是两个宝宝。看到她们蜷缩着的身体，听着她们小小的心跳，感觉很奇妙。

　　11周零2天后，鲁思生下了两个死胎，是两名女孩，就像她和贝卡一样。她痛不欲生。没能生下活着的孩子，她产生了深深的负罪感，一想到自己的悲痛情绪影响了对托马斯的关爱，她的负罪感就更深了。她知道，自己已经有了一个漂亮健康的男孩，她应当感恩，但她一心只想着眼睁睁地看着那两个孩子死去，自己却无能为力。她试着做一个托马斯需要的母亲，但她知道，他能感受到她内心空空如也。保罗和她的母亲很给力。母亲透露，鲁思和贝卡3岁时，她有过一次艰难的生产经历，生下了一个死去的男胎。所有人都希望她能将此事抛诸脑后，重新怀孕。但就是因为她一直无法放下这件事——尽管孩子们的奶奶很想要一个孙子——鲁思和贝卡没能拥有弟弟妹妹。他们搬家的一个原因就是想摆脱奶奶的唠叨。

　　鲁思很感激她的亲朋好友，他们都很体谅她，愿意给她时间。3个月后，贝卡回来和他们共度周末，鲁思觉得身体开始恢复。她向贝卡倾诉了自己遇到的问题，而聆听贝卡诉说自己的难题给了鲁思更大的帮助。听到戴维"发现"自己无法对贝卡专一时，鲁思一点儿也不觉得惊讶，让她迷惑的是贝卡的态度。贝卡显然很在意戴维，但他们之间的关系在鲁思看来并不算"真正的婚姻"。贝卡丝毫没有流露出因为戴维的不忠而受伤的迹象。她说，她知道戴维不会离开她，因为他需要她。他现在享受的生活都是由她安排的——公众形象、境外旅行、聚会、现金流等都是由她一手打理的。他钦佩她的组织能力，她也钦佩他的艺术才华。酗酒和吸食毒品成了他生活的一部分，这让贝卡非常担忧。但目前为止，他的健康和工作还未受此影响。这段婚姻最糟糕之处在于他们的夫妻生活。他和一名女子有过一段非常认真的伴侣关系，这名女子教会了他性虐和捆绑。她现在已经离开了他，但戴维却保留了前卫的性癖。贝卡不想细说这个词，但她向鲁思保证自己没问题，只是试吸过几次毒品，并不喜欢它。然后她哭了，说好想有一只温柔的手能抚摸自己，让自己感受到拥抱和关爱。鲁思和贝卡相拥而泣，整整5分钟。

星期一的早晨，鲁思和贝卡道了再见，这时，她已经坚强了许多，开始回归日常的工作，也负责照看孩子。她计划让汤姆[①]每周上五个上午的托儿所：一方面是给自己留出时间，从失去双胞胎宝宝的阴影中走出来；另一方面，现在人们都说孩子要接受学前教育，才能更好地为正式入学做准备。她决定利用上午的空闲时间看看如何拓展家里的生意。当地议会宣布了一项新的计

---

① 汤姆是托马斯的昵称。——译者注

划，要发展市中心的购物区。她和保罗在寻找新的投资项目。要不要在城区再开一家麦当劳呢？她试着将新的餐厅想象成自己新的孩子。

和鲁思在一起的周末帮助贝卡以新的方式审视自己的生活。诉说自己的问题使她意识到，她和戴维在一起完全是在禁锢自己。她设立公司并推动其发展，他俩是共同所有人。公司给他们都发了数目可观的薪水，她也存了一部分。但和公司的市值相比，这点儿收入实在微不足道。问题在于，公司的价值来自戴维的名气。虽然贝卡也参与了公司的宣传，但成果都属于戴维。她在这一行有很多朋友，也帮了别人不少忙，但这些人都不是真正意义上"她的"朋友。所有人都认为她只是戴维－贝卡共同体中不那么光鲜的另一半。她能倾诉的对象只有鲁思和一个以前的客户菲奥娜。她和菲奥娜最近才熟悉起来。有一天她们一起喝咖啡，菲奥娜说戴维让她想起了自己的前夫。接下来的对话让她们建立了亲密的友谊。

贝卡花了很长时间才决定脱离"火坑"。她希望公司能正式"成立"，于是成立了公司，并顺利运转了4年。员工们都棒极了，工作档期排到了几个月之后。但贝卡仍然很焦虑，她已经33岁了，觉得再不生孩子就来不及了。她确定自己可以兼顾工作和做母亲的职责，但却不愿意和戴维谈论此事。鲁思打来电话说她又怀孕了，这让贝卡终于下定决心。她停用了避孕药。3个月后，孕检结果显示阳性。她不知道戴维会对此作何反应，但她决定不管他的想法。他只是把孩子视作麻烦，提出的解决方案就是让她堕胎，这着实让贝卡震惊。当她拒绝"做掉孩子"时，戴维变得很沮丧，接着他大为光火。他说自己完全不记得他们结婚之初有过数次关于要孩子的讨论。他辩称，结婚只是为了享受生活。然后他大怒，说他喜欢现在的生活，如果她想要改变，就请她离开。当晚，贝卡和菲奥娜住在一起，第二天，她约见了律师。给鲁思的电话里，贝卡提到了自己怀孕的好消息，也说了要离婚的事。鲁思觉得，离婚也是个好消息。

鲁思生下女儿海蒂后5个月，贝卡的女儿劳拉也出生了。戴维最终同意了离婚律师的方案，答应贷款来赎出属于贝卡那一半的公司资产。钱到账的时候，劳拉18个月大，贝卡和菲奥娜已经是情侣了。她们买了一套房子，共同抚养劳拉和菲奥娜的儿子亚当，让他们像亲兄妹般成长。劳拉准备上学前班的时候，贝卡也准备好了重返职场。她鄙夷广告行业的浮华虚荣和尔虞我诈，另开了一家公司，专注于宣传非营利组织的募捐活动。

同性婚姻一经合法化，贝卡和菲奥娜就立即举办了婚礼，正式确定了她们的关系。所有人都认为这场婚礼浪漫有加。对于父母如何接纳菲奥娜作为他们的"儿媳"，贝卡不太有把握。但他们对此看得很开。母亲说："和女人结婚比和想杀了我外孙女的男人结婚强得多。"她们的婚礼是父亲参加的最后一场家庭活动。5个月后，父亲离世，母亲则搬入了老年社区的公寓。（未完待续）

在海量选择中寻找方向

我们正在经历的文化转型给了我们更多选择，同时也在扩大我们之间的基因差异。鲁思和贝卡是双胞胎姐妹，这说明她们有一半的基因是完全一样的。另一半的基因差异部分解释了异卵双胞胎并非完全一样的原因。但她们的不同经历也非常重要。如果人们有很多条路可以选择，而基因又影响了他们所做的决定，那么亲兄弟姐妹的人生之路也会渐行渐远。她们选择的不同道路将会塑造她们的发展方向。如果出生在更早的时代，贝卡应该没有能力选择离家去往大城市读大学。她应该只能待在离家较近的地方，生活也会和鲁思相差无几。

如果生在更早的时代，这对双胞胎的其中一个，甚至她们两个都极有可能无法存活到成年。文化转型带来了新技术，使我们能超越更多身体局限，如迟缓、虚弱、笨拙等。我们可以以更快的速度到达更远的地方，也可以和他人进行远距离通信。面对缩短祖先寿命的诸多疾病和意外，我们都能存活。针对如何抚养大脑更大、"更难应付"的后代这一由来已久的问题，我们也有了更多选择。

现在，怀孕生子给母亲带来的风险已经降低了很多。在转型开始以前，女性怀孕大约有 1% 的致死率，死因可能是怀孕本身，也可能是分娩的过程。到 20 世纪中叶，孕产死亡率在部分西方国家已低于 1‰。如今，在发达国家，这一比例接近 1‱。在较不发达的国家，怀孕带来的风险更高，但即便是最贫困的家庭，女性的孕产存活率都远高于 99%。

婴幼儿存活率则有更为可观的提升。在我们祖先的时代，孩子的存活情况由于环境的差异而有显著不同。但孩子在成人之前的死亡率高达半数仍不少见。而今天，在最为困难的家庭中，孩子的存活率都高于 90%。在大部分发达国家，这一比例高于 99.5%。新的医疗技术让我们有了新的方式来掌控是否怀孕以及受孕的时间。避孕手段让我们既可以享受性爱又不致怀孕，这也潜在地增加了我们在性生活频率和对象方面的选择。免疫法、抗生素、抗病毒药物等减少了性病传播带来的危害，尤其是现在人们的社交网络和性关系网络都在不断扩大。

鲁思和丽贝卡一代的许多西方人不仅都已进入 70 岁，而且健康状况良好，还期望再活 10 年，甚至更久。疫苗使他们免受流感和肺炎等疾病的侵害，而在以前，很多老年人都死于这些疾病。肺炎通常被称为"老年之友"，因为在老人身体虚弱、无法做事、成为家庭负担时，它通常能让其安然离世。在 20 世纪中叶的西方社会，这种疾病在很多与子女同住、受子女照护的老人中仍然很常见，但现在已经非常罕见了。老人照护已是又一个由专业人士接手的家庭工作。

人们的信仰和期待也在改变。结果是，即便现在生活的某些方面已经方便得多，人们却似乎并没有更开心。客观说来，大部分祖先的生活和我们的相比都更为粗野、更加无趣，他们的寿命也更短。但他们的文化赋予了其信仰，帮助他们应对这样的生活。他们的期望值更低，因此坏的结果对他们来说就不那么难以接受。此外，族群间共享的信仰发生了文化进化，如对神圣使命和死后重生的信念，这能帮助他们尽量过好当下的生活。在 20 世纪，婴幼儿的存活率得到提升，夫妻双方都期盼着怀孕能有个美好的结局，对于极少数失去孩子的人来说，这种悲痛就被放大了。人们对于幼儿存活率的期望变化如此之快，以至于信仰和情绪的转变还跟不上。像鲁思和丽贝卡的奶奶一代的女性在成长过程中，婴幼儿的死亡非常常见，因此她们也就很难理解年轻一代的女性在经历了流产或死产之后深深的悲痛情绪。整整经过了一代人的时间，文化才进化出了对这种情绪的理解，也才开始为经历了类似悲剧的女性提供她们所需的支持与安慰。

那么，人类有可能更开心、更满足吗？抑或是转型会让我们感觉更差？当然，不少人都担心，不管是从环境保护的角度还是从情绪健康的角度看，如今这些"不自然"的生活方式都无法长期维持。一些政客和专家称，这种担忧是夸大其词。他们认为，大量数据清晰地表明情况越来越好。那我们应当只关注好的一面吗？这对于人类来说可能吗？一些心理学家已经提出，人类可能很难对自身所面临的境况形成客观的看法，因为进化为人类大脑设定的程序就是忽略好消息，只关注问题以及问题可能如何进一步恶化。[2]

充分理解祖先的生活能从另外的角度解释人类一直以来对现代生活的不满——有时甚至是极度的痛苦。祖先是家族成员，他们的安全感来自作为家族成员的身份。当受到家族的孤立、忽视或得不到重视时，他们会感到痛苦。这种痛苦的感觉能帮助提升祖先本人和其所属家族存活的概率。这种不愉快的情绪体验会鼓励人们努力劳作，展现出自己对家族的价值。[3]作为转型的一部分，家族的角色也发生了改变，但想要获得归属感和被重视的感觉已经刻进了我们的基因。它们一直延续，当我们觉得在学校里、工作中，或在一群我们欣赏的人中间不那么合群时，我们就会感到痛苦。这种痛苦的感受不那么容易摆脱，因为解决的办法并不是显而易见的。我们欣赏的人可能和我们很不一样，沟通与信任因此难以实现。我们渴望归属的集体不一定在意我们，也不关心我们的最大利益。[4]

在现代社会，想要找到合群的方式可能很困难，有时这甚至是不可能解决的难题。现代社会似乎给了我们很多选择，但我们常常无从得知哪种选择会让我们获得价值感，得到支持。很少有孩子能长大成为足球明星或演员。对我们最好的选择可能一开始看着不怎么样。有些人就是对不能实现的选择感兴趣。有些人承受着选择错误造成的后果。很多人感到孤独，渴望得到支持和欣赏，却不知该如何获得。其实，解决的方式有很多种。我们可以养宠物，它们会对我们表达感激。我们也可以尝试做一些能在社交媒体收获"点赞"的事情。艺术和娱乐能分散我们的注意力，也能激励我们。心理治疗师、药物、酒精也会给予一定帮助。但现代文化仍需进化出更多预防和减轻孤独感及其他心理健康问题的方法，而这些问题似乎都是由新的生活方式引发的。

鲁思和丽贝卡经历了一些艰难时期，但她们自己和身边的人都认为她们的生活有意义，也对他人有所助益，从这个角度来说，她们取得了成功。然而，从传递基因的角度来说，她们的生活就不那么成功了。鲁思有两个孩子，贝卡只有一个。作为现代文化的一部分，人们的生活总是充满竞争和压力，但就基本的生物学层面而言，我们的竞争并不算激烈。我们的文化进化出了各种社交工具和故事，鼓励我们去发现更广泛的、具有潜在重要意义的目标和活动。生儿育女仅仅是其中一个选项而已。

从基因传承的生物学角度来讲，大多数带给我们压力的目标和活动更像是童年游戏，而不是真正的竞争。文化带来的目标和活动赋予了生命意义，也能让我们的生活变得很糟糕。[5]有些痛苦的经历是无法避免的，因为我们不可能随时"赢"。但在理想状态下，我们可以做到足够好，继续享受"游戏"。如果人们认为自己无法做成任何有意义的事，或者缺乏相应的技能去取得了不起的成就，就会出现问题。现代文明必须努力进化出让所有成员都能感受到自身价值的方式。

当人们决心在生儿育女这件事上花费精力时，现代文明也能进化出新的方式来解决可能出现的矛盾。贝卡想成为母亲，而她的丈夫却只想继续享受没有孩子的生活，他们出现了意见上的分歧，婚姻走到了尽头。随后，她不得不想办法让他对女儿的成长提供支持，并与另一位母亲组建家庭，为女儿提供一个家。在人类种群发展的历史长河中，女性充分发挥聪明才智，寻找各种帮助自己养育子女的方式。她们现在仍然如此。

第三部分：2020 年的家庭聚会

2020 年春，双胞胎姐妹满 70 岁。她们原本计划组织一场盛大的家庭聚会来庆祝生日，但新冠肺炎[①]疫情防控政策让聚会没能实现。她们没有举办云聚会，而是决定推迟活动。她们现在已经正式成了老年人，每天都和伴侣一起待在家里。她们也会出门锻炼、购物，但很多东西都是送货上门的。她们非常担心已经 90 多岁还独自住在小公寓里的母亲，担心她一个人在家里会感到孤单。但母亲很快就学会了使用 Skype 和 Zoom[②]，还定期与亲朋好友视频。

封城禁令一解除，他们就都聚到了鲁思和保罗的家中吃了顿大餐，大人们坐一桌，双胞胎姐妹的 6 个孙子孙女坐另一桌。开餐之前，她们的母亲讲了一段非常暖心的话，说她对两个女儿和她们的成就感到骄傲，尤其是她们养育了一群了不起的子女和孙子孙女。她还说，她们才 70 岁，她期待着她们取得更多成就。然后，她请求大家一个小时之内不要再谈论疫情了，她已经厌烦了探讨疫情以及世界如何变化这类话题。

吃过甜品，孩子们便自顾自地玩起了手机和平板电脑。托马斯告诉大家，他为母亲和姨妈准备的生日礼物出结果了。他采集了她们的唾液样本，送去一家基因检测公司。他花了好长时间仔细阅读了检测结果。他说，最有趣的结论是她俩有着不同版本的 DDR4 基因。他解释说，现在认为，这种基因会影响大脑部分区

---

① 这本书英文版出版于 2021 年，当时我国对于 COVID-19 的中文翻译仍是新型冠状病毒肺炎，简称"新冠肺炎"。2022 年 12 月 26 日，该病更名为"新型冠状病毒感染"。——编者注

② Skype 和 Zoom 都是网络通信平台。——译者注

域的神经递质间的平衡。贝卡的基因组版本与做出冒险决定的人相关联，而鲁思的版本则与更为谨慎的人有着相似之处。

"所以，这就是为什么我妈离开家，搬到大城市，最后和女性结婚，而你的妈妈待在老家，过着更为传统的生活？"劳拉问道，"一切仅仅是因为这一个基因上的差异吗？"

"当然，鲁思永远都是'理智'的那一个，"贝卡说，"我们还是孩子的时候，鲁思就总是不让我做一些她认为很危险而我认为很有趣的事儿。"

"就像那次我们闯入比查姆的地盘吗？"鲁思问。姐妹俩哈哈大笑，家里人忙问究竟。于是，她们略带夸张地讲了一些童年的捣蛋行为。

"外婆，您担心您的女儿们攀爬建筑、放牛、勇闯富豪罪犯的豪宅吗？"劳拉问。

"不，我不担心，"老太太回答，"现在想想，我好像是一个挺不称职的母亲，但在那会儿，那些事都很正常。孩子们都在户外玩耍。你得让他们学会照顾好自己，也照顾好彼此。"

"我们也喜欢母亲这样，"鲁思说，"但等到我们自己为人父母的时候，有些事就变了。我很难想象让托马斯或海蒂干我们小时候干过的事。"

"我也不能，"贝卡说，"也许我是双胞胎中比较爱冒险的那一个，但我绝不可能让劳拉或亚当冒我们当年冒过的险。他们现在都说，玩玩泥巴对孩子的免疫系统有好处。也许，如果我不是总把你收拾得干干净净，劳拉，你也不会得哮喘。"

"很多事都变了，"鲁思说，"就像……在我们进入青春期之前，没人谈论性。现在人们似乎对此事大谈特谈。"

"哦，算了吧，"托马斯说，"不是这样的。大人们自己谈论性，但不会对小孩子谈。"

"不，她是对的。"他的外婆说道。

看到所有人都看着她，外婆继续道："如果你外公跟我谈性，我都不会嫁给他。我们婚后很多年都没有谈过。但失去儿子后，他说不会再让我经历那样的事。我知道，在我们做爱的时候，他很小心地不让我再怀孕。但我们都没有谈过此事。"6

"性是生活中一个很正常、很自然的部分，外婆，"劳拉说，"为什么你觉得不能谈呢？"

"夫妻之间孕育新生命的行为，对我来说太重要，也太神圣了，所以我无法谈论它。我们没有合适的词，因为'好人'不会说那些词。后来，在20世纪60年代，很多人开始谈论性，也会写作与性有关的内容，我们就学到了一些词。这让性显得很简单……也在某种程度上有些廉价。"

"但它并不简单，"贝卡说，"我们谈到性时，哪些内容是合适的，哪些内容是有害的，大家还是不能完全理解或者达成共识。"

"就像我们在如何养育子女的问题上也无法形成共识。"鲁思补充道。

所有人都看向客厅，孩子们都坐在那儿，每个人都专注于自己手上的一方屏幕。

"抱歉！"鲁思说，"那句话听上去像是在批评，但实际上我认为你们都是很棒的父母。我必须得承认，我曾经很生气这些年轻人过分沉迷于电子设备。这和我们小时候太不一样了。但我现在非常感谢这些设备，因为有了它们，即便我们被该死的病毒分隔，也能保持联系。"

"嘿，鲁思姨妈，我们不该讨论疫情哦，"亚当说，"而且不用担心，我们知道您的意思，要掌握事物的变化规律很难，即便是像养育孩子这么重要、这么基础的事。"

"太可怕了，"海蒂说着举起了酒杯，"那么，就让我们为未来干杯，相信我们可以携手把握未来。"

我们都是"文化大巴"的驾驶员

几乎所有的人类族群都已走入了现代化进程。它革新了关于"人之所以为人"的概念，并且继续革新这一理念。[7]人类在 2020 年新冠肺炎疫情防控期间的表现，为此提供了最佳诠释。短短几个月中，病毒的传播完全改变了人们的生活。这在人类历史上是绝无仅有的重大事件，但这种独一无二的特性与 2019 年出现的新型冠状病毒无关。新的病毒在随时出现，只有一部分像新冠病毒一样具有传染性和致死性，而这种病毒的出现并不独特。新型的致命病原体在人类历史上和史前都反复出现过。

新冠肺炎的独特之处在于感染的人口数。如果这种病毒出现在现代化进程开始之前，比如 1719 年而非 2019 年，它的影响会小很多。事实上，它可能仅在当地传播。病毒要想扩散，就必须感染长途旅行者和加入新族群的人，在 1719 年，很少有人能这样做。游牧民族只在家族群体之间往来，大多数时候都不接触陌生人。农耕者和工匠们过着定居生活，几乎不会离开他们出生的地方。只有感染了以旅行和与陌生人打交道为生的人，例如商人，病毒才有可能传播。但在 1720 年，病毒只能以步行的速度传播，需要数月甚至数年才能四处扩散；在 2020 年则仅需数周。

如果一名行商感染了病毒后来到一个集镇兜售商品，他就有可能将病毒传染给到访过他摊位的人，但在1720年，人们对陌生人都心怀戒备，不会走得太近。他们也许无法解释为何会带着这种戒备心理，但和陌生人做生意时保持"安全距离"的人总是会更成功一些。太过友好、太过轻信他人的人更容易上当受骗、遭遇盗抢，或者感染免疫系统并不熟悉的病菌。很少有人会效仿这种"外向"的处事方式。避免和陌生行商过密接触也许可以保护人们免遭病毒感染，但总有几个本地顾客可能会被感染。于是，在接下来的几个星期乃至几个月内，病毒就会在当地传播。和今天的病毒类似，大多数感染者都是轻症或毫无症状。只有少数人会出现重症，有些人还会死亡，亲友们则会以常规方式悼念他们。

18世纪的很多死亡记录都提到了"发热"是致死原因。但在18世纪，还没有人收集、分析和发布公共卫生数据。大家不会担心医院床位短缺，因为当时根本没有医院。人们在家中接受家人的照料。医生或其他治疗者会来到病榻前问诊，但不是所有人都能负担诊疗费，而且，医疗工作者本来能做的事其实很有限。他们对有关发热病因的理解是错误的，其"重症监护"的理念甚至可能包括用水蛭吸出患者的血液。

祖先们也许已经注意到了，在新的病毒出现时，会有大量人口产生发热症状，但在历史记录中，1720年并未发生大规模流行病。黑死病曾在14世纪席卷欧亚大陆和非洲北部，数千万人因此丧命，而当时全球总人口不到5亿。城镇和村庄都成了空城。

由于现代化使得人们和数代以前的祖先大为不同，新冠病毒在2020年引发了全球大流行。根据现在的标准，生活在1720年的人卫生条件很差，营养状况也很不乐观。但是，作为整体族群，他们却没那么容易感染新冠肺炎。21世纪的人口中，最容易感染的是老年人、肥胖人群，或有心脏病、癌症、糖尿病等基础疾病的人群。而这类人群在 18 世纪则要少得多。当时没有任何科学知识用以防治霍乱、黄热病、疟疾、麻疹、天花等常见传染病。[8] 伤口感染可能会致命。结果，很多人还等不到步入老年就死去了。那些有心脏病、癌症、糖尿病的人也不太可能活下去。此外，比起肥胖，饥饿才是当时更为突出的健康问题。

现代人类的另一个不同之处在于，我们不认为感染会致死。我们比 1720 年的祖先有了更多的知识，也掌握了更多科技和社交工具。当预料之外的新问题出现时，我们才会感到不安，而这种不安对于生活在仅仅数代以前的祖先来说是习以为常的。在 1720 年，无论是居住在中国、欧洲、非洲还是美洲的人，基本生活方式都相似，他们和数千年前的祖先的生活方式也很相似。现在的人类则和他们不同，而且，随着现代化进程的继续推进，我们和他们只会越来越不同。这种不同不仅仅是不断变化着的技术和日益增长的财富。人们关于如何理解宇宙、人类是什么样子的、生活是为了什么等理念也已发生了变化，并且会持续变化。

这是为什么？大多数人能想到，为什么自己在某些事物上的选择发生了改变。但通常我们也拿不准。至于其他人为什么这么想、这么做，我们肯定就更拿不准了。在某些方面，全球人类已经非常相似。除了南美洲少数与世隔绝的部族，地球上的其他人都接触了现代全球文明。但日益增加的联系让我们越来越意识到不同文化间的差异。与我们最亲近的人通常和我们有着截然不同的理念和行为。同一个家庭的成员有可能就像是栖居在完全不同的文化世界中。

很少有人愿意拿现在的生活去交换 300 年前的生活，但文化的多样性和文化的快速变迁的确带来了挑战。有时候，我们好像都被困在一辆在陌生地界横冲直撞的大巴上。有时风景很糟糕，所有人都希望这段路程走得快一些。但即便一切顺利，旅程也很值得，一路却依旧风险重重。路途中无法预见的碰撞，就比如全球疫情大流行，会让这辆大巴翻车吗？有人在驾驶这辆车吗？对此有两种观点：一种认为，无人操纵这场文化转型；另一种观点则认为，一场神秘莫测的全球大阴谋主宰着一切。后者的看法比前者让人安心。是否有人了解我们所选择的路线？是谁让这辆大巴上路的？这场飞车之旅的动力来自何处？这辆大巴有刹车吗？

很多故事都讲述了现代化转型如何开始，其中大多数认为特定的技术变革非常重要，如印刷技术和运输业的发展。[9]它们使得理念和信息能以更快的速度传播到更广的范围。贸易、探险和移民带来了经济收益。那些故事还提及了有影响力的思想家，如早在 17 世纪就撰写了有关人权论述的约翰·洛克，也提到了 18 世纪编写美国宪法的领袖。不过，这种故事大都专注于想法、发明、重大事件和历史人物，只能部分地解释文化变迁。

这是因为，文化属于整个族群，不仅仅是重要人物和重大事件影响了文化进化的方式。我们每一个人都很重要，小型事件亦是如此。文化大巴没有一个固定的驾驶员，我们每一个人都在驾驶。过去族群中死去已久的人也在影响着我们的旅程，因为他们帮助建造了这辆大巴及其要走的道路。人类的旅程早在几百年前就已踏上新的道路，这很可能是由于携带文化信息的网络发生了深刻变化。

持续变化的文化信息网络

在祖先们远不能被真正称为"人类"的时候，它们和家族成员生活在一起，共同养育大脑更大、"更难应付"的后代。数万年来，人们深深植根于自己的家族，通过家族与文化信息网络产生联系。当代西方人中很少有人有旧式大家族的成长经历。除了极为富有的大家族，其他人的生活都很艰难。孩子并非焦点——长辈们也许很喜欢看着孩子们玩耍，但他们懂得，不能过分溺爱。孩子们需要帮助做家务，他们在帮助长辈的过程中也在学习，但这种学习很有限。农耕家庭的成长经历只能教会他们农耕，所以农民的后代一般也都是农民。农耕家庭的童年生活不会让孩子产生追逐其他志向的想法。要想成为一名经验丰富的手艺人，男孩子就得出生或被收养在手艺人的家庭中。有时候也会有学徒制这样的安排，但这对男孩的家庭来说代价就有点儿高昂了。

不管女孩出生在什么样的家庭中，人们都理所当然地期待她们生儿育女。女孩们会帮助抚育年幼的亲属，一旦她们长大，就承载了成为妻子、母亲，最终成为祖母的期望。过去的人们，尤其是女性所面临的选择很匮乏，这通常被视为有权有势的男性或宗教组织的压迫所致。但我们在第7章中已经解释过，与这类限制相关的文化进化，以及确保限制得以落实的信仰和习俗，都是由社会环境不可避免地带来的。组成整个族群的各个家族在许多方面合作，也在最为基本的生物学方面开展竞争。家族为了延续，必须养育新的成员。

只有当人们能够绕开家族，独立与文化信息网络产生关联时，才有可能出现改变。当个体能够直接成为其他社会群体的成员，如工厂里的工人、学校的学生、教堂中的礼拜者，人们才有可能接触更多的信息来源。18世纪初的欧洲，日益增长的创新与贸易往来创造了新的机遇，造福了许多家族。他们得以在当地社群的支持下养育更多的孩子。新增的年轻人必须利用新的机遇安身立命，在矿场、工厂、建筑工地找到工作。他们学习手工艺，制作手工艺品，或者在不断扩大的消费市场中买卖、运送货物。有些人受雇于富有的家庭做仆人。

要找到或者创造新机遇，年轻一代通常得离开他们出生的小圈子。不过，他们还是会尽量和认识的人离得近一些，旅行的时候也尽量和亲友一起，还会选择已经有亲属居住的厂区或城区定居。但这和作为家族的一员已然不同。年轻人从小被教导要警惕陌生人，因此他们中的大多数都发现搬离原来的家庭是件难事。很多人都出现了在今天可能会被称为"抑郁"或"疲乏"的虚弱症状。那个时代的医生将之称为"乡愁"或"思乡病"，而且他们将这些症状视作真正的疾病。[10] 通常，患者病情很严重，医生能做的只是建议他们回乡。这种方式一般都能起到治愈的效果，但很少有人能负担医疗费用，而且大多数人没有选择回家。他们只能寻找别的法子来缓解思乡的症状。学习阅读和写作会有所帮助，人们可以借此与老家的亲朋好友交换信息，也可以努力控制自己的不安情绪，试着去结交新的朋友。在外来务工人员聚集的区域出现了社团，社团将来自不同族群却有着相似爱好的人凝聚到一起。加入社团会让人觉得自己属于一个有爱的集体。有些社团是宗教性质，有些是政治性质，还有的则侧重体育运动和其他业余爱好。有的社团只是为人们提供了一个聚餐、饮酒，甚至赌博的场所。

这些新的群体便是重构人类族群的开始。它起源于欧洲，但很快就在其他族群中发生，而且至今仍在延续。在世界某些地区，年轻人现在才开始离开家族久居之地——久到无人记得从何时起便住在这里。全世界都在上演这样的故事，尤其在中国、印度，以及位于中东、南亚、非洲、中美洲、南美洲等地的国家。如今的年轻移民对于离开家乡的复杂情感和几百年前就开启征程的欧洲年轻人一样。一旦离开熟悉的地方，他们身边就会充斥着新的信息，大脑便会开始吸收这些信息。

一旦人们成为一个具有不同结构的社群的一部分，古已有之的以家族为基础的文化的内在支撑就会开始扭曲。思乡的年轻人聚集在工作地，大脑已经继承了与他人建立关联的基因，陌生人便不再是陌生人。当同在矿场工作的男性将工友视为"兄弟"时，他们就会更开心，也更感安全。纺织厂的女工也会关照她们的"小姐妹"。在休息日共同参加宗教仪式的善男信女则感觉彼此像亲人一般。分享食物和饮品的人们也开始感到亲近。酒类也许能加深这种亲近感，至少暂时如此。

与陌生人产生亲近之感对真正的亲人之间的亲近感构成了挑战。如果一名男性去教堂聆听了关于饮酒的害处，他可能会疏远每周六都和朋友们买醉的亲兄弟。新形成的群体的成员之间会感觉彼此像亲人一般，但不一样。人们在新的群体中时，会相互交换信息。在家族内部所传达的信息会比较推崇家族生活和传统美德，提倡能进一步增加家族利益的文化元素，如服从长辈、生儿育女。新群体中分享的信息则提倡另一套利益模式。同事之间希望完成工作和赚钱；体育团队希望提升体能与技能，赢得比赛；政治团队希望改变现有的组织和管理模式；宗教团队希望实现由他们的共同信仰所定义的目标……

人们在新群体中建立联系后，倡导以家族为重的价值观就要让路，大家就可能会忽视忠于家族、为家族尽责的这种由来已久的信仰。支持家族利益的文化元素与人们的生活结构关联太过紧密，无法迅速松绑，但已开始逐步脱钩。随着时间的推移，它们之间的关系越来越松散。最终的结果就是现代化进程的发生。一旦与以家族为基础的体系相关的信念和实践开始瓦解，新的理念就会出现。例如，人们开始谈论"人权"。在欧洲前现代化时期以家族为基础的体系中，拥有权利的是整个家族。人们就权利进行协商，有时甚至为之而战，将权利一代代传承。在欧洲的很多地方，土地的所有权或使用权由统治家族授予，权利固定长达数个世纪。随着家族势力的削弱，家族个别成员就有可能，也需要获得更强有力的地位。有的人可以自己开始做生意，从而变得富有，那么他理所应当有能力买下完全属于自己的庄园——不管统治家族很久以前就相关利益达成了何种协议。

一旦人们享有权利的理念出现，这种理念就会开始演进。当18世纪的欧洲知识分子开始宣称人类享有权利时，他们并非意指所有的人。有些知识分子还拥有奴隶。但"权利"这一概念开始自己获得了生命。1948年，联合国通过了《世界人权宣言》，称"人人生而自由，在尊严和权利上一律平等"。[11] 对于很多人来说，这份宣言似乎是一项巨大的成就，而有的人却对此持怀疑态度。不同族群的人对权利有着不同观点。男性有权殴打妻子吗？女性有权穿任何想穿的衣物而不必担心受到男性的骚扰吗？人们有权享受医疗服务、拥有枪支，或与同性结婚吗？

在人类历史的大部分时期，性与婚姻都由家族掌控。这是家族努力存活的有力武器，也能确保女性在养育孩子方面得到支持。而当年轻人离家生活和工作后，这一切就会发生变化，因为他们有机会在没有家族介入的情况下遇到有可能结婚的伴侣。我们很容易发现——如果两个年轻人确立了关系（"坠入爱河"），他们的家人就不应该阻拦他们结婚——这一想法是如何产生的。因此，欧洲人逐渐认为，婚姻就是两个相爱的个体结合。他们的后代关于婚姻的理念就与那些强势的家族所持的理念更加背道而驰。

现代化进程始于城镇和大城市，但很快，以家族为基础的文化在农村地区也开始衰微。许多农村人都有亲戚在城镇工作，越来越多的人学会了读和写。18世纪和19世纪的书信、日记、文学作品等提供了大量证据，佐证了当时人们的信念和感受发生的变化。新的理念通过亲友间的书信和印刷的书籍及小册子传播，哲学和政治题材的文章、布道、淫秽作品和科学报告都能读到，最受欢迎的是虚构作品。18 世纪的欧洲出版了大量畅销小说。[12] 有时，印刷厂的印制速度都跟不上读者的需求。书籍只能按小时租借。读者讶异于他们与书中人物的亲近之感，以及他们对这些人物的关注程度。有的人甚至不敢相信这些人物竟不是真人。亲友们一起高声朗读书中的内容，为悲伤的情节流泪，为大团圆结局欢庆。这是一种全新的体验。

小说不仅使人们感到自己与书中角色关联，也给未曾谋面，却在某些重要方面有共同之处的人创造了一个社群。他们享受了一段共同的经历，很多人都走过同样幻想出来的黑暗走廊，为同样可怕的事屏住呼吸，也觉得比起自己的表亲，他们更了解书中的女主角。知道彼此都曾经历这些戏剧性的情节，会让读者们与更广泛的群体建立个人的情感联系。这种感觉使人们开始觉得自己属于某个民族，是某个国家的公民。[13] 最终，他们将自己归为全人类的一部分。

神秘的"失控"

在现代化进程中，发生的最为深刻而重大的变化是女性生育子女数量的减少。研究这一变化的人口统计学家将之称为"生育率下降"。这个名词并非指人类的生育能力下降。人们还是会生育孩子，但却主动选择减少生育孩子的数量。[14]

这种下降首先发生在欧洲族群中，现在几乎已经在所有族群中发生，至少是正在发生（见图 8.2）。很多族群间有着巨大的文化和经济差异，但在所有族群中，生育率下降的趋势却惊人地相似。

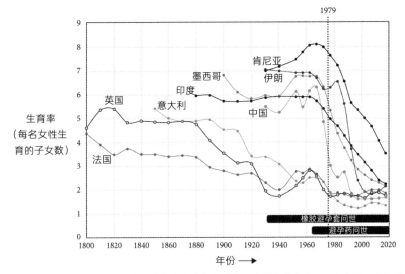

图 8.2 生育率下降。几乎所有族群的生育率都在过去几个世纪中发生了巨大变化。由于现代人类就生活在这种变化之中，所以我们不太容易觉察变化的神秘之处。但如图所示，人们给出的生育率下降原因通常与已知的证据不一致。

生活在欧洲城市的夫妻最早决定控制自己生育子女的数量。控制家庭规模的理念最早出现在法国，随后传播到欧洲其他族群。这一理念在欧洲国家中传播得较慢，而在距今更近的年代出现生育率下降的国家中则传播得更快。这也许是由于 19 世纪和 20 世纪初期的通信技术不够发达。生育率的起伏与某些重大事件有关。例如，在两次世界大战之间，欧洲许多国家的生育率经历了一段低潮期。第二次世界大战结束以后，某些国家的生育率又有了短期的增长，这一现象被称为"婴儿潮"。

从 20 世纪 70 年代开始，中国倡导计划生育。1979 年发生了伊朗伊斯兰革命。生育率下降的证据驳斥了很多西方人的观点，即认为伊斯兰政府使伊朗出现了现代化进程的倒退，迫使女性重回传统角色。事实上，很多夫妻是在革命发生之后才开始控制自己生育子女的数量，使女性有更多时间做别的工作。

避孕技术的进步，如橡胶避孕套的问世，可能使生育率进一步小幅降低，但避孕技术并非导致生育率下降的原因。相反，是控制怀孕次数的想法引发了现代避孕技术的发明。

生育率下降之前：夫妻们的所作所为似乎是要在可能的范围内养育最多的子女。尽管婚俗各不相同，但在大多数文化中，女性都会在婚后不久怀孕，或奉子成婚。（在有些文化中，如果妻子未能在一定期限内怀孕，这段婚姻就会被视为无效婚姻。）在生育率还未出现下降趋势的族群中，两次生育之间的间隔期有长有短，但通常来说，如果孩子顺利存活，母亲会在他／她 1 至 3 岁时再次怀孕。35 岁以上的女性生育间隔会拉大，但健康女性会继续生育，直至 45 岁左右。一名女性一生通常会生育 8 名甚至更多子女。

生育率下降之后：女性一般会在她们第二个或第三个孩子出生后便选择不再怀孕，即便她们只有二十几岁。生育率从高到低的转变并不是循序渐进发生的。它通常发生在同一代人身上。那些有 8 个及以上兄弟姐妹的人自己却只有两个孩子由于我们（本书作者）是现代全球文化的组成部分，所以完全能理解为什么现代人类会限制自己生育子女的个数。（本书一位作者有两个孩子，另一位只有一个。）但是，从进化的视角来看，任何理解进化论的人都会认为，这种人类生育行为的突然变化是很奇怪的。我们的祖先辛勤劳作，尽可能多地养育子女。我们是他们的后代，从他们身上继承基因和文化，但我们的行为却大为不同。人类行为如何产生了如此突然的变化？

　　对公众讲述的有关人类进化的故事鲜少提及生育率的神秘下降。这一点倒没有什么疑问，因为这些故事的读者很少认为生育率下降是很神秘的事。对于现代人来说，低生育率似乎寻常而自然，而且，我们大多数人会觉得祖先们应该和我们想的差不多。[15] 按照许多人的想象，祖先们是希望控制家庭规模的，只是苦于不知道如何实现。现代的人们在未查阅证据的情况下就假设，过去大多数孩子的出生都只是祖先们无法控制的性欲的副产品。他们认为，是避孕技术的发明导致了生育率的下降。[16]

　　欧洲生育率下降的时间点有力地证明了这种观点是错误的。在欧洲许多地方，远在避孕技术进步之前，很多夫妻就已经开始限制子女数量了。[17] 此外，在很多后来才开始经历生育率下降的族群中，即便有了避孕手段，夫妇们也仍在一定时期内拥有较大的家庭规模。[18] 生育率并非在避孕手段普及之时才开始下降，而是在人们决定减少子女数量时。

　　关于欧洲人如何避孕并没有公开的记录，毕竟大家不会公开谈论性事。但 19 世纪和 20 世纪欧洲人所写的私人信件和秘密日记清楚地表明，人们很了解如何既享受性爱，又避免把精子射入女性的阴道。[19] 只不过，当时似乎大多数人都认为已婚夫妇不应该这样做。[20] 由于他们对这些事的看法并未留下书面记录，因此，对于他们的想法，我们不得而知——很有可能他们自己也没有完全"想"明白。

　　一些关于男性迫切渴望得到男性子嗣继承人的故事颇为有名。（英格兰国王亨利八世就是一个著名的例子。）但生活在生育率下降以前的欧洲人，其文字记载并未表明他们走入婚姻就是为了拥有一定规模的家庭。也许，他们将性欲和对孩子的爱更多地归于精神层面。如果婚姻的目的是养育生命，夫妻们可能会觉得他们在道德上无权决定要养育多少条生命。但这并不意味着他们就认为女性应当不负责任地随便怀孕。准妈妈需要得到必要的支持来养育她的孩子。只有已婚女性（或马上就要结婚的女性）才应当怀孕。一旦女性成婚，家人们就会认为她应当与丈夫保持"寻常而自然"的"亲密"关系。如果这种行为导致了怀孕，那么夫妻双方就应尽心抚养孩子。

　　对属于现代文化的人们来说，如果一对知晓如何避孕，又在养育已有子女上面临困境的夫妻还继续生育，似乎是件疯狂的事。他们在想什么？我们无法询问死去已久的祖先，但在20世纪，西方人类学家和援助工作者与许多生活在高生育率的贫穷国家的人对谈，试图理解他们为何接二连三地生育子女。这些地方的人们说法都一样。在20世纪90年代初的西非国家马里共和国，一名叫作茜坦的女性曾接受采访。茜坦已经是多名子女的母亲，她也听说过避孕药，但并未使用过。

采访者：茜坦，你还想再生多少个孩子？

茜　坦：啊！这得由上帝来决定。

采访者：你自己希望这一生有多少个子女呢？

茜　坦：我不知道……等上帝叫我不生我就不生了。

采访者：你想要几个男孩、几个女孩？

茜　　坦：孩子是天赐的，是上帝决定给不给你的。你自己不能对孩子做出选择。[21]

我们在第 7 章中已经解释了，在一群为了生育数量而竞争的家族之间，共有文化会保持一套规则，鼓励家族成员以能确保孩子存活的方式行事。在这样的族群中，自然选择也会更加青睐认为不应限制子女数量的家庭，他们选择服从规则，接受发生的一切。他们不仅应当接受所有的孩子，也得接受其中有些孩子——通常是较为体弱的孩子——无法存活的可能性。[22]

如果你能想到，进化就是将遗传特征复制并传递给下一代，那么，就能想通为何这种相当阴郁且带有宿命论的生命观持续已久。文化特征得以传承是由于人们向生活中的其他人学习。在被划分为各个家族的族群中，孩子们会从同一族群的其他人身上学习，但他们绝大部分是向其家族成员学习。一项简单的思维实验说明了为何生育率居高不下。

想象一下，族群中大多数人都认为，已婚夫妻应当接受他们怀上的孩子，不应试图避孕。我们姑且将这种文化特征称为"接受"。现在，再来想象，每隔几代就会有一些夫妻想要限制子女数量，以此减轻生活的压力。我们暂将这一文化特征称为"限制"。

表 8.1 给出了两种文化特征下夫妻可能拥有的子女数量。

表 8.1 "接受"特征与"限制"特征的夫妻子女数量对比

	"接受"夫妻	"限制"夫妻
生育率	平均生育 8 名子女	在生育 3 名子女后开始避孕
死亡率	2 名子女死于发热 1 名死于事故	1 名子女患高热，但由于良好的护理，死亡率减半 父母对子女更上心，因此无死亡事故发生
存活子女数	5 名	2.5 名（平均数）

如果"限制"夫妻比"接受"夫妻享有更好的生活，那么，少数"接受"夫妻的子女就有可能会承袭"限制"特征，但差别可能不会那么大。生活对于每个人来说都很艰难。因此，只要孩子认同了自己的家族及其生活方式，他们就会"继承"父母的文化特征。自然选择可能会妨碍"限制"特征的传递。[23]"接受"家庭中孩子存活的概率更小，但每一代活下来的孩子数量仍为"限制"家庭的两倍。"接受"家庭的孩子通过照看年幼的家庭成员，获得了大量实用的看护技巧。等到他们结婚时，就会既有意愿也有能力生育更多的下一代。"限制"家庭的孩子缺乏照看婴幼儿的经验，所以，为人父母对他们来说是件难事。他们可能会决定不要孩子。几代以后，"限制"的文化特征将很可能从族群中完全消失。

现代化进程开始后，"接受"这种文化特征仍将继续受到自然选择的青睐，但当年轻人接触了非家族群体时，"限制"特征就更容易被承袭。非家族团队的成员们分享不同的目标，习惯于自主选择如何支配自己的时间。不与大家族生活在一起使得他们更能自主地掌控生活，但大多数人在一段时期内仍然遵循着从家族中学到的规则和习俗。他们试图教育孩子，要尊重老的价值观。但是，最终有人会开始琢磨，为什么生活非得如此艰难。在形成了现代化新架构的族群中，崇尚家庭生活和传统道德的风气已经淡化，女性不必接二连三怀孕生子的理念也就有条件开始传播。[24]

我们在第7章中提出，文化进化可能和基因进化一样出现"失控"，使某种特征在族群中复制、扩散，变得更为极端。基因进化失控的典型例子就是孔雀的夸张尾羽。修筑纪念物的壮举则是文化上的失控表现。大多数情况下，极端特征会受到自然选择的限制。如果孔雀被硕大的尾羽阻碍了行动，就容易成为掠食者的盘中餐。一个族群如果过分耽溺于修建庙宇，邻近族群却潜心制造武器、为充实军队培养男孩，前者就很容易受到后者的进攻。

社交网络结构的改变使得现代文化能免受自然选择的影响，至少暂时如此。技术和贸易的发展使人们很容易获取足够的食物，而且，由于现代人的子女数量很少，他们可以将精力分配至其他各类活动。人们选择追逐的目标可能会驱使文化进化发展到失控的状态。比如，一些值得为之努力的流行的目标，如"接受良好的教育"，会随着人们的竞争而消失。人们花越来越多的时间去获取更多的证书、文凭和学位，就有可能忘记受教育的真正目的。对于我们认识的教授来说，教育研究生和教育儿童所花的精力几乎不相上下。

现代族群几乎已经对生育率上的自然选择产生了免疫，因为在家庭规模上，自然选择已经没有什么选择余地了。大多数来自高生育率族群的移民也在一两代人的时间内转变为现代的低生育率。在世界上很多地方，以家庭为基础的文化刚刚开始瓦解，生育率也刚开始下降。年轻人在他们出生成长的地方无法找到工作，正在向就业机遇的聚集地移居。

现代性规则的例外

尽管有些人抱怨，如果居住在简单的老式社群中，我们的生活会更健康、更快乐、更可持续，但现代化进程似乎仍然一往无前地发展着。然而，有些群体仍然抵挡住了现代化进程。19 世纪时，欧洲的现代化发展势头强劲，许多宗教领袖都对他们所看到的变化表达了关切，他们认为，这些变化几乎都违背了神的意志。一小部分人将这种警示听进去了。

属于阿曼门诺派、哈特派、门诺派等教派的新教教徒尤其担心现代文化会破坏他们和上帝之间的关系。一些被称作"旧秩序再洗礼派教徒"的人选择限制自身与外部世界的联系，生活在以家庭为基础的小范围社群中。他们的群体在北美很多农村地区依然繁荣兴盛，但其与外界的联系少之又少。旧秩序再洗礼派教徒的职业一般为农民或体力劳动者，他们通过劳动换取薪水以购买他们认为的生活必需品，包括为现代医疗服务付费。但他们回避消费主义，避免参加一切可能使现代思维方式渗透他们文化的活动。他们不看电视、不看电影、不读描绘现代文化的书籍。有的人甚至没有车，也不在自家社群之外交朋友。

　　19世纪，犹太教信徒也面临着现代化进程对其生活和行为的改变。有些犹太群体选择抵制现代事物，坚信现代行为与犹太律法抵触。他们后来被称为哈勒丁派，也称"极端正统犹太教徒"（见图8.3）。他们以家庭为基础建立社群，散见于北美、欧洲和以色列等地。尽管哈勒丁派的许多人生活在城市，被现代文化包围，他们依然通过紧密团结的社群和限制与外界及媒体的联系保持遗世独立。孩子们通常上的是特殊学校，男孩和女孩分开接受教育。

图8.3　哈勒丁派成员遵从的某些规则使他们具有典型的外貌特征。例如，已婚妇女不得在公众场合暴露自己的头发，男性则不允许剪掉两鬓的头发

近年来，穆斯林、印度教和佛教族群开始了现代化进程，其宗教领袖同样对现代文化进行了批判，这些族群也有可能产生持续抵制现代生活方式的宗教群体。旧秩序再洗礼派和哈勒丁派社群表明，这种群体可以和现代族群和平共存，但这种共存其实很脆弱。他们总是认为自己是独立的，但其生存其实依赖于生活在他们周围更大规模的现代群体，包括了现代群体所创造的财富以及对他们的容忍和保护。他们与现代群体的关系现在正处在危险之中，因为他们自己的族群增长速度太快了。旧秩序再洗礼派和哈勒丁派保留了传统的以家庭为基础的结构，也就保留了鼓励高生育率的规则和习俗。在这样的社群中，妇女生育 7 个以上的孩子是很普遍的事。几十年来，他们的人口每年增长 3%～4%。在 3.5 代人的时间里，原本主要居住在美国宾夕法尼亚州的一小支阿曼门诺再洗礼派的人口便增长至大约 33 万。现在，在美国的 50 个州中，阿曼门诺派至少分布于 31 个州。哈勒丁派犹太人则更多。有观点认为，大约有 50 万哈勒丁派生活在以色列之外，有将近 100 万哈勒丁派生活在以色列境内。现在，他们约占以色列总人口的 1/9，但未来哈勒丁派的比例还将快速增长。在 20 岁以下的以色列人中，1/5 是哈勒丁派。[25] 如果哈勒丁派和旧秩序再洗礼派能适应人口众多的情况并继续保持高生育率，他们最终可能取代现代族群。["温柔的人有福了，因为他们必承受地土。" (《马太福音》5：5）]

人口负增长与现代性

如果一个族群的成员仅将家庭视为他们所属的众多社会群体之一，他们对待很多事物的态度就会开始改变，最终，对家庭规模的限制就会成为族群文化的组成部分。但人们接受家庭限制的理念所需的时间长短不一。接受这一理念的不同时机已经并将继续对各族群形成广泛而深远的影响。法国历经的沧桑变迁便是极好的佐证，在那里，控制怀孕的理念首次出现并广为流传。

1750年，法国在国王路易十五的统治之下。当时，法国是所有欧洲国家中人口最多的国家，也是处于开始席卷整个欧洲大陆的变革的最前沿。欧洲各股势力争相与外部世界建立联系。商船在大洋上往来不绝。他们与人做贸易，也买卖人口，将人运往被卖掉的地方并强迫他们劳作。法国在加勒比海地区、印度和美洲都有殖民地。在北美，"新法兰西"①从墨西哥湾一直延伸至加拿大北部，比英国在美洲东海岸占据的一块狭长的土地大得多。法国士兵和他们的美洲本土盟友常合力击退试图向西进犯的英国殖民者。1756年，"七年战争"②开打，由法国领导的欧洲国家联军对战以英国为首的联军。

新的联系也在法国境内产生。人们开始形成一种共享的"法国人"身份。马布利③等哲学家称，所有法国民众，包括来自贫穷农民家庭的仆人，都是法国公民，都享受权利，也应受到尊重。那时的贫苦农民基本不识字，但来自更高阶层的人们热衷于自我教育和教育子女。全国的地产持有者、手工业者和商人都希望紧跟时事热点，在巴

---

① 新法兰西是北美洲的法属殖民地。——译者注
② 七年战争（1756—1763），是英国–普鲁士联盟与法国–奥地利联盟之间发生的一场战争，因持续时间长达七年，故称七年战争。18世纪，英国与法国、西班牙在贸易与殖民地上相互竞争；同时，普鲁士与奥地利在神圣罗马帝国的体系内外争夺霸权，从而引发战争。其影响覆盖欧洲、北美洲、中美洲、西非海岸、印度和菲律宾群岛。——译者注
③ 马布利（1709—1785），18世纪法国著名政治家、哲学家和历史学家。——译者注

黎的咖啡厅和俱乐部中高谈阔论。他们阅读伏尔泰、狄德罗、卢梭等学者的著作，并在俱乐部中就书中内容进行探讨。女性写下的书信表明她们和丈夫一样对这些内容感兴趣。[26] 人们的父辈和祖辈的生活都围绕着家庭和当地社群，但新一代中的许多人则对他们努力建立的国家表露热爱与忠诚。他们探讨成立一个新的政府来取代王室和贵族。他们需要通过一场暴力革命推翻旧的统治家族，而这场革命发生于1789 年。

人们担心旧秩序的解体可能导致道德沦丧，因而对与日俱增的自由博爱思想不再那么乐观。有人强烈谴责追逐时尚的"巴黎女郎"将自己的孩子送到乡下奶妈处寄养。而城里的"育婴堂"里据说塞满了被未婚母亲遗弃的婴孩。

18 世纪 70 年代，一位叫作让-巴蒂斯特·穆欧[27] 的年轻人开始探索法国人口的发展情况。他是高级公职人员奥热·德·蒙蒂翁男爵的私人秘书。通过他的雇主，穆欧得以接触大量信息，包括应王室政府要求收集的来自法国各个地区的出生、死亡和婚姻记录。牛顿和拉瓦锡等科学家运用数学来描述物理世界的特性，而穆欧意识到，他也可以运用数学来描述法国人社会生活的特性。他抓起鹅毛笔开始奋笔疾书，写下了他从数据中发现的模式——社会状况及其关键数据之间的关联。

现代人认为，政府管理国民并为之服务是理所应当的事，要做到这一点，政府就必须收集和分析有关国民的信息。穆欧以数十年之先的远见，看到了政府需要知晓的事物，也找到了如何运用数学来获取相关信息的方式。当然，他身上不免带有时代烙印，他讨论其个人发现的方式表明了"'法国'应该是什么样子的"这一理念是如何演变的，以及这种演变对人们的行为和思想产生了何种影响。

1778 年，穆欧的作品付梓，书名可以译作《对法国人口的实证研究与解读》。[28] 这本书将近 300 页，通过多份表格总结了法国不同地区之间的人数差异。第二部分探讨了容易影响人口"进步"和"倒退"的因素，在"论道德"一章中，他摒弃了科学论证，开始表露自己的观点。在这一章的开头，他指出，养育孩子是一项昂贵而沉重的负担，因此他认为"（但凡有）逻辑和精明的头脑就不会使得人类种群不断增殖"。如果人口继续增殖，他认为道德的存在就十分必要：

> 必须要有一种坚守原则的责任感来驱使人们承担家庭的负担。孩子们所展露的爱与顺从让父母们可以预见晚年的幸福光景。这种感受和性情都是道德使然。

穆欧将"法国"视为一个庞大的家庭，生活在其中的人们有着手足之情。每个人都对国家负有责任，正如大家对家庭亦有责任。我们很容易明白为什么现代人都会有这种认识。到目前为止，人类族群仍然被划分为各个家庭。文化的日益进化迫使人们把眼光投向自己的小家庭之外，转而将自己视为国家的一员时，大家就很容易将这支新的群体看作一个正在扩大的家庭。社会出现了"俄罗斯母亲""祖国"德国、美国"国父"等说法。"爱国主义"（patriotism）一词就源自拉丁语 pater，意为"父亲"。

如果人们将国家视为家庭，孩子们就很重要。家庭的终极目标就是生育子女，穆欧认为，对于国家来说也一样，因为庞大、强壮而健康的新一代将能保证国家的存续和发展。穆欧警告说，法国可能面临着问题，因为统计报表显示，"浪荡子"[29] 行为正越来越普遍：

富有女性最大的乐趣和唯一的工作就是玩乐，将生儿育女看作古已有之的骗局的人不只是她们。只有人类才知道的灾难性秘密[30]已遍布乡村：大自然在村庄中也会受到欺骗。

假如这些放纵的行为和嗜杀成性的习气继续蔓延，将会对国家造成毁灭性的后果，就如同以往瘟疫带来的破坏。是时候阻止这些隐秘而可怕的因由了，正是它们导致了人口减少——否则，再想控制它就来不及了。

它们确实反映了1778年许多法国人的想法，尤其是卢梭的拥趸。卢梭担心，现代社会正在侵蚀人们生活在"自然状态"下时所自然拥有的道德感。

但是，让我们将有关道德和文化差异的想法先放在一边，来考虑点儿实际的。如果国家就像一个正与别的家族竞争的家族，那么穆欧的担忧就是合理的。事实证明，"导致人口减少的缘由隐秘而可怕"，而法国对此束手无策，这的确削弱了法国在世界上的竞争地位。

在19世纪初期，法国和英国的妇女生育率大致相当，但随后，法国的生育率下降，而英国的上升（见图8.2）。图8.4表明了这一现象的结果。在19世纪绝大部分时间里，英国及其他几个国家的出生率保持了高位。婴幼儿死亡率也很高，尤其在城市，但由于出生率足够高，所以人口还是实现了增长。欧洲许多地区的人都越来越富足。更多的人结得起婚，夫妻们也养得起更多孩子。然而，在法国，限制家庭规模的理念进一步遍及全国，生育率进一步下降。

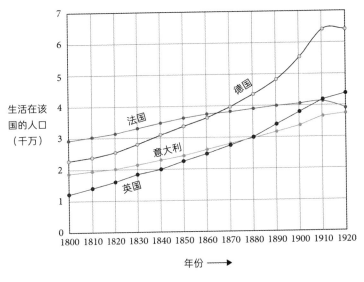

图 8.4　欧洲人口变化图。19 世纪初期，法国人口远多于欧洲其他国家。但法国人比欧洲其他地区的人提早至少三代开始控制子女数量。欧洲其他国家尽管有数以百万计的人移居美洲、大洋洲和非洲南部，但人口仍然实现了快速增长。低生育率加之战争造成的死亡率，以及随后发生的致死流感疫情，导致法国在 1914 年之后人口有所减少

　　一开始，这种理念并未扩散到法国以外。英国女子仍然相信，只要结婚，她们就得接受并尽力照顾随之而来的小生命。即便像艾玛·韦奇伍德这样富有的英国女性——在青年时代曾造访法国——也将生儿育女视为自己的使命。1839 年，30 岁的艾玛嫁给了达尔文。他们共育有 10 个孩子，她最后一次生育的年龄是 47 岁。当时的英国女王维多利亚和她的德国丈夫也是如此。他们一共育有 9 名子女，如果不是女王年仅 42 岁便丧夫，她很可能会再度怀孕。不只是富贵人家能够养育更多孩子，来自各阶层的人的生活水平都有提升，能够在更早的年龄段结婚并养育更多孩子。随着工业革命改变了人们的生活，英国的就业机会越来越多，随后是德国和北欧国家。这些国家成为制造业大国，它们的贸易版图呈爆炸式扩张。法

国也在实现工业化，但发展进程缓慢得多，很难看到有人在工厂工作。在经历了两代人的低生育率后，法国没有那么多年轻人需要就业。

交通的发展让国际贸易更为便捷，也使欧洲人移居其他国家更为便利。随着欧洲人口的增长，有更多人想要离开欧洲，去看看能否在其他地方开始更好的新生活。南美洲和中美洲是许多欧洲南部的人的选择——大约有200万人来自西班牙，370万人来自意大利，150万人来自葡萄牙。葡萄牙移民大多定居巴西。奥匈帝国也有近200万人移居南美洲。欧洲北部的人更喜欢北美洲——大约500万人来自德国，360万人来自波兰，270万人来自斯堪的纳维亚半岛，320万人来自奥匈帝国，500万人来自意大利，220万人来自俄罗斯（见图8.5）。另有1 000万俄罗斯人向东进发，移居西伯利亚和中亚。最大的移民潮来自欧洲沿海的两个大岛，那里的人说英语。1 350万英国人和爱尔兰人移居北美洲，另有300万人移居非洲南部和大洋洲。他们到达之后都生育了许多子女。英语使用者在现代化进程关键阶段的生育率足以解释，为什么现在英语是外交、科学、全球商业中主要使用的语言。[31]

由于法国人较早地开始限制生育，因此他们仅为欧洲的移民大潮贡献了"涓涓细流"。如今，加拿大东部法语区的700余万人是17世纪和18世纪早期到此的数千名法国殖民者的后裔。1759年，法国和英国为争夺"新法兰西"的北部区域开战。法国战败，这块土地成为英属加拿大殖民地的一部分，居住在那里的法语使用者成为大英帝国的子民。新法兰西的南部区域于1803年以1 500万美元的价格卖给了美国，即知名的路易斯安那购地案。这笔钱被用于资助法国军队，以便法国统治者拿破仑进军欧洲其他国家。但拿破仑的军队以失败告终。在整个 19 世纪，相较于欧洲其他国家，法国的人口在持续减少，其国力和影响力亦是如此。

图 8.5　移民在德国汉堡港登上去往美国的蒸汽船。该画稿于 1874 年刊登于美国政治杂志《哈珀周刊》

　　直到 19 世纪下半叶，限制生育的理念才开始在法国以外的欧洲国家盛行。荷兰、比利时、苏格兰及德国北部等部分地区在 1880 年以前便出现了生育率下降。到 20 世纪，英格兰大部分地区的生育率出现下降。在这些国家，生育率下降的新闻引发了大量社会关注。和穆欧一样，一些公众人物提出，他们的国家需要增加大量人口来保持实力和活力。但随着时间的推移，这种观点被新的担忧取代。[32] 人们发现，越是富有、社会影响力越高的人，其子女数量越少，而贫穷家庭和移民群体的生育率则居高不下。到 20 世纪早期，许多经济条件较好的人开始表达担忧，担心国家人口状况恶化，因为被他们视为下等人的子女数量已经超过了他们的子女数量。有人担心，这些孩子会遗传父母的基因，身体虚弱、先天不足。也有人担心，穷困肮脏的环境会让他们成长为虚弱多病之人。早期主张节育的人，如美国的玛格丽特·桑格和英国的玛丽·斯特普都提出，如果穷人继续生育大量子女，国家将被削弱。有的欧洲人也很不喜欢移民到他们国家的"外国人"，这些"外国人"大多来自欧洲其他地区。似乎对于很多人来说，如果国家是一个大家族，近期才抵达的移民和举止与自己不同的人都不应是家族成员。

在一两代人之内，几乎所有欧洲人，无论贫富，都开始控制子女数量，等到 1945 年第二次世界大战结束时，全欧洲的生育率都很低——少数偏远封闭地区除外。[33] 在欧洲移民移居的世界其他地区，其后裔的生育率也很低。1945—1970 年，在部分移民后裔群体中出现了小规模的生育率短暂回升，被称为"战后婴儿潮"。之后，这些族群的生育率都跌至非常低的水平且一直保持低位。避孕和堕胎技术的普及使女性更容易避免生育。

在文化现代化进程开始以后，生育率通常就会下降，首个生育率下降的非欧洲国家是日本。日本自 17 世纪起便与欧洲有贸易往来，在 19 世纪，日本和欧洲国家一样，工业化进程加快、社会流动性增强。直到 20 世纪 40 年代，日本的生育率都相当高，但随后迅速下降。到 1970 年，大多数远东国家的生育率都开始下降。至 1985 年，伊朗、孟加拉国和印度大部分地区的生育率也在下降。21 世纪之初，阿富汗和非洲部分地区的生育率仍然很高，但之后也开始下降。

所有族群在其现代化进程开始后都经历了类似的变化，也面临着类似的挑战。人们接触新的理念，开始质疑老一辈的各种生活方式。一开始，人口迅速增长是由于新关系网的建立催生了更大的繁荣。当家庭不再对其成员实施较为严格的管控时，人们的生活容易变得混乱而危险。等到生活重归宁静有序，由陌生人组成的群体就需要形成新的社群，为成员提供相应的服务——这一职能以前通常由家族承担。衣食需要有保障，伤病人员需要得到照料，需要建立相应的制度来维持治安并惩戒和预防犯罪。在强大的老式家族体系中，统治家族一般通过控制自己家族成员的行为，并强迫其他家族照此执行来维护秩序。但聚居在工作地的新族群必须听从的是老板的指令。他们还得和一群不认识的人一起生活和工作。和那些有着古怪习俗的陌生人相处并不总是那么容易的。

在首批开启现代化进程的族群中，其历史记录更倾向于强调现代化的积极方面——更多地描述社会秩序的发展，却对持续数年的混乱、暴政和贪污绝口不提（见图8.6）。新风俗的演进有一个过程。人们必须对制定和执行规则的方式进行试验，确保规则能维护治安、促进贸易和提升公共服务水平。在规则实现良好运转之前，人们的思维方式必须转变。大家必须学会尊重由陌生人组成的官方机构及其制定的规则，也必须愿意为新的体制提供财力支持。

人们转变思维方式的显著标志是生育率的下降。这一现象促进了经济的增长，对人们的生活质量产生了长远影响。[34] 男性和女性都不用再奋力养育众多子女，他们能努力使自己和更少数量的子女享有更安全、更舒适、更愉快的生活。最终，低生育率对经济的促进作用会减少，因为低生育率意味着几十年后，进入劳动力市场的青年人越来越少。人口平均年龄增长，需要得到照顾的老龄人口比例越来越高。

图 8.6 英国画家威廉·霍加斯的知名画作，描绘了 18 世纪伦敦街头因酗酒造成的混乱场面。霍加斯作此画旨在支持一项法律的通过，该法律规定杜松子酒和其他烈酒将以更为高昂的价格出售。"烈酒买卖法"（也称"杜松子酒法案""金酒法案"）由英国议会于 1751 年通过。这是一种提升伦敦生活品质的新社交工具

　　比起村庄中以家庭为基础的文化氛围，以现代化文化氛围为主的城镇或者城市中的生活更具活力和激情。人们与庞大的信息网络紧密相连。这种关联可能使人们变得更为友善包容。[35] 尽管现代人类在各个方面展开竞争，但低生育率至少说明大家在基本的生物学层面已经

不再相争。我们也许正在毁坏栖息地、毫无节制地消耗资源，但从进化论的角度来说，我们已经成为地球上迄今为止最为"无私的"生物体。如果照当前的趋势继续发展，不出几代人，地球上的人口就会开始减少。如果照目前的趋势继续发展，人口减少的发生并不是由于我们污染了环境、耗尽了资源，或实施了大屠杀，而是由于文化变迁导致人们生育子女的数量减少。

许多生活在现代化进程早期的人过着野蛮而悲惨的生活，但现代化是一项进行中的事业。如今，即便在欧洲后裔中，它也处于演进状态。一代代的人不断探索着如何组建政府，组织经济活动，减少无知、贫穷、犯罪和冲突。他们的努力有成效。大多数欧洲后裔的族群都相对稳定而繁荣，但他们的文化深受其过往动荡历史的影响，其民族优越感会致使他们压迫其他民族，并且进行内部争斗。[36]他们逐渐接受了一个事实——欧洲人在世界人口中占比很小，而且这一比重在降低。20世纪上半叶，欧洲人的生育率在下降，而世界其他族群的人口正在快速增长。

尽管历史、宗教信仰和习俗各有不同，非欧洲族群在与更广阔的外部世界建立联系时，也经历了类似的变迁。他们走过的现代化道路与欧洲人大致相同。非洲、南美洲和中美洲的部分地区处于现代化进程早期阶段的族群，其人口依旧快速增长，但其中的年轻人开始接受新的理念，认为限制子女数量能够提升生活质量。当亲眼见到父辈认为理所应当的体系和理念开始瓦解时，他们就会开始憧憬更加美好的新生活。多股势力混杂交织，或相互合作，或彼此对抗，以维护秩序，或从混乱中牟利，其中包括了权贵家族、犯罪团伙、部落民族主义、宗教派系、正规军、民兵、企业界，以及各阶层的外部势力。在欧洲后裔眼里，某些国家的混乱和腐败似乎解决无门，这些情况在他们看来甚至是反人类的。但仅仅在几代人以前，欧洲人也在经历现代化的早期阶段。类似的暴力与不和时而有之。即便如此，人们照样活了下来，甚至繁荣发展——只是需要时间来进化维持治安、提供服务的新方式。来自外界的援助、建议和干预会增加进化过程的复杂性，其结果也很难预料。

与此同时，许多人正在移民（或试图移民），他们希望通过换个地方、融入一个新的族群过上更好的生活。移民和不同文化的交融可能导致某些问题。移民需要花时间学习新族群的语言和习俗。大多数移居更为现代化族群的移民都已经接纳了现代的生活方式，他们的子女也都在努力地适应环境。但有一些例外情况会影响现代人对于移民的印象。现代化转型拓展了人们的世界观，人们因此对文化差异更为包容，但思维方式的改变仍然需要时间。

为了使这个紧密联系的世界运转得更好，人类需要进化新的社交工具，而这也需要时间。大的文化差异仍然存在，前方还有很多未知的挑战，但现代化使人们在很多重要的方面都更为相似。全世界几乎所有人都认为自己是某个国家的公民，国家领袖所做的决定对民众的生活有着或好或坏的影响。我们都使用货币购买商品，在国际贸易中交易商品。即便人们继续将自己视为某个家庭、部族、民族或国家的一员，大部分人也将自己视为"人类"这一物种。

后　记

　　故事总是有个结局，在理想的情况下，那会是一个让读者心满意足的"大团圆"结局。但这对我们的故事来说不可能。我们的故事在最具戏剧性的时刻戛然而止，留下了许多未解之问：

- 人类注定会越来越现代化吗？如果答案是肯定的，那么"更为现代化"是什么样的呢？不同的现代化族群会在文化上更为相似，还是会产生隔阂、形成敌对派系？

- 由人类一手创造的全球贸易和信息共享的庞大而笨重的网络将会何去何从？诸如新冠肺炎疫情的不可控事件会使之分崩离析吗？还是说，由于人类不断改进社交工具，能够使之更为强大、运转得更好？

- 有证据表明，人类活动已经且将继续导致全球平均气温升高。大量物种面临灭绝的危险。这将在很多方面对环境造成改变。但这种变化到底是什么样的？不同的文化又将如何应对？我们发明了大规模杀伤性武器，世界上多个国家及其领导人又往往表现得好战、无能、疯狂。是否迟早会发生灾难性事件？

我们无法回答这些问题，但基于现有证据，我们可以谈谈某些事物在未来几十年间可能对人类进化产生的影响。

如果一切按现有状态继续发展，在不久的将来，人们就有可能精确地计算出人类族群的结构。20 年后，如今 5 岁的孩童就会成为 25 岁的成年人。大多数现在 80 岁的人将会离世。但事物并不会继续现有的状态。会发生不可预见的事件。也许，会出现比 2019 年的新冠病毒更具传染性、更为致命的病毒。抵抗衰老的治疗方法可能也会得到发展。火山爆发喷射的物质可能会使高层大气充斥尘土和气体，减少能到达地球表面的阳光和温度。这会暂时扰乱既有的气候模式，使粮食减产，进而可能导致大规模的饥荒。有些人实施的暴力侵略行径也可能带来灾难。发生在某一座城市的灾难会造成全球性影响。

在现代化进程的早期阶段，人口增长迅猛。更庞大、更稠密的人口在遭遇冲击时会更为脆弱。要想维持现代化的生活方式，就需要复杂的基础设施来确保食物和水的运送以及废物的处理。基础设施在意想不到的突然变故面前不堪一击。现在，我们已经有了替代家庭功能的"社会"，国家也进化出了复杂程度令人难以想象的社交工具来维持社会的运行。我们将之称为"制度"——政治制度、司法制度、卫生制度、经济制度等。所有人都认同，这些制度远未达到完美程度，但我们还未就如何改进制度达成一致。如果这些制度如同 20 世纪 90 年代苏联各大制度一样崩塌，人们将会承受巨大的灾难。

现代化将人类紧密相连，我们有理由相信，这种联结使全人类更具韧性。正如在最后一次冰期活下来的祖先，我们也许也能找到某种方式，视彼此为一个整体。这也许能鼓励我们开展更为密切的协作，而非将不同的族群视为竞争对手。如今，数十亿人口相互关联，而根本问题在于：我们究竟能合作得多好？这一问题的答案有赖于本土文化和人类共享的全球文化如何进化。

如果未来发生的灾难不会造成大量人员死亡，全球人口还将继续增长数十年。只要还找不到老龄化的解决办法，人口就将达到110亿这一巅峰数值。人口增长率从20世纪60年代起就一直在下降，但人口的绝对数量还将在一定时间内继续增长——部分原因是人类的平均寿命延长了。但人口规模的扩大主要还是由于早期的增长。如今，年轻未育的人口约占世界人口的1/3。如果当前的趋势持续下去，他们中绝大部分只会生育两个甚至更少的孩子。等到他们的孩子步入老年时，人口就会开始减少。在未来几十年中，越来越多的族群将不得不适应加速发生的人口老龄化。需要接受教育的孩子更少了，需要受到照顾的老年人却增多了。很难再找到愿意浴血奋战的年轻人，因此，过去那种人与人之间相互对抗的斗争将不再可能发生。发达国家也不会再限制移民，它们转而相互竞争，以期吸引更多年轻人加入。

我们（本书作者）相信，与猿人在非洲草原上竞争的老故事相比，我们所讲述的新故事会让我们对后代的存活持更为乐观的观点。如果对女性和资源的争夺被冠以"本性"之名，那我们的选择就会大为受限。有关本性的诸多概念在西方文化中有着悠久的历史——从高屋建瓴的讨论（如"原罪"）到随意表达的闲谈（如"男孩毕竟是男孩"），这样的理念随处可见。"本性"通常被用以解释"不良"行为，因此，论及"本性"的故事常常不得善终。这些故事也掩盖了人类的可变性。有人的表现就好像他们对权力和地位有着天生的内在渴望。有人好像无法控制贪婪和欲望。毫无疑问，这些行为会受到基因的些许影响，但并不意味着这些属于人类的行为完全由基因决定。有关祖先生活的种种证据并不能直接证明这种设定在人类遗传中不可避免。人类行为中出现的大部分"变异"现象都是通过文化传播而非基因遗传的，而且很多人的行为显示了其独特的个性。一小部分祖先的确做了欺骗背叛、横行霸道之事（不管是什么原因），但在超过 100 万年的时间里，大多数祖先都辛勤劳作，是家庭中重要的成员。他们学着如何在孩童时期得到长者的照料；等到成年，他们又学着得到同辈的欣赏；等到做了父母和祖父祖母，他们又学着得到家族中晚辈的尊重。

如今，现代社会的体验与祖先的体验全然不同，但这些体验仍然在教导我们如何融入这个世界。我们也许想打扮成公主，也许想嘲笑超重的同学，又或许想拥有一辆买不起的雷克萨斯——或者，我们决定不要这样做。人类受文化的影响正如受基因的影响。但我们并非如此天真，会全盘相信所获取的信息。不管是有意识还是无意识，我们都在决定自己要做什么，即便最后我们只是效仿了朋友的行为。现代人的决策过程尤为复杂且不可预见，因为我们接触的文化信息实属海量。

我们（本书作者）相信，现在应当抛弃"本性"这一理念。但这样做会出现一个弊端——我们将不再能够为损人害己的行为开脱。事实是，人类不断做出的行为早在很久以前就由自然选择的客观力量所塑造，并不会对我们造成束缚。在塑造人类行为的进化过程中，人人都是积极的参与者。作为个体，我们所做的决定对文化进化只能起很微弱的作用。但总体而言，这些决定会产生巨大的影响。例如，在过去几千代中，以家庭为基础的文化严格限制了性行为，但随着家庭影响的衰减，限制逐渐放松，于是，有关性行为的理念得以迅速发展，变得多种多样。这毫无悬念地引发了困惑和冲突。有人开始相信，可以将意志强加于服从自己威势的人，从而满足性欲。如果我们认为这种观念是错误的，同时积极地表示反对并争取支持，那么我们就能通过改变文化来减少这样的行为发生。

放弃"本性"这一概念也会让我们走出舒适区，不再相信本能会引领我们经历生物学层面的人生大事，如求偶、交合，以及尤为重要的养育子女之责。如果我们的孩子生来就有一颗神奇的大脑，即便输入极少的信息，也能发育成产生"正常"人类行为的器官，这固然好。但事实并非如此。证据表明，孩童在成长过程中的信息摄入至关重要。基因使人类大脑能够与外部网络建立联系。网络传递文化遗产，而人类的行为则是基于接收的信息做出的。大多数祖先都成长于大家庭，大家庭通过文化进化为年轻人提供了适宜他们年龄和发展阶段的社交网络和经验，也赋予了他们相应的责任。现代孩童成长于小得多的家庭，但他们能与相当广阔的世界建立联系。他们前往教育机构接受教育，教育机构聘请的老师会为他们提供与其年龄匹配的信息和经验。部分经历了这一过程的孩子获得了良好的发展，成为在现代社会拥有一席之地的成年人，并做出了有益的贡献。但并非所有孩童都能顺利发展，而理解这种现象的成因十分重要。

当祖先们围绕生育后代来安排社会生活时，他们的进化之路便可以由达尔文的理论来解释。人类与其他动物的不同之处在于，人类不是以个体为单位来竞争生育优势的，而是以家庭为单位。家庭成员作为一支团队共同抚育下一代。文化网络的重组使我们不再受制于养育后代这一强大的文化驱动力。文化的现代化改变了人类的生活走向，过去鼓励祖先们生养孩子的强烈情感被重新分配。现在，性行为的目的不止孕育后代。很多人将为人父母的精力都用在了养宠物上。支持庞大家族的文化规范似乎还将继续衰落，但目前无法预见将会出现何种新的文化规范来取代它们。这取决于哪些想法会轻易随着人们的想象力而发酵。

如果你纠结于"物种"这一概念，那么所有的进化故事都会以悲剧告终。物种终会灭绝。只有一小部分能进化成新的物种，将生命之光延续下去。但今时今日地球上的每一个生物体，不管是何物种，都出自过去幸存生物留下的血脉。进化故事就像冒险故事或电脑游戏一样。家族世系在复杂的环境中进化，遭遇无数挑战。几百万年前，世界就开始变化，地球生物饱受严寒、干旱及更为多变的环境的挑战。很多物种灭绝了，而幸存者具备了应对新变化的适应能力。我们自己的祖先在很大程度上依靠了不断进化的大脑以及使他们能够创造和分享"文化处方"的社交工具。大部分人类世系惨遭灭绝，活下来的这一支在大约7万年前也几近灭绝。直到最近几百年间，人口才实现了稳步增长，人类才成为地球上的优势物种。

也许，人类的未来就是不断踏上新的冒险之旅。和其他动物不同，我们会讲述过去的冒险故事，也会为新的征程制订详尽的计划——即便不可预见的事件从来不会让我们的计划顺利推进。大部分祖先的头等冒险之事便是养育下一代。现代化让我们将更多的精力分配到其他的冒险上，从具象的空间探索，到政治、商业、体育和艺术等抽象领域的探求。展望未来，我们能看到由人类集体行为招致的困境迫在眉睫，其中包括气候变化、生物多样性丧失、核时代的政治不稳定性。这些风险的具体危害程度暂时不得而知，其最佳解决方案仍具争议。但冒险旅程总是伴随着各种不确定性和风险。

我们的祖先作为集体或团队的成员来应对他们遇到的挑战。紧密相连的世界和人类共有的问题促使我们将全人类视为同一团队。也许，我们最大的挑战是发展出相应的社交工具，使之成为现实，让人类团队的每一个成员都能在冒险之旅中共享机遇、共担责任、共赢回报。

致　谢

我们撰写这本书的想法和相关信息源自众人的思考、发现和影响。我们已在注释中提及他们大多数人，读者可借此更多地了解他们的工作。

我们还要特别感谢那些对我们有关人类进化的理念产生影响的朋友和同事。首先是彼得长期以来的同事和朋友罗博·博伊德。我们想要特别感谢的其他人包括：比利·鲍姆、鲍勃·贝廷格、唐·坎贝尔、蒂姆·卡罗、德怀特·柯林斯、比尔·戴维斯、杰瑞·埃德尔曼、鲁斯·吉尼特、亚历克斯·哈斯拉姆、约瑟夫·亨里奇（即乔·亨里奇）、凯蒂·欣德、萨拉·赫迪、凯文·拉兰德、斯蒂芬·利、比尔·梅森、理查德·麦克里斯、莫妮克·博格霍夫·马尔德、罗伯特·墨菲、汤姆·波斯莫斯、琼·希尔克、约翰·欧德林-斯密、马克·托马斯、科林·塔奇、保罗·韦伯利、布鲁斯·温特海德，以及安迪·怀滕。还有那些使我们获益良多的研究生，包括布雷特·贝海姆、阿德里安·贝尔、周莲香、维肯·希利斯、尼科尔·纳尔、布莱恩·帕乔蒂、洛尔·拉坦、布赖恩·维拉、蒂姆·韦林和马特·泽弗尔曼。感谢加州大学戴维斯分校的环境科学与政策系，这是一个和谐的家。

也有一些朋友对这本书的实际写作提供了想法和建议，他们倾听我们的声音，给我们反馈意见，并阅读书中的章节（包括糟糕透顶的初稿）。他们是玛丽昂·布鲁特、巴里·博金、约瑟夫·卡罗尔、玛丽卢·卡特、霍华德·康奈尔、安德烈亚斯·德·布洛克、迈克尔·菲茨杰拉德、詹姆斯·加什、马克·格罗特、苏珊·哈里森、苏·霍奇森、贝斯·贾菲、格雷厄姆·杰弗斯、唐·洛特、玛丽·布鲁克·麦克里斯、克里斯蒂娜·莫亚、彼得·帕斯科、苏珊·皮彻、多萝西·普雷斯、萨里特·理查森、彼得·汤普森、罗曼·威蒂格、悉尼·伍德、维德·怀特和德文·扎戈里。

有五位朋友花费了大量精力帮助我们，他们认真阅读每一章，提出改进建议，并陪伴我们。他们是杰夫·亚历山大、萨拉·布里尔利、克莉丝汀·劳赫、南希·雷德帕斯和德比·沃兰德。

非常感谢我们的插画家扬·内尔丁，他也对手稿提出了许多宝贵意见。非常感谢莫里斯·西蒙斯，是他想象出了我们两位早期祖先的形象。

最后，非常感谢卢巴·奥斯塔舍夫斯基——我们的经纪人、好朋友、文艺女神，以及本书的"助产士"。

注　释

01　超越猿人

1. 历史学家埃里卡·米拉姆在其著作 *Creatures of Cain: The Hunt for Human Nature in Cold War America*（2019）中讨论了人类进化故事的早期发展，以及人们对同类的看法如何受这些故事的影响并对其施加影响。

2. 在许多为更广泛的受众而写的书中，有关人类进化的新证据和新观点已经得到描述和探讨。我们推荐以下书目 / 作者，虽然不一定同意其全部内容：

   - *The Righteous Mind: Why Good People Are Divided by Politics and Religion* by Jonathan Haidt.
   - *Mothers and Others: The Evolutionary Origins of Mutual Understanding* by Sarah Hrdy.
   - *The Story of the Human Body: Evolution, Health, Disease* by Daniel Lieberman.
   - *Behave: The Biology of Humans at Our Best and Worst* by Robert Sapolsky.
   - *The Archaeology of the Mind: Neuroevolutionary Origins of Human Emotions* by Jaak Panksepp and Lucy Biven.
   - *The Goodness Paradox: The Strange Relationship Between Virtue and Violence in Human Evolution*
   - Richard Wrangham
   - *How We Do It: The Evolution and Future of Human Reproduction* by Robert Martin.

- *This View of Life: Completing the Darwinian Revolution* by David Sloane Wilson.

- *From Bacteria to Bach and Back: The Evolution of Minds* by Daniel Dennett .

- *Sense and Nonsense: Evolutionary Perspectives on Human Behaviour* by Kevin Laland and Gillian Brown.

- *The WEIRDest People in the World: How the West Became Psychologically Peculiar and Particularly Prosperous* by Joe Henrich.

- *Survival of the Friendliest: Understanding Our Origins and Rediscovering Our Common Humanity* by Brian Hare and Vanessa Woods.

关于人类进化的教科书，我们推荐 *How Humans Evolved*，这本书现在已经出版了第八版，作者是我们的朋友和同事罗博·博伊德和琼·希尔克。

3. 乔纳森·歌德夏在《讲故事的动物》一书中探讨了故事对人类的重要性。

4. 在这本书中，我们试图讲述与证据相符的关于人类进化的故事。问题是，这些证据不免不完整。正如查尔斯·佩罗在 *The Quality of the Archaeological Record*（2019）中表示，化石和耐用的手工艺品上留下了人们生活的粗略痕迹。考古学家、古人类学家、历史学家、比较生物学家和比较民族志学者尽可能多地从这些痕迹中挖掘意义，但产生被我们称为"我们"这一复杂生命的实际事件和过程非常复杂，令人难以想象。有的线索会导致相当确凿的结论——我们可能会将之称为"事实"，需要通过理论来解读它们。但理论不够稳定，容易被新的证据和论点颠覆。一些科幻小说家讲述想象中的未来故事，力争在撰稿时不违背任何已知的科学原理。过去和未来一样模糊，所以如果我们要讲述和人类进化相关的故事，它必须有点儿像这种科幻小说。

我们依据所谓的"基因—文化协同进化理论"来解读人类进化的大致痕迹。这一理论的基本原则是，人类比其他物种更强的相互学习能力催生了人类文化，它是人类进化故事中非常重要的一部分，在我们的进化史上也扮演了越来越重要的角色。相关总结和例证能帮助理解我们的故事，参见：申南（2002），理查森和博伊德（2005），博伊德和理查森（1985），梅苏迪（2011），贝廷格、加维和塔辛厄姆（2015），亨里奇（2016）和鲍姆（2017）。其他作者的故事则更偏重基因层面。如需了解，参见理查森（2018）。

5. 美国精神病学家泰歇尔和桑普森（2016）回顾了儿童时期遭受虐待的经历导致大脑发育改变的证据，并将忽视视为一种虐待形式。越来越多的证据表明，童年创伤与忽视、大脑发育和心理健康之间存在关联。参见奥贝尔等（2019）。

6. 萨拉·赫迪一直致力于在人类进化研究中消除男性偏见。其著作 *The Woman Who Never Evolved*（1981 年首版，1999 年再版）堪称经典。但女性在更早时就已尝试针对这种偏见对男性同人提出警告。参见萨莉·林顿（1971）。

7. 今天，许多女性正在从进化的角度开展人类学研究。20 世纪开始在这一领域工作的女性包括劳拉·贝齐格、伊丽莎白·卡什丹、克里斯汀·霍克斯、萨拉·赫迪，黛布拉·贾奇、简·兰卡斯特、唐娜·列奥内蒂、波比·劳、露丝·梅斯、莫妮克·马尔德、丽贝卡·西尔、玛丽·申克和波利·威斯纳等，她们开创了一条非常广阔的道路。

8. 参见沃尔克和阿特金森（2008、2013）。

9. 参见卢恩斯（2012）。

10. 无论是与达尔文同时代的人还是现在的学者，都对他关于人类的观点有许多误解。只有少数研究达尔文的专家仔细阅读过《人类的由来及性选择》，如罗伯特·理查兹（1987）。在我们看来，对文化在人类进化中的作用，达尔文的处理方式相当复杂，而社会科学未能吸收他的思想则属于一个历史性错误。这一错误导致了一些人在几十年后偶然发现了同样的理念，并取得了大量唾手可得的成果助力事业发展。这也使得社会科学在 75 年的时间里缺乏关键工具! 参见理查森和博伊德（2010）。

11. 关于华莱士，维基百科有一个信息全面、旁征博引的词条，参见 https://en.wikipedia.org/wiki/Alfred_Russel_Wallace.

12. 源自华莱士关于人类种族起源的文章（1864）。

13. 参见达尔文的《人类的由来及性选择》（1871）。

14. 英国人赫伯特·斯宾塞（1820—1903）的络腮胡同样令人印象深刻。他认为自己既是哲学家、人类学家、社会学家，也是生物学家。他读了达尔文的《物种起源》后大受启发，提出了"适者生存"的说法——现在很多人认为这句话由达尔文提出。但斯宾塞的进化论思想与达尔文的截然不同。达尔文的自然选择理论认为生物会随着环境的变化而变化，而斯宾塞则认为进化是由简单到复杂、由较差到较好的过程。这种"进步的"进化论即便在那个年代也已过时，但时至今日，仍有许多人相信。参见德莱尔（2019）。达尔文的进化论认为，除非受到环境条件的青睐，否则复杂性或多样性的增加就没有驱动力。例如，可形成良好化石的壳状浅水海洋无脊椎动物在今天比在地球上任何历史时期都更为多样化。据瓦伦丁和穆尔斯（1970）的一篇经典论文，这只是因为板块构造将地球的陆地分割成几个较小的板块，这些板块的海岸线更长，跨越了多个纬度。每条长长的海岸线都拥有独特的物种，使得生物多样性达到空前水平。斯宾塞认为"进步"在物质世界、生物世界、人类社会和人类思想中无处不在。公众喜欢他浮夸的表达方式，而且，他的乐观看法迎合了19世纪中叶的潮流。但是，尽管科技让机器和人类生活变得更复杂，（对很多人来说也）更舒适，却没有证据表明这是"进步"这一漫漫宇宙征途的一部分。就物理学而言，斯宾塞的伟大思想类似于热力学第二定律，但却更落后！我们将在第7章详细讨论这个问题。

15. 杰米·巴顿继续与他的族人生活在南美洲最南端，但他从未忘记曾经遇到的英国人和他少年时的经历。他曾多次被叫去帮助讲英语的传教士，这些传教士试图"帮助"他的族人并向他们传播基督教。至少有两本关于他生平的书已出版，参见黑兹尔伍德（2001）和童书《杰米·巴顿》（维达利、乌曼和巴尔泽莱，2014）。

16. 当然，我们和其他动物的行为有一些相似之处，尤其是猿类。达尔文在《人和动物的感情表达》一书中探寻并发现了相似之处。这些相似之处是由于人类与其他哺乳动物共享古已有之的情感回路。有关这一观点参见潘克塞普和比文（2012）。达尔文的确认识到，即使是完全未受过教育的人类与最聪明的非人类动物之间，思维也存在着巨大差距，他在1871年出版的《人类的由来及性选择》第3章和第4章中描述了这一点。

17. 灵长类动物学家弗兰斯·德瓦尔（2016）极力倡导灵长类动物和其他动物具备思维能力。

18. 参见黑尔、考尔和托马塞洛（2001）。

19. (迄今为止）最著名的有关动物慷慨品质的案例是老鼠大小的吸血蝠。它们在南美洲和中美洲的牧区生存、捕食。它们每天晚上从栖息地飞出来，找到一只可以栖身的动物（通常是牛），在牛身上咬出一个小洞并长时间牢牢吸附在伤口上，舔舐流出的血液。在生物学家密切监测的种群中，大约有 1/5 的蝙蝠没能找到食物就返回了栖息地。发生这种情况时，那些成功吸食血液的蝙蝠通常会让胃里的部分血液回流，分给饥饿的同伴。一般来说，互助的蝙蝠都有亲属关系，如两姐妹，或者母亲和已经断奶但仍然缺乏捕食经验的幼崽。但有时吸血蝠也会为非亲属提供食物，这些吸血蝠可能是和它们共同居住过一段时间，也可能接受过它们的帮助。参见威尔金森等（2016）。

20. 有关母性行为，包括喂养他人孩子的行为，参见赫迪（2009）。

21. 弗罗斯特和理查森（2014）讨论过这一点。

02 猿类祖先（700 万年前）

1. 这个关于猿类幼崽生活故事的灵感部分来自我们读过的书籍、看过的野生动物纪录片、听过的讲座和访谈，部分来自与比尔·梅森、梅格·克罗夫特、琼·希尔克、三谷、罗曼·威蒂格、伊莎贝尔·贝恩克和萨拉·赫迪等灵长类动物学家的对话。近期出版的一些书总结了对人类身体和行为的研究结果，并大量讨论了人类与猿人的相似或不同之处。以下是一些我们已经读过的书，也推荐给想要对此有更多了解的人：赫迪（2009）、利伯曼（2013）、马丁（2013）、萨波尔斯基（2017）。

2. 人类女性在分娩时无法做到这件事。人类婴儿在娩出子宫时必须转动，才能将头部从母亲骨盆的开口处挤压出来。婴儿在离开阴道时面部朝后，就算母亲身体前倾，也不能把婴儿拉出来。

3. 催产素是一种可以合成并用作药物的化学物质，通过静脉注射后可引发子宫收缩，从而实现"引产"，但这种方式释放的催产素不会进入大脑。有科学家建议，如果能找到一种方法将催产素输送至大脑，那么就有可能将催产素作为一种药物来影响行为。部分研究表明，如果将催产素喷到鼻腔里，人们可能会表现得更值得信赖，但大多数研究都没有显示出任何效果。在大脑中自然产生的催产素可以通过与某些受体结合，对许多哺乳动物的情绪产生强大的影响。如果通过注射或鼻腔给药，合成的催产素则似乎不会到达这些受体。参见内夫、卡默勒和麦卡洛（2015）。

4. 黑猩猩母亲和倭黑猩猩母亲（在较小程度上）都有充分的理由全力保护自己的幼崽。参见注释 8 和注释 12。

5. 人们很难对野生猿类的饮食进行定量研究。参见汤普森和兰厄姆（2008）。黑猩猩以蚂蚁和白蚁为食，并制造工具来捕捉它们。这表明蚂蚁和白蚁可能是脂肪、蛋白质和微量营养素的重要来源，作为黑猩猩的主食成熟水果的营养补充剂。同样地，雄性黑猩猩也热衷于猎取较小的脊椎动物。然而，在我们能够找到的为数不多的定量估计中，与成熟水果相比，动物作为其食物的占比似乎相当小。以昆虫为主要营养来源的灵长类动物体形较小。黑猩猩的繁殖率受能量可利用率和蛋白质可利用率的影响。至少，黑猩猩在开发动物性食物来源上做出了相当大的努力，这一事实表明它们的资源非常有限。参见德布劳和詹森斯（2008）、欧尔泽等（2011）。"最近共同祖先"似乎也同样热衷于在可能的条件下以动物为食（劳本海默和罗斯曼，2013）。

6. 参见欣德和米利根（2011）。

7. 参见庞策等（2016）。

8. 参见普西等（2008）。

9. 在野外进行观察的灵长类动物学家已经记录了许多攻击性杀戮和同类相食的案例。威尔逊等（2014）对观察结果进行了总结和分析。

10. 参见费尔德布卢姆等（2014）。

11. 参见阿卡迪和兰厄姆（1999）。

12. 黑猩猩母亲将幼崽带入一个充满敌意的世界。参见汤普森（2013）、普西和斯科洛普夫-沃尔科（2013）。在社会性哺乳动物中，处于统治地位的雄性弑婴现象十分普遍，这一现象由萨拉·赫迪（1974）首次引起灵长类动物学界的注意。作为一种尤其残酷的竞争形式，雌性也可能弑婴。被杀害的婴儿通常会被吃掉，弑婴者因此获得直接的生存利益。参见沃尔科等（2018）。在这样的环境中，人们观察到带着新生幼崽的黑猩猩母亲会"休产假"，暂停与外界接触，特别是与风险最大的雄性黑猩猩接触。参见日户鸣和中村（2018），洛、霍贝特和牛顿-费希尔（2019）。缺乏经验的年轻母亲因弑婴和其他危险而失去婴儿的风险最大。因此，雄性更喜欢与更年长、经验更丰富的雌性交配。倭黑猩猩弑婴以及发生其他形式暴力冲突的概率要低得多。所以，我们可以随意想象"最近共同祖先"，它们既可能像黑猩猩一样粗鲁，也可能像倭黑猩猩一般性情更柔和，或者介于两者之间。当然，我们共同的祖先与我们所有人都不同，但我们也不知道在哪些方面不同。

13. 参见穆勒、汤普森和兰厄姆（2006）。

14. 黑猩猩幼崽几乎完全由母亲抚养。父亲和雌性亲属扮演着最为边缘化的角色。参见林和松泽（2017）。与人类相比，黑猩猩幼崽的社交网络非常有限。当人类幼崽在学习他们的文化时，他们会发现人们并非都是一样的，其行为往往也大不相同。在很小的时候，他们就开始对学习对象有选择性（更多内容参见第5章）。黑猩猩的幼崽几乎只向它们的母亲学习。如果母亲不掌握一些有用的技巧，其后代就不太可能学会。参见朗斯多夫（2006）。

15. 尽管在解剖学和行为上有很大的不同，但人类、黑猩猩和倭黑猩猩的基因非常相似。参见普吕弗等（2012）。有关基因如何决定上述三个物种的解剖学和行为差异，我们非常想知道细节。参见拉兰德、欧德林-斯密和迈尔斯（2010），以及罗斯和理查森（2014）。理解这个问题比测算基因序列的相似性难得多，因为人们还未能很好地理解大多数遗传变异的功能性意义。大多数基因都是复杂的功能性和调节性回路的一部分。事实证明，要弄清楚 DNA 序列中发现的遗传变异如何转化为所有生物体在解剖学和行为上的差异，这一过程相当复杂。但是，在少数情况下，也有证据证明其相对简单。其中一个例子是基因变化，它导致一些人继续产生分解"乳糖"的酶。我们将在第7章中提及。

16. 2009 年，《科学》杂志上发表了一系列关于地猿始祖种（*Ardipithecus ramidus*）的论文。参见怀特等（2009）。值得注意的是，很少能发现一个足以让科学家推断出生物大部分解剖结构的化石"宝库"。这至少在一定程度上反映了化石的保存问题。正如文中所指出的，热带雨林特有的酸性土壤对骸骨的保存非常不利。科学家研究了动物骸骨如何经过埋葬或不经埋葬便形成化石，结果发现大部分骸骨在形成化石之前都曾被啃食、踩踏或散落各处，正如地猿始祖种的骸骨。目前已经发现了很多块头骨，尤其是牙齿相关化石，这是动物身体最坚硬的部分。我们还需要担心的是，我们感兴趣的这些动物在它们生活的动物群中的常见程度。地猿始祖种遗址位于埃塞俄比亚阿法尔地区，在那里发掘的所有脊椎动物化石中，只有1.5%来自这一物种。当然，这个遗址之所以被深入挖掘，是因为发现了古人类化石。我们可能会接受这样一种假设，即我们的祖先在相当近的时代之前都是较为罕见的。基于人类基因的测算表明，南方古猿相当普遍，但我们自己的人属成员却相当罕见。参见李和杜宾（2011），以及斯切里等（2018）。当种群规模较大时，相当多的遗传多样性得以保存，但当种群规模较小时，保存下来的遗传多样性就少得多。在南非著名遗址——"人类的摇篮"斯瓦特科兰斯洞穴群中，布雷恩（2004）和其他许多合作者共同发现了4个人属标本、39个南方古猿标本及39个不同种类的猴类标本。被发现的鸟类和哺乳动物的总数为704只。故事往往喜欢表露这样的理念——远古人类与现代人类的相似程度与其取得成功的程度成正比。这其实是错误的。

17. 我们一直认为，人类与黑猩猩和倭黑猩猩最近的共同祖先应该与现在的猿类大致相似，但我们却不太清楚它们如何组织社会生活。正如社会学家亚历山德拉·马里扬斯基指出的，每一种现存的类人猿都有其独特的社会生活形式。除母亲和幼崽生活在一起外，红毛猩猩几乎都是独居，但即便独自生活，它们也会觉察到同类在附近居住或到访过附近。大猩猩的"后宫"制度通常是一夫二妻，或一夫三妻，再加上幼崽。黑猩猩生活在由雄性、雌性、幼崽组成的更大的群体中。在大猩猩和黑猩猩群体中，雄性体形更大，并且"支配"雌性。黑猩猩群体中的雄性通常有亲缘关系，并形成支配阶层。和黑猩猩一样，倭黑猩猩也生活在由多只雄性和多只雌性组成的群体中，雄性也处于支配地位。但是雌性倭黑猩猩会通过相互合作来限制雄性的支配地位，有时还会支配雄性。在黑猩猩和倭黑猩猩中，雄性继承父亲的领地，而雌性在性成熟后通常会移居别的群体。严格来说，现代人类也是猿类，我们生活在各种各样的社会中，有些由亲属关系组成，有些却不是，有些有正式的等级之分，有些则更为平等。

我们或许可以从这种变异中推断出，与其他灵长类动物相比，猿类的社会组织进化得相当迅速。想想生活在亚洲和非洲的许多猴类种群，它们都生活在由多只雄性和多只雌性组成的群体中，雄性位于支配地位。母亲的领地由雌性继承，而雄性在成年后就会分散各处。有着近亲属关系的雌性族群会共同竞争对其他族群的统治权。参见马里扬斯基（1992）。

18. 方法论注释：我们对人类进化历程的重构有赖于几个数据来源。从传统的角度上讲，这种重构依赖于化石，就人类而言，则依赖于石器等耐久的人工制品。比较生物学常提供重要线索。有时，某些特征在谱系中非常保守，或者它们会随环境变量的变化而发生可预测的变化。在前面的注释中，我们认为猿类的社会组织既不保守，也没有随着生态环境而发生明显变化。现代人类的基因组包含了大量有关历史的信息，（截至目前）我们甚至可以从数万年前的骸骨中提取古老的 DNA。价格低廉的基因测序技术已经开始开启这一信息宝库的大门。解读进化事件仍具挑战，因为基因和整个生物体之间的映射关系非常复杂。例如，自然选择的失败首先会发生在整个生物体或其主要部分的机能上，其次则发生在影响躯体功能的基因上。古生态学是了解过去的另一重要信息来源。正是过去的环境导致了选择压[①]，塑造了躯体和生理机能，也塑造了人类的文化。在最理想的情况下，这些领域的证据都指向同一个方向。但愿如此！无论如何，自 150 多年前达尔文撰写《人类的由来及性选择》至今，我们已经走过了一段漫长的旅程。

人类手部的进化就是适应性变化的一个案例，结合比较功能解剖学和化石记录，这一点很好理解。参见扬（2003），霍恩斯、荣格和卡里尔（2015），基维尔等（2016），以及威廉姆斯－哈塔拉等（2018）。与现代人类相比，其他猿类的手指更长且弯曲，而拇指较短。人手的关节表面则更宽。黑猩猩的手可以精确抓握、用木头制作工具、用石锤敲开坚果，它们的前肢在运动中也是必

---

① 选择压是指在两个相对性状之间，一个性状被选择而得以生存的优势。——编者注

不可少的，尤其在爬树时。因此，它们的手指又长又弯曲。然而，它们无法制造石器，至少部分原因是人类用来完成这项任务的精确抓握需要手部发生适应性变化。它们也很难精确抓握工具的手柄和长矛轴。尽管完整的手部化石非常罕见，但现存的少量化石表明，后来的双足南方古猿和我们人属早期成员的手至少已在一定程度上向现代人类的方向进化。最早的敲击石器似乎是南方古猿在第一个人属成员出现之前制造的，这似乎并非巧合。早在 330 万年前，在我们的大脑开始扩展之前，对精进制造工具的能力的选择就已经开始了。一些复杂的石器在 260 万年前就出现了。

人类进化的古气候和古生态学背景逐渐为人所了解。参见桑切斯·贡尼等（2017、2018）。在过去的 7 000 万年里，地球气候平均而言变得更寒冷、干燥和多变。沙漠和草原取代了地球表面大部分的常绿森林，导致食草哺乳动物的进化，如现代马和有蹄类动物。参见扎乔等（2001）。在过去的 700 万年里，地球经历了相当剧烈的气候变化，特别是在更新世（约 260 万年前到 1.17 万年前）。气候变得更加寒冷干燥，也极度不稳定。对更新世气候变化的适应影响了许多动物的进化。例如，对头骨化石的观察表明，在这一时期，许多哺乳动物的大脑容量都有所增加，这似乎是对大约 260 万年前开始加剧的环境变化的回应。参见杰里森（1973）。尽管猿类长期以来依靠不断学习安身立命，但生活在 700 万年前的猿类很可能比今天的类人猿大脑更小，其认知能力和社交学习技能也更差。许多向公众讲述的人类进化故事都将脑容量的不断增长描述为一系列突破，而这也推动了文化的进化。将气候变化想象为一种适应变化的模式推动文化的进化也同样重要，而文化越复杂，需要的大脑就越大。参见舍伍德、苏比亚尔和扎维德斯基（2008）。

19. 有些变异模式似乎是通过表观遗传代代相传的。除了基因序列的差异，还存在好几种遗传系统。我们在本书中所关注的文化体系主要是基于在社交网络中模仿他人或受他人教导，因为这一点对我们的血统延续尤为重要。表观遗传的生物系统涉及染色体修改，从而减少或增强基因的表达。参见雅布隆卡（2013）、博斯科维奇和兰多（2018）。

20. 有关动物友谊的研究，参见塞法斯和切尼（2012）。

21. 与伊莎贝尔·贝恩克的私人沟通。

22. 例如，老鼠并不需要有和猫在一起的可怕经历才会害怕它们。研究发现，猫的气味会触发老鼠的恐惧情绪，即使是从未靠近过猫的老鼠也会怕猫。参见潘克塞普和比文（2012）。可能猿类也经历过类似的触发因素，也许人类也是。但猿类（当然也包括人类）的反应也可以由从经验中学到的东西塑造。即便感觉上和看上去是"本能"的反应，也可能部分或完全由学习塑造。

23. 我们不应对大脑过分痴迷。大脑是习得和协调行为的重要器官，但整个身体都参与了行为的习得和执行。我们的腿部比手臂长，而臀部能让我们保持平衡，这保证了我们能学会直立行走。有的人存在严重的平衡紊乱，只能学会（笨拙地）四足爬行。参见厄兹切利克等（2008）。同样，人类双手的结构确保了婴儿能学会抓握和操纵物体。其他猿类可以用脚抓握，尽管人类足部已经出现了全面的变化，但无法正常运用手部功能的人也可以熟练地"以脚为手"。全身各处都是如此。消化系统会影响我们对食物的满意程度，肩膀能帮助我们准确地投掷。这些效应被称为"具身认知"。参见威尔逊（2002）。

24. 如果一只雌性黑猩猩在同一时期与几只雄性黑猩猩都有交配行为，雄性就不知道到底谁才是幼崽的父亲，而如果某只雄性可能是父亲，它攻击幼崽的可能性就会较小。于是，和多只雄性交配也许能够降低幼崽被雄性杀死的概率。然而，我们不可能知道黑猩猩"知道"或"不知道"些什么。仅仅是观察它们的行为就已经很有难度了。参见默里等（2016）。

25. 正如前文所说（参见注释1和注释11），我们无法确定黑猩猩和倭黑猩猩最近的共同祖先是否为一只"恋家的"雄性。这个猜测似乎有道理，但一项系统进化分析发现，在黑猩猩和倭黑猩猩世系从通往人类世系的道路上分化之后，严格的"恋家情绪"才真正开始进化。参见杜达和兹尔扎维（2013）。

26. 参见贝德斯库等（2016），朗斯多夫、斯坦顿和默里（2018）。

27. 关于类人猿和文化的研究综述，参见怀滕（2017）。

28. 大脑和身体在发育过程中如何相互作用一直是争议的热点。多年来，主流理论一直认为，心智（或大脑）由基因精心构建，因此它能够解读感官信息，并向身体的运动系统产生输出。参见威尔逊和史蒂芬·平克的著作，其他人也推广了此观点。参见威尔逊（1978）、平克（2002）、埃德尔曼（1987）。埃德尔曼抨击了这种先天的认知构造，他认为人类和其他脑容量较大的物种的新皮层过于复杂，无法通过基因来对接细节。近期，一些作者进一步阐述了埃德尔曼的观点，包括：潘克塞普和比文（2012）、安德森（2014）、克鲁比泽尔和斯托尔岑贝格（2014）、埃利斯和索尔姆斯（2017）、德里科和科拉奇（2018）、鲍姆（2017）、海耶斯（2018）。这些作者认为，大脑"新皮层"是一种具有表型可塑性①的器官。功能认知模块是在发展过程中根据经验组织起来的。皮质资源被组成功能回路，因此功能皮质回路通常会利用多个皮层区域，任何指定的皮层单位通常都会参与多个功能模块。因此，对于大部分皮层来说，把大脑视为一个区域的集合，每个区域管理一个认知功能的大脑颅相图似乎是错的。而从能量的角度而言，这说得通。脑组织的新陈代谢较快，应当尽可能得到有效使用。任何一小块指定的皮层单位都应当尽可能繁忙地运作，神经元才能在日常生活中从一个任务循环至下一个任务。大脑皮层有大量强大的自组织机制，包括社会学习和强化学习。在认知发展与环境突发事件相适应的方面，强化学习尤为重要。强化是由脑干和邻近结构中的情绪和食欲回路产生的。饥饿的时候吃东西是一种强化。愉快的社交互动也是如此。恐惧是令人不愉快的，它倾向于避免产生能引发恐惧的行为。情感回路是脊椎动物大脑中一个非常保守的古老部分，但它们广泛地投射到新皮层并接收新皮层的投射。这种双向调制意味着情绪回路能够对所学知识产生重大影响，而所学知识也能调节情绪和食欲。因此，一般的强化机制可以塑造学习和文化进化，而文化和个体的所学又能重塑强化机制。例如，在很多文化中，辣椒素（红辣椒中引发疼痛的化合物）被大多数人视为一种奖励。这种将新皮层描述为由强化机制引导、高度灵活的知识获取系统的表述，与博伊德和理查森于1985年针对文化作为对环境变化的适应所做的适应性分析高度吻合。

　　根据上述作者提出的证据，认知是建立在行为学家很久以前发现的原则

---

① 表型可塑性即同一基因型受环境的不同影响而产生的不同表型，是生物对环境的一种适应。——编者注

之上的。基因当然可以作用于脑干及相关区域古老、保守的情绪和食欲回路。例如，人类不会像黑猩猩一样害怕陌生的同类。反过来，我们温顺的性情也使我们相对容易强化与远亲甚至陌生人之间的关系。如赫伯特·西蒙（1990）所言，人类更为复杂的文化和社会建立在对陌生人的恐惧减少的基础之上。在饮食方面，食欲促使我们寻找（并制作）富含脂肪、蛋白质和高热量碳水化合物的食物。黑猩猩和我们最近的共同祖先有着更长的肠道，它们满足于营养密度较低的植物性食物——在遭遇饥荒的情况下，我们也有可能会尝试这些食物。

在我们看来，始于诺姆·乔姆斯基对 B. F. 斯金纳语言习得理论批判的"认知革命"犯了一个重大错误。"认知革命"认为，可能存在先天的认知解释或基于强化机制的行为主义解释。一些作者的看法让这一错误雪上加霜，他们提出，行为主义者和其他社会科学家认为，认知建立在一块与基因毫无关联、有悖常理的"白板"上。

29. 阿兰·罗杰斯（1989）介绍了一个简单模型，即在暂时变化的环境中发生的文化进化。模型中的个体分为两大类：个体学习者和社会学习者。确实，在他的模型中，当族群中的社会学习者数量稀少时，其人数就会开始增加，因为他们不必支付个体学习的成本。然而，随着社会学习者人数增多，他们会更多地向其他社会学习者而非向个体学习者学习。在变化的环境中，大量社会学习者往往会因过时的行为终结社会学习。在平衡状态下，社会学习者和个体学习者的适应能力相当。文化在进化，但社会学习者作为半寄生的信息收集者，其族群的适应能力并没有加强。如果不是大多数非人类文化都属于非适应性类型，会出现如此情况吗？就人类而言，文化似乎确实时时推动着族群平均适应性的提升。人类是有选择性的社会学习者和教授者。如果我们学到的东西不那么实用，我们就会求助于技术更好的人，或者尝试自己解决问题。关于这一点，参见博伊德和理查森（1985、1995）。我们已经在人类文化模型中考虑到了这些因素，并发现这构成了一个适应性系统。但我们又花了一些时间才找出罗杰斯模型的问题究竟是什么。

这是因为该模型并非完全错误。例如，专利法的出现是因为发明者的想法很容易被他人复制。如果发明成本高昂，那么有创造力的人就不愿投入时间和精力进行发明，除非他们能够从其发明中获得一些公共利益。专利法试图给予发明者合理的收益，从而将发明的社会总收益最大化。在更简单的人类社会中，能工巧匠所获得的声望可能会是一种"专利"。群体成员借此让他们知道，他们有着特别的价值，于是，他们生病时就可能得到额外的照顾，或是在婚姻"市场"上具备更高的竞争力。参见亨里奇和吉尔-怀特（2001）。

撇开人类不谈，我们可以想象，大多数非人类的社会学习只是信息搜集，这对它们的适应性并不重要。但这些研究当时还处于非人类社会学习研究黄金时代的开始。到目前为止，有证据表明社会学习是许多物种的一种基本适应能力。拉兰德（2007）及其同事研究了包括棘鱼在内的一系列不同物种，其觅食和躲避掠食者等行为都是通过社会传播习得的。哈尔·怀特黑德和他的同事伦德尔（2015）研究了鲸鱼和海豚的许多摄食适应性，它们都是文化进化的产物。与此同时，安迪·怀滕（2017）研究了类人猿文化对其生活产生重要影响的证据。人类文化之所以与众不同，是因为其复杂性、文化特征的累计复杂程度，以及人类适应性对其的依赖程度。但现在很明显，人类和其他物种的社会学习者之间的差异是定量的，而不是定性的。

30. 关于母亲在黑猩猩社会化中的重要性，参见朗斯多夫（2006）。然而，黑猩猩有时可能通过观察其他个体来获取信息。这就解释了它们所表现出的文化变异的空间模式。参见怀滕（2017）。

31. 参见怀滕等（1999）。

32. 参见西博、萨比蒂和麦克伦南（2017）。

33. 参见注释27。

03　直立行走的猿类（300万年前）

1. 1976年，古生物学家在坦桑尼亚和西非寻找化石时，发现了三个人留下的脚印，这些脚印被保存在370万年前一次火山喷发的火山灰中。它们看起来就像是三个体形较小的人类留下的脚印，由于受到侵蚀，看不出多少细节。更多的细节可能会表明，前臂较长、腿部较短的南方古猿的行走方式与我们略有不同。参见利基和海（1979）。

2. 2006 年，南非古生物学家李·伯杰（2006）重新查验了由雷蒙德·达特于 1924 年首次发现的南方古猿"汤恩幼儿"的头骨。达特认为这个孩子很可能被掠食者杀死，但伯杰得出的结论为，它是被大型猛禽杀死的。它头骨上的伤痕类似于被冠鹰雕杀死的猴子头骨上的伤痕。

3. 今天，一种被称为"长尾黑颚猴"的猴子生活在我们的南方古猿祖先曾居住的非洲栖息地。长尾黑颚猴有一套针对掠食者的警报声，它们在遭遇鹰、蛇、豹时的逃生策略各不相同，因而相应的警报声也有所区别。参见切尼和塞法斯（1990）。

4. 这是数百万年前开始的缓慢的气候变化过程的一部分。1 500 万年前，地球上大部分地区都是热带和亚热带常绿森林。那时候，猿类生活的区域最北到达了今天的莫斯科。同时，非洲东部出现了更为迅速的变化。板块运动逐渐将非洲撕裂，在东非形成了一道南北走向的"裂谷"。尽管板块运动非常缓慢，但由此触发的火山喷发和地壳运动会带来突然的变化，例如，河流走向或湖泊大小的改变，参见马斯林、舒尔茨和特劳特（2015）。非洲植被变化的证据参见乌诺等（2016）。

5. 物理人类学家丹尼尔·利伯曼（2013）对南方古猿和早期人类的骸骨和牙齿进行了详述，并讲述了他们当时的生活。

6. 有一些黑猩猩群体的领地位于森林边缘，有时它们也会进入干燥的草原和稀树草原，将其作为栖息地。灵长类动物学家，尤其是比尔·麦格鲁及其同事对黑猩猩进行了密切观察，试图了解它们为何没能进入我们祖先当年繁衍生息的栖息地。他们发现，黑猩猩的确进入过该区域，但不能进行有效的觅食，因此，他们得出结论，黑猩猩缺乏和这些地区相关的文化知识，比如这里有什么食物、如何能获取这些食物。如果母亲和幼崽没能在这片土地花上足够多的时间，这样的结果是预料之中的。参见麦格鲁、鲍德温和图汀（1981、1988）。

7. 萨拉·赫迪（2009）花了多年时间研究动物照顾幼崽的方式以及母亲从群体其他成员那里得到的帮助（又称"共享母亲"）。她收集了大量证据，证明猿类或早期人类母亲共同抚育后代的举动是人类进化故事的重要组成部分。

8. 观察黑猩猩的灵长类动物学家撰文称，年纪较大的子女可能会和年幼的弟弟妹妹玩耍，借此帮助母亲减轻负担。参见贝德斯库等（2016）。

9. 雌雄配对及雄性照顾幼崽在哺乳动物中并不常见，但不是没有（参见伍德罗夫和文森特，1994）。与类人猿属于近亲的长臂猿会出现雌雄配对现象，它们有时也被称作"小猿类"。但父亲除了与母亲合作保卫它们的觅食领地，几乎不会照顾幼崽。生活在南美洲热带雨林中的伶猴是"一夫一妻"的，父亲会照料幼崽。通常是雄性伶猴而非雌性在照料幼崽，夫妻是形影不离的。当雌性在觅食时，雄性就抱着它们的幼崽跟在雌性身后，当幼崽饥饿时，雄性会将幼崽交给雌性喂奶。

10. 参见格雷和安德森（2012）。男性为家人带回食物的看法在 20 世纪中叶非常流行，参见洛夫乔伊（1981）。许多人仍然认为，如果母亲在抚育后代方面获得了帮助，这种帮助一定来自父亲，因为从进化的角度来看，父亲和母亲一样希望看到后代存活。事实上，在哺乳动物中，父亲对幼崽的照顾是非常罕见的，而且只存在于成对结合的物种中。没有证据表明南方古猿是成对结合的，而体形上的差异表明它们的确不是雌雄配对生活。雄性南方古猿比雌性的体形大很多，就像其他类人猿一样，这通常是因为雄性将大部分闲暇时间花在了争夺雌性上。雌雄南方古猿骸骨的尺寸差异表明，它们遵循了标准的猿类模式。参见麦克亨利（2005）、申南和斯蒂尔（2005）。洛夫乔伊及其同事对一些通常被解读为性别二态性[①]证据的数据提出了疑问，并且都认为骸骨样本太小，不足以完全支撑二态性的假设。参见雷诺等（2003）。

11. 贝尔、欣德和纽森（2013）用数学术语进行了论证。

12. 如果你有兴趣了解更多关于抹香鲸的社会生活，我们推荐一本由哈尔·怀特黑德（2003）写的书。将抹香鲸的生活史应用于南方古猿似乎有些牵强，但我们认为，鉴于猿类在社会组织方面极为灵活，建议跳出框架思考祖先的生活史。

---

① 性别二态性指生物体的雌性和雄性个体之间存在明显的差异。两性体形差异是常见的例子，孔雀的外形差异也是如此。——编者注

至于另一种可能的模型，参见马蒂森等（2019）。一些人种学上已知的人类社会遵循一种极端的家庭结构体系——男性仍然与母亲和姐妹生活在一起。他们造访其他由女性主导的家庭，与生活在其中的女性发生关系。男性对母家的经济贡献很少，也只会给予配偶及他们生在其他家庭的孩子少量财富。男性的大部分精力都用于争夺配偶，而不是尽力养家糊口。马蒂森和同事们将此称为"消耗性男性假说"，它似乎会出现在——无论出于何种生态原因——女性无须男性太多帮助的经济体中。我们从倭黑猩猩身上了解到，即使雌性倭黑猩猩彼此之间没有亲缘关系，它们也能联合起来支配雄性。雌性南方古猿也会合作抚育后代，并且允许它们的儿子和兄弟在附近逗留，只要它们没有造成太大的麻烦，又能提供适当的帮助。体形较大的雄性能够有效抵御掠食者的侵袭。至于家庭作业，让我们试着想出另一种合理的南方古猿家庭生活模式吧！

13. 南方古猿已经进入了食物供应量随四季变化的环境，它们也因此可能在雨季变胖，在旱季变得瘦弱。它们花更少的时间攀爬树木，身体也就能储备更多脂肪。更多详情参见赫尔德斯塔布、范沙夫和伊斯勒（2016）。

14. 更多信息参见 W. 特雷瓦坦（2010）。

15. 关于人类皮肤及其进化过程，详见尼娜·雅布隆斯基（2008）。

16. 让母亲感到与婴儿紧密相连的情绪源自大脑不同区域与在其体内循环的激素之间的交互。但同样的系统也存在于其他情感联结的背后——伴侣之间的依恋、朋友之间的依恋，甚至是我们对宠物狗以及宠物狗对我们的依恋。科学家们正在越来越详细地了解这些系统，也试图更多地了解与联结的强度变化有关的遗传变异及触发它的原因。参见费尔德曼（2017）。

17. 参见注释3。

18. 大脑在多大程度上通过特定的重组来支持人类特定的认知成果，人们对这一观点尚存争议。一些作者认为，人类进化过程中大脑皮层的解剖结构发生了巨大的重组，参见托比亚斯（1987），霍洛韦、布罗德菲尔德和袁（2003）。其他作者则认为，哺乳动物大脑各区域之间的关联相当紧密，而且基于基因的重组是适度的，参见克鲁比泽尔（1995），芬利、达林顿和尼卡斯特罗（2001），以及塞门德费里、卢、申克尔和 H. 达马西奥（2002）。我们倾向于认为，适度的重组假设可能是正确的。如果你有兴趣更详细地了解人类和其他动物的大脑如何发展复杂的思考能力及有组织的复杂行为能力，我们推荐几本书，它们分别以不同方式探讨了这一问题。参见第 2 章的注释 28。

19. 参见于布兰、纽鲍尔和贡兹（2015）。

20. 参见注释 18。

21. 凯茜·哈耶斯和丈夫基思决心让维奇一生都住在人类家庭，不要被送去动物园或者研究机构，但不幸的是，维奇的寿命并不长，它 7 岁的时候死于病毒性脑膜炎。哈耶斯抚养黑猩猩的经历参见 *The Ape in Our House*（哈耶斯，1951）。

22. 安迪·怀滕（2017）和许多同事、合作者研究了社会学习及其对文化进化的影响。他们进行了巧妙的实验，将人类的社会学习与其他灵长类动物的社会学习进行了比较。实验表明，黑猩猩往往行动迟缓或不愿放弃过去对它们有效的觅食方式，不愿意转而采用更为有效的方法。人类可以很容易地比较两种方法并选择更有效的一种，但这对于其他动物而言就有难度了，即便是善于学习的猿类。生活在野外的黑猩猩幼崽在生命最初几年会看着母亲觅食，并可能从观察中学到很多东西，但它们很少有机会密切观察其他有经验的觅食者。因此，黑猩猩并不总会通过对比选用更好的觅食技能取代熟悉的觅食技能也就不足为奇了。在其所处的社会环境中，自然选择不会青睐这种智力水平的黑猩猩。然而，有实验表明，猿类更具灵活性。也许猿类能够学会如何更有效地进行对比。参见哈里森和怀滕（2018）。

    研究表明，人类非常善于选择学习什么以及向谁学习。这种能力在人类非常年幼的阶段便能观察到。参见拉克兹、沃内肯和托马塞洛（2009），丘德克等（2013），以及波林-杜波依斯和布罗索-利亚德（2016）。

23. 生活在圈养状态下的黑猩猩和生活在野外的黑猩猩有着非常不同的经历。圈养的黑猩猩在觅食方面不存在问题，但它们需要解决其他问题，尤其是生活在猿类研究机构的黑猩猩。研究人员会让它们做各种各样的智力测验，以此了解其智力水平。出生在研究机构的黑猩猩比生长于野外环境的黑猩猩更擅长解题。但是，如你所料，生活在野外的黑猩猩更擅长觅食。圈养繁殖的黑猩猩与野外生长的黑猩猩有巨大的行为差异，前者的行为和人类非常相似。有时，一只黑猩猩会介入另外两只黑猩猩的打斗，平息矛盾，在我们的想象中，南方古猿母亲也会这样做。这表明猿类有能力做出这样的行为。但在野外生存的黑猩猩群体中，这种第三方的介入却不常见。参见米勒等（2017）。

24. 参见华莱士（1864）。

25. 达尔文曾说："如果一个族群的成员具有高度的爱国情怀、忠勇和团结精神，他们随时愿意帮助他人，为了共同利益而牺牲自我，那么他们就能战胜绝大多数其他族群。这就是自然选择。"

26. 如今，许多进化论学者坚信，人类进化中最重要的组成部分是对友好关系的选择（又称"亲社会性"），尽管针对这一选择何时发生、以何种形式发生仍有许多不同意见。参见博伊德和理查森（1982）、西蒙（1990）、理查森和博伊德（1998）、伯姆（2012）、威尔逊（2012）、理查森等（2016）、黑尔（2017）。

27. 兰厄姆（2019）解释了驯化综合征，并指出人类对自身的驯化是人类进化中的重要元素。即便他讲述的故事和我们的故事截然不同，但我们仍然推荐这本书。我们认为，照护者的行为削弱了幼崽之间的攻击性，过度好斗的幼崽通常无法存活至成年。而兰厄姆则认为，好斗的雄性能够存活至成年，并且试图统御其他雄性，而地位较低的雄性则会群起而杀之。我们已经和理查德讨论了这两个故事版本，认为两个版本各有千秋，也许两种情节都曾真实发生。关于驯化综合征的基因解释，参见威尔金斯、兰厄姆和菲奇（2014）。关于狐狸的驯化研究，参见别利亚耶夫（1979）。

04　早期人类（150万年前）

1. 发现并描绘灭绝已久的类人动物遗骸的科学家试图将其归为和我们类似的物种。这些遗骸被命名为"能人""匠人""鲁道夫人""直立人"。基于现有证据，我们无法获知这些骸骨的主人之间以及它们与我们之间有何种关联。我们决心在本书中不纠结于这些细节问题，而是重点关注这些骸骨所揭示的早期人类的行为。克莱因（2009）编写的教材提供了关于石器和骸骨的诸多细节。《科学美国人》

和《国家地理》杂志提供了一些配有丰富图例的资料。

2. 现代人类的大脑更大，脑容量增加了50%左右。我们刻意避谈确切的脑容量，因为脑容量的小幅增加并不一定意味着什么。身体尺寸是一个重要因素，因为更大的身体能够支撑更大的大脑。一些南方古猿的大脑可能比黑猩猩大脑的平均尺寸更大，但在某些情况下，它们的身体也更大。随着祖先在进化过程中越来越脱离猿类、更像人类，他们的大脑供血量也有所增长。据计算，脑容量增加约3.5倍可将处理能力提高6倍。参见西摩、波斯奥西克和斯内林（2016）。生活在200万至150万年前的类猿动物骸骨表明，彼时它们的脑容量正在发生极大的变化。参见帕克等（2007）。

3. 关于人类何时开始说话存在很大争议，我们将在本章后面讨论。推测生活在150万年前的人类有某种语言是合理的，但我们认为这种语言和人类今天使用的语言并不相似。一些学者认为，就算早期人类有语言，那也应该是非常初级的语言。参见科克尼奥等（2004）。梅林·唐纳德（1991）推测，生活在这一时期的人可能是极具天赋的模仿者，但还不会说话。中等复杂程度的石器早在150万年前就已经被制造出来，这说明正如我们想象的那样，当时他们的认知能力可能也支撑了相当复杂的口语。参见吉布森（1991）、托斯和希克（1993）。

4. 150万年前，鬣狗的体形比现在要大，而且它们成群结队捕猎。参见P. 帕姆奎斯特等（2011）。

5. 有些人将"图尔卡纳男孩"的骸骨归为"直立人"，但有关如何归类早期类人猿骸骨仍有较大争议，因此我们决定仅将其称为"早期人类"。

6. 参见赫迪（2009）。

7. 参见马蒂森、昆兰和黑尔（2019）。

8. 更多信息参见托马塞洛（2019）。

9. 参见祖潘契奇等（2019）。

10. 参见注释3。

11. 参见理查森和博伊德（2010）。

12. 在一个名叫德马尼西的小村庄下方的沉积层中发现了五个早期人类头骨，带有一颗牙齿的头骨便是其中之一。该村庄位于格鲁吉亚和土耳其边界的高加索山脉格鲁吉亚一侧。参见赖特迈尔、洛尔德基帕尼泽和维库阿（2006）。其中的一个头骨不仅没有牙齿，而且曾经固定牙齿的牙槽也被"再吸收"了——它们已经被填满，下巴也已愈合。考古学家因此得知这些早期人类在失去牙齿后仍然存活了一段时间。德马尼西遗骸的年代可追溯至大约180万年前。中国已发现距今约210万年的石器，参见朱等（2019）。早期人类似乎在非洲进化后不久就遍布欧亚大陆，在德马尼西发现的五个头骨和其他遗骸非常多样化，头骨对应的脑容量从600 cc（立方厘米）到730 cc不等。其多样性使科学家们再次思索到底应该如何对早期人类进行分类，他们想知道，曾经被归类为不同物种的个体是否可能属于同一个非常多样化的早期人类物种。他们开始认为，脑容量不同的早期人类有可能一起生活和劳作。

13. 理查德·道金斯在《自私的基因》（1976）中解释了"以基因为核心"理解进化论的方法如何解释在某些动物，尤其是在群居昆虫中观察到的非竞争行为。这是阐释20世纪进化论发展的经典书籍之一，生物学家借此更多地了解了基因将信息从父母传递给后代的方式。

14. 参见理查森和博伊德（1999）。

15. 许多昆虫学家会说，人类并不是唯一进化出语言的动物，因为蜜蜂也会使用一种语言（"摇摆舞"）将当地的食物来源传达给蜂巢中的其他同伴。它们也有一套复杂的化学通信系统。它们分享食物，共同照料蜂巢中的后代。参见M. 特林和拉查德（2011）。

16. 参见莫利卡和皮安塔多西（2019）。有趣的是，这些信息中最大的一部分与词汇有关，只有较小的部分与语法有关。许多语言学家长期争论的一点是语法是无法学习的，因为孩子们并未从他们听到的语言中获得足够的信息来理解语法。参见史蒂芬·平克的《语言本能》（1994）。学习词汇很有必要，因为它因语言而异。莫利卡和皮安塔多西的发现支持了许多语言学家对所谓语言学习中"刺激贫乏"观点的怀疑。参见默尔克（1983）、埃文斯和莱文森（2009）。

17. 例如，马铃薯是马铃薯植株的一部分（即"块茎"），其中储存了淀粉，植物利用淀粉在下一个生长季节开始时重新生长。洋葱是一种球茎（由被叶子保护的茎组成），洋葱植株将淀粉储存于此。胡萝卜是一种根茎，是胡萝卜植株储存淀粉的地方。坚果是一种种子，能量以淀粉和油脂的形式储存其中，如果种子发芽，植物幼体将在其长出首条根须和首片叶子时使用这些能量。

18. 更多细节参见理查德·兰厄姆的著作《星火燎原——烹饪如何造就人类》（2009）。

19. 参见卡尔卡纳斯等（2007）、W. 罗布鲁克斯和维拉（2011），以及沙海克-格罗斯等（2014）。

20. 参见博策克等（2014）。

21. 对于为什么会发生这些变化，我们现在有了较好的理解。来自地心的能量慢慢将地球表面撕裂并重新拼接。数百万年来，这种运动改变了大陆的位置，随着陆地的分裂、移动和碰撞，产生了山脉、地震和火山。对此的研究被称为"板块构造学"。

陆地和山脉的位置影响了洋流和气流的走向。碳以石灰石和有机物化石的形式储存，并通过侵蚀作用和火山运动实现循环。这反过来又会影响地球的气候，并通过气候影响生物体的进化。到达赤道的太阳能量比到达南北两极的更为强烈，但这种能量可以通过洋流和气流分配至全球。大约 2 000 万年前，大陆的位置开始限制暖流流向两极，大量冰层在两极形成。在暖空气无法到达的山脉也开始形成冰层。随着越来越多的水被冻结成冰，海洋和大气之间的水循环减少了。这导致降水量减少和海平面下降。参见扎乔等（2001）。已故伟大科学家华莱士·布勒克（1995）在一本有趣却有些过时的书中解释了所有相关内容。

大约 250 万年前，当暖流和暖空气的流动受阻时，气候开始变得不那么稳定，气候因此对太阳能量照射地球不同区域的微小波动更为敏感，而这种波动来自地球轨道和倾斜度的不均衡。冰盖随着波动开始扩大和缩小，海平面也随之下降和上升。这些变化已经发生了数千年，对我们来说似乎很慢，但却比地球上生物体习以为常的气候变化速度快得多。那些最能适应变化的生物体最有可能生存。最新证据表明，在冰盖范围较大、海平面低的时期，气候通常在千年左右的时间跨度内都特别不稳定。参见马特拉特等（2007）、卢莱格等（2008）。气候变化反过来又会推动其他方面的生态变化，如植被的构成，进而影响植被所供养的动物群落。理论认为，人类文化的累积是对更新世千年时间跨度内高频率变化特征的适应。参见桑切斯·贡尼等（2018）、理查森和博伊德（2013）。

22. 肌肉由许多纤维组成，这些纤维含有被称为"肌球蛋白"的分子，它们使用能量进行收缩。肌肉的运作方式（其强度和收缩速度）取决于所含的肌球蛋白种类。黑猩猩四肢肌肉的性能更强，因为能够快速收缩的肌球蛋白在其肌肉中有着更高比例。而这种肌球蛋白的缺点是会消耗更多的能量，因此，黑猩猩只能在短时间内保持速度和力量。人类的四肢肌肉中含有更多收缩较慢的肌球蛋白，这使人类和黑猩猩相比更为迟缓和羸弱，但更为高效。也就是说，通过训练，我们可以（缓慢地）跑上好几个小时。参见奥尼尔等（2017）。

23. 鼻子的另一个作用是加热和滋润吸入鼻腔的干燥冷空气。这种冷空气对脆弱的细胞膜来说也很难扛。参见沃尔夫等（2004）。

24. 遗传证据也表明，我们许多人中的某些祖先当时并没有生活在非洲，而是生活在欧亚大陆（包括那些被称为"尼安德特人"的人种）。在后面的章节中有更多关于这方面的内容。抱歉，这种说法似乎很模糊。一些遗传学家所做的计算促使他们想要对种群规模及其生存时间有更精确或更明确的说法，但人们仍在讨论这些计算中所做的一些假设的准确性。谨慎和模糊的说法可能更合适。参见哈本丁等（1998），阿特金森、格雷和德拉蒙德（2008），施菲尔斯和杜宾（2014）。

05　像我们一样的人类（10万年前）

1. 很可能所有生活在10万年前的人类肤色都比有欧洲血统的人深得多。浅色皮肤可能是更为近期的一种适应性变化，在最近1万年内才出现。这可能是对北方地区农耕生活的适应性变化。如果农耕家族主要吃素食，那么食物中维生素 D 的含量就不会太多。人类不需要含有这种维生素的饮食，因为我们可以在体内制造它。但问题是，只有我们的皮肤长时间暴露在阳光下才能实现。体内产生维生素 D 的化学反应由来自阳光的能量驱动。在阳光充足的温暖地域耕种的人即使肤色很深也能制造足够的维生素 D。但对于那些刚刚开始在更北的北方耕种的人来说就难了——北方的冬天白昼更短，常常是多云天气，皮肤表层也覆盖着厚厚的衣物。肤色较浅的人在这种自然条件下生存的机会更大，因为他们的皮肤可以从有限的阳光中吸收更多的能量。参见雅布隆斯基（2008）。

2. 要知道，非洲是一个幅员辽阔且非常多样化的大陆。在非洲很多地方都发现了人类居住过的证据。*Modern Human Origins and Dispersal*（萨勒、雷耶斯－森特诺和本茨编辑，2019）中详述了这一时期与祖先相关的证据和理念，其中也包括了该领域部分重要研究人员撰写的章节。

3. 这些举世瞩目的稀有文物发现于保存完好的德国泥炭沼泽中。参见肖赫等（2015）。

4. 直至 20 世纪 90 年代，进化论学者才开始认真思考生长和维持脑容量较大的大脑所耗费的巨大成本。在那之后的几年里，他们更为详尽地研究了所耗成本的性质，以及不同的动物如何平衡好已经扩大的脑容量带来的收益及其消耗的成本。参见艾洛和惠勒（1995），伊斯勒和范沙克（2009），赫尔德斯塔布、范沙克和伊斯勒（2016）：25–34。

5. 2003 年，考古学家在印度尼西亚弗洛里斯岛上发现了脑容量较小的人类遗骸，它们距今的时间更近。这些人的祖先可能在大约 70 万年前的冰期到达那里，后由于冰雪融化，海平面上升，他们被困在岛上。他们的后代活到了约 5 万年前。他们被困于弗洛里斯岛，这也是一种隔绝和保护。在食物和竞争都有限的环境中，脑容量更小的动物更容易存活，这也许就是这些人类身形矮小的原因。遗骸显示他们的身高刚超过 1 米，这一种群有自己的名称——"弗洛里斯人"。多年来，他们也被称为"霍比特人"。参见戈麦斯－劳博思（2016）。

6. 我们并非借此否定预测下个世纪温度变化及其影响的重要性。

7. 华盛顿特区史密森尼国家自然历史博物馆的理查德·波茨（1996）就气候变化在人类进化中所起的作用提供了许多相关说明，它们具有说服力且浅显易懂。第 4 章的注释 21 提供了更多有关更新世气候变化的信息来源。大气中二氧化碳含量的增加使人们对未来的气候变化产生了担忧，由此引发了科学家对过去发生的气候变化的兴趣。长期以来，人们一直担心未来的气候不仅会变暖，而且可能更加不稳定。例如，参见美国国家研究委员会 2002 年的文件。比起过着游牧、狩猎和采集生活的祖先，今天的复杂文化更难适应气候变化。参见怀特黑德和理查森（2009）。

8. 在传统社会中，哥哥姐姐在照顾孩子方面发挥了重要作用。调查表明，大约 43% 的托儿服务由"共享母亲"直接提供，这种托儿服务为母亲节省了大量时间（克莱默和韦伊尔，2018）。研究人员甚至指出，大孩子专门负责照看年幼的孩子。一项对两个觅食者群体教学情况的研究表明，大部分的教学任务都由孩子完成。参见卢-莱维等（2020）。

关于更多小规模社群中儿童的相关信息，参见怀廷和怀廷（1975）、克莱默（2010）和休利特（2017）。

9. 事实证明，婴儿在其自身的文化适应过程中是非常积极的参与者。他们 1 岁时已经是相当熟练的社会学习者。参见凯里（2009）。3 个月大时，婴儿的行动还无法完全自如，但已经对成年人的因果意图及其效果很敏感。参见刘、布鲁克斯和斯佩尔克（2019）。1 岁时，婴儿已经对道德问题非常敏感，他们不喜欢表现不好的玩偶，会给其惩罚。参见布鲁姆（2013）。

10. 蹒跚学步的幼儿非常乐于助人，也准备好了学习社会规范。参见沃内肯和托马塞洛（2009）、托马塞洛（2019）、丘德克和亨里奇（2011）。菲利克斯·沃内肯（2018）研究的数据表明，幼儿和猿类都能够通过合作产生收益，但他们在分享合作带来的收益上表现不佳。再大一点儿的孩子会表现得好一点儿，等到 3～5 岁时，他们开始使用公平的规则分配合作获得的资源，这可能是他们通过社交学到的文化规范。猿类似乎没有动机去分配合作的回报。例如，在等级体系中处于最高地位的个体不会公平地对待合作伙伴。结果，等级较低的个体就不会与它们合作以产生共同的收益。

11. 儿童发展研究的主要研究对象是西方儿童。事实上，大多数心理学研究都是在西方人身上进行的。这导致研究人员对人类心理学的许多发现都存在问题。虽然现在还不能确定问题的严重程度，但情况的确已经相当严重了。亨里奇、海涅、洛伦萨杨（2010）及其同事发现，心理学家过度依赖来自"WEIRD"（公民受教育程度高、工业化程度高、富强民主的西方）国家的研究对象，这让他们对于人类的认识极度扭曲，因为在不同文化中，抚养孩子的方式大不相同。即便在西方社会，在最近几代人身上发生的现代化也极大地改变了人们的童年生活。跨文化心理学家是一支规模尚小的团体，但他们思维活跃、内心坚定，早就注意到了这些差异。参见维果茨基（1978），沃纳（1979），罗格夫（1990），格林菲尔德等（2003），凯勒（2013），克莱恩、山姆萨德希恩和布勒施（2018）。

12. 参见托马塞洛（1996）。怀滕等（2009）进行了一系列实验，对比黑猩猩和人类儿童的社会学习。黑猩猩很擅长向他人学习，但儿童做得更好。特别是儿童会"过度模仿"，即模仿行为发出者的非功能性行为，而黑猩猩则专注于模仿功能性行为。过度模仿可能有助于儿童掌握因果关系不那么明显的行为，而黑猩猩却不容易注意到这一点。有一种假设是，人类精准观察和模仿行为的意愿使得文化复杂性得以累积，这种情况在社会学习不那么精准的其他动物中很难实现。在比较实验中，儿童能够比黑猩猩和其他灵长类动物更好地掌握复杂的社会学习任务，一部分原因是成功完成任务的儿童会通过示范和口头指示来帮助其他人完成任务。参见狄恩等（2012）。

13. 参见金兹勒等（2009），金兹勒、科里沃和哈里斯（2011）。许多族群有着多元文化，因此有必要包容那些看似"不同"的行为和外表。可别以为这是件容易的事。人类应该已经进化出了一种倾向，对外表和行为都不熟悉的人会表现出害怕或者回避，这一点不无道理。即便外来的陌生人不是坏人，族群内的人与他们进行互动也存在问题，因为他们可能不了解你们这个群体的特定规则。你们群体中的儿童绝不能受到陌生人的影响。但这并不意味着人们就该有根深蒂固的种族主义倾向。种族主义意味着对肤色或面部特征等身体差异非常敏感，这些特征在今天都与"种族"相关。我们没有理由相信，人类会进化到通过这些特征来辨别"外来陌生人"。家庭成员之间基于年龄和性别有着巨大的生理差异，我们的祖先看到了这种差异，但他们很少有人会看到属于不同"种族"的人，因为在人类进化史上的大部分时间里，人们只能通过步行旅行。尽管他们可以（并且确实）进行了长途迁徙，但大多数人终其一生都在出生地方圆几百千米的范围之内度过。与基因变异相比，人类在文化上更可能出现变异，即使在今天，大多数邻近的社群在基因上也非常相似。参见贝尔、理查森和麦克里斯（2009）。例如，丹麦人和英国人外表很相似，但他们说着彼此无法理解的语言，并以完全不同的方式运作他们的社会。我们的远古祖先遇到的陌生人是来自旁边山谷的人，他们说着不同的语言或方言，正是这些差异使得他们需要对邻近社群的不同生态环境和无法共存的社会制度保持谨慎。既如此，人们就应当对模仿不同文化的人保持警惕。因此，文化已进化出许多对自身以及其他文化进行分类的方式也就不足为奇了。参见博伊德和理查森（1987），吉尔-怀特（2001），麦克里斯、博伊德和理查森（2003）。像方言这样具有象征意义的差异确实可能会出现，以保护我们免受临近族群不同理念的影响。参见理查森和博伊德（2010）。同时，临近族群可能经常产生有用的理念，而众所周知，创新会从一个社会传播到另一个社会。参见罗杰斯（1995）。即使是孩子也需要在（而且正在）"创意市场"中熟练地"采购"新点子！

14. 目前，对大脑运作的研究的确令人兴奋，也已有许多书籍编纂出版，旨在向非专业读者解释这项研究的内容。就像任何快速发展的领域一样，各种解读不可避免地会有所不同。对诸如大鼠、小鼠，甚至无脊椎动物等"低等"生物进行的侵入性实验已经使我们对神经生物学的理解有了很大的进步，特别是脊椎动物大脑的功能。功能性磁共振成像等非侵入性脑成像技术使我们能够更好地了解人类大脑的活动。

　　进化社会科学家提出了两种截然不同的论点，来解释人类思维/大脑的组织方式如何造就了我们现在所看到的人类适应性。威尔逊、拉姆斯登等主张一种"人类本性"理论，即为了提升适应性，对由基因编码的"表观遗传规则"的选择限制了学习和文化的发展（威尔逊，1978；拉姆斯登和威尔逊，2005）。威尔逊认为，文化进化不可能在人类进化过程中发挥基础性作用，因为文化在几千年前才变得重要，也因为婴儿在获取任何文化之前，基因就以"精致的细节"连接了其大脑。部分进化心理学家提出了一个类似的理论，将大脑描述为由成百上千个特殊的封装模块组成的东西，这些模块在更新世发生了进化，以便支持祖先们的狩猎和采集生活。参见图比和考斯米德（1992）、弗兰肯豪斯和普勒格（2007）。这些作者提出，在更新世，相对于基因选择赋予我们的先天信息，社会科学家过分夸大了传播文化的重要性。他们声称，这些基因"诱发了"某些行为，并将其称为"诱发文化"。史蒂芬·平克（2002）一直积极支持这种想法。

第二个假设正是我们在本书中所描述的，它源于对人类文化进化功能的分析。参见博伊德和理查森（1985）、理查森和博伊德（2005）。这种观点认为，文化是对随时空变化的环境的一种适应，特别是发生在较短时间跨度内的环境变化，从一代人到几百代人不等。尽管同龄人之间的快速文化传播可能会非常迅速地传播有用的新事物，但一代人以内的快速变化主要依赖于个体层面的表型可塑性。以世代为时间尺度的缓慢变化可以通过对基因的选择进行追踪。人类的大脑是新陈代谢非常活跃的器官，容易受损，也易在生育过程中给母亲和婴儿制造麻烦。灵长类动物文化的复杂性与大脑的尺寸密切相关，这表明人类超大尺寸的大脑对于支撑极度复杂的人类文化是必要的。从这一观点来看，文化进化模拟了普通的有机进化，它通过大型社交网络进行教学和模仿，相当准确地传递了大量信息。个体会对其获得和传授的信息加以选择，这种选择在某种程度上基于信息的有用性。选择性教学和模仿反过来使文化进化比基因进化更快，因此能够追踪环境的快速变化和空间的精细变化，参见里德尔、海格和拉兰德（2011），佩罗（2012）。人类的大脑及其所支持的文化在更新世高度变化的气候和生态环境中得以进化，这也许并非偶然，参见理查森和博伊德（2013）。

我们认为，关于大脑活动的理论必须解释清楚为何人类的行为如此多样，同时又具有巧妙的适应性。例如，人类的消化系统要比和我们有亲缘关系的猿类小得多，这就要求我们的饮食中含有更高的能量和蛋白质。和猿类一样，我们也需要摄入维生素 C。生活在各种栖息地上的人类都能设法使自己的日常饮食满足这一标准。我们的饮食适应了我们所居住的环境，也适应了我们的身体。例如，生活在北极地区的人们主要以肉类为食，他们从植物中获取维生素 C 的途径非常有限。烹饪的热量会迅速降解肉类中含量本就较少的维生素 C。高纬度（如北极）地区的人之所以能够生存，是因为他们食用了大量生肉。

对大脑灵活性的一个合理解释始于这样一个观察：大脑尺寸较大的哺乳动物的新皮层有许多细胞，细胞和细胞之间的连接也很多，其数量远超染色体上的基因数量，参见埃德尔曼（1987）。我们很难看出威尔逊的假说——婴儿大脑通过基因在细节上得以互联——如何真正运作。如果这种组织不是由基因决定的，那么在发育过程中，新皮层必然以某种方式进行自我组织。大量证据表明，人类大脑新皮层是一个高度灵活的器官，成年人的大脑新皮层可以动态地分配和重新分配资源。这种灵活性并非人类独有，而是哺乳动物新皮层的普遍特征，参见安德森（2014）、克鲁比泽尔和斯托尔岑贝格（2014）。认知神经学家塞西莉亚·海耶斯认为，在文化的帮助下，基于一般目的的强化学习在很大程度上负责构建大脑皮层功能回路，参见海耶斯（2018）。

潘克塞普（2012）是一位研究情绪的神经科学家，他提出了一种合理解释，说明了文化为何通常具有适应性。潘克塞普研究了古老的皮层下结构，这种结构在进化过程中被保留了下来，负责产生情绪和食欲。他的研究表明，这种大脑中构造相对简单的部位产生的强化促使行为符合适应性。例如，食欲反映了消化系统的生理需求。我们的肠道较短，需要营养价值高的食物，如肉类、脂肪、高浓度的淀粉和糖分。较短的肠道能利用的复合碳水化合物较为有限，如纤维素。面包、土豆和大米等淀粉类主食是许多农耕者食谱的基础。牛及其近亲发现青草是极佳的能量来源，它们将复胃作为发酵池，发酵富含纤维素的食物。人类饮食具有惊人的创造性，人们通过烹煮、研磨和发酵等技术获取浓缩营养，并使自身原本无法消化的食物变得可以食用。强化塑造了我们的美食文化，使我们的食物适应较短的肠道。目前，强化在人类进化中发挥的作用是一个热门话题。参见鲍姆（2017）、潘查纳坦和鲍姆（2019）。

15. 劳雷亚诺·卡斯特罗和米格尔·托罗（2004）认为，教师鼓励或阻止特定文化变异的能力是人类文化传播的一个关键特征。鲍姆（2017）指出，和其他动物相比，人类对社会反馈异常敏感。丘德克和亨里奇（2011）回顾的相关证据表明，儿童愿意学习他人树立的社会规范并照此行事。

16. 参与和观看体育运动对社会情绪和社会依恋有强大的效果。参见李和金（2013），坎波、麦凯和桑切斯（2019）。

17. 托马塞洛（2019）及其合作者从发展的角度研究了人类合作的能力，并将人类的行为与其他猿类进行了比较。遵守社会认同理论传统的社会心理学家研究了我们如何将群体成员身份融入个人身份，以及这种认同如何影响群体行为。例如，参见哈斯拉姆（2004）和霍格（2016）。

18. 人们早就认识到，人类的成功在一定程度上归功于我们从错误中总结经验的能力，以及当我们做错时感到难过的能力。在《圣经》中，夏娃受到蛇的诱惑偷吃禁果后被赶出伊甸园的故事便体现了这一理念。这个故事可能口口相传了数个世纪后才被记录下来，并被载入犹太教经典中，成为《旧约》的基础。在那个故事（又见詹姆斯一世钦定版《圣经》中《创世记》第3章）中，撒旦（蛇）催促夏娃违抗神的旨意，吃下禁果，它说："因为神知道，你们吃的日子眼睛就明亮了，你们便如神能知道善恶。"

　　这个故事似乎在说，神给了最早的人类机会，让他们敢于违抗神的旨意，从而区别于其他动物。撒旦没有提及违抗旨意的坏处，只告诉了夏娃长远利益——他们将获得一种新的认知，这将会使他们像神一样。正如撒旦的预言，夏娃和亚当吃下禁果后，他们看见的事物立刻不同了："他们二人的眼睛就明亮了，才知道自己是赤身露体，便拿无花果树的叶子，为自己编作裙子。"当神看到他们表现出羞愧的样子时，便知道他们已经偷吃了禁果。神告诉他们，从现在起人类的生活将更加艰难："你必汗流满面才得糊口，直到你归了土，因为你是从土而出的。你本是尘土，仍要归于尘土。"

　　神是对的，明辨是非确实使生活更加艰难，因为它迫使人们一起工作。如果人们因为没有去做别人期望他们做的事而让别人失望，他们就会感觉很糟糕。但撒旦也说得对，明辨是非将使人类的后裔像神一样。《创世记》第11章讲述了许多代之后发生的故事。当时的人类说着同样的语言，他们说："来吧，我们要建造一座城和一座塔，塔顶通天。"神见了便说："看哪！他们成为一样的人民，都是一样的言语，如今既作起这事来，以后他们所要作的事就没有不成就的了。"但神想出一个主意，要叫他们不能升到天上，就说："我们下去，在那里变乱他们的口音，使他们的言语彼此不通。"这个举动很狡猾，因为神破坏了他们的沟通能力，人类相互合作的可能性便终结了。神把他们分散在世界各地。

19. 少数人被临床心理学家诊断为精神病患者。精神病是一种复杂的疾病，可以被分解成两个或更多的子元素。行为遗传学家通过比较同卵双胞胎和异卵双胞胎来评估基因的影响，将精神病行为的变异主要归因于基因。参见，例如，巴比亚克和黑尔（2006）、达纳尼等（2017）。

20. 人类学语言学家丹·埃弗雷特（2016）认为，文化的很多内容不容易被我们的意识获取。野外人类学家都有共同的经验，他们研究的对象不会像受过高等教育的西方人一样思考。埃弗雷特在巴西亚马孙地区研究的人们不喜欢谈论他们没有直接证据的事情。假设会发生的事情或未来可能发生的事情对他们来说都不值得谈论。哲学家迈克尔·波拉尼（1966）在"隐性知识"一词下普及了暗物质的概念。人类学家乔·亨里奇及其跨文化心理学同事斯蒂芬·海涅和阿兰·洛伦萨杨（2010）指责心理学家把研究对象局限于世界上最奇怪的群体：西方大学的本科生。关于这一话题的大作，参见理查德·尼斯贝特（2003）。关于"紧"与"松"的文化，参见盖尔范德等（2011）。参见霍夫斯泰德（1984）关于职场价值观的跨文化差异的经典著作。这本书的主题之一是，我们和大多数读者所持的现代价值观使我们很难理解我们的近代祖先，更不用说活着的非现代人或远古时期的祖先了。隐性知识为我们的生活提供了工具，也束缚了我们理解他人生活的能力。

21. 人们喜欢与和自己相似的人一起生活和工作，这很有实际意义。和那些内化了同样准则的人一起工作要容易得多。大家很可能彼此理解，拥有相同的价值观，并遵循相同的社会规则。考虑到这一点，群体的象征性标志可能会进化，使人们更容易基于共同的规范为自己分类组团。参见麦克里斯、博伊德和理查森（2003）。弗朗西斯科·吉尔-怀特（2001）认为人类对种族和对物种使用的是相同的本质主义分类策略。然而，进化生物学家和大多数社会科学家都指出，本质主义分类体系对种族和物种行为变化的实际模式造成了相当大的伤害。不过，作为一个实际问题，不同种族之间的规范差异往往足以使亲密互动变得尴尬。吉尔-怀特在2002年（未出版）的著作中探讨了一个有趣的案例研究，他对蒙古西部毗邻的哈萨克族和蒙古族的习俗差异进行了民族志分析。在社会科学中有大量关于种族特点和本民族中心主义的文献。传统上，作者们都认为存在一种本民族中心主义情结，其基本模式是在群体内开展合作和对群体外成员表示不信任或发生冲突。参见莱文和坎贝尔（1972）、崔和鲍尔斯（2007）、布鲁尔和坎贝尔（1976）。玛丽莲·布鲁尔（2007）是研究本民族中心主义最具洞察力、最多产的作者之一，她描绘了一个更为微妙的画面。民族冲突在新闻中显得尤为突出，但实际上大多数民族在大多数时候都是和平交往的。若非如此，世界上那些伟大的多民族地区——如伦敦、新加坡、洛杉矶、纽约——几乎不可能存在，更不用说正常运转、繁荣发展了。

22. 来自与作者的私人交流。人类学家威廉·艾恩斯在 20 世纪 60 年代研究了伊朗北部的土库曼人群体，当时，一些土库曼人仍然生活在以家庭为基础的小规模游牧群体中。他回忆说，当他问他们想要多少个孩子时，他们看着他，那种困惑就像他问一个西方人想活多少年一样。

23. 在许多传统社会中，如果家庭成员认为他们所要抚养的新生儿前景不乐观，那么新生儿通常会被杀死（希芬霍威尔，1984）。萨拉·赫迪（1981）非常详细地描述了母亲及其帮手绝不是依靠本能哺育婴儿的机器人。他们会根据自己和婴儿的生存及健康状况做出具有高度战略性的决定。富裕的现代社会沉溺于浪漫的母性概念，却忽视了这种选择的必要性，经常迫使处境艰难的绝望母亲做出在今天被认为是犯罪的行为，但在过去，这种悲剧的行为却被视为必需。

24. 人类通过开始生育、停止生育和间隔生育，以及堕胎和杀婴等策略来积极地调整其生育状况，以适应经济和生态环境。参见诺德尔（1987）和兰德斯（1995）。在人口转型之前的近代早期西欧，生育率是由婚姻来调节的。在经济状况稳定之前，男女不能结为夫妻。通过接受教育或继承遗产，准新郎必须成为"合格的单身汉"。他们必须买下一个农场或做成一桩生意，从而获得足够的收入来维持家庭的舒适生活。这通常意味着，即使在经济繁荣时期，人们也会相对晚婚，而在困难时期则更晚。相当比例的人口从未结婚，尤其是在经济困难时期。这一传统与传统农业社会普遍存在的早婚模式形成鲜明对比，它意味着人口规模受到较高的死亡率的调控，而死亡率会随着经济条件的变化上升或下降。人口统计学历史中有关于 18 世纪以来欧洲生育率下降的一章。参见科尔和沃特金斯（1986）。

25. 一项被称为比较系统发育分析的技术表明，包办婚姻至少可以追溯到首批走出非洲的现代人类。参见沃尔科等（2011）。

26. 西尔和梅斯（2008）评述了45项小规模社会中儿童生存的研究，发现某些亲属的存在对帮助儿童生存很重要，但提供帮助的人各不相同。他们发现，在某些文化中，父亲的缺位对孩子的存活没有影响，总的来说，父亲对孩子的存活贡献很小。男性的付出往往是可替代的。在狩猎和采集社会中，男性一般是为整个营地而不是直接为自己的家庭提供猎物。在基于亲属关系的社会中，如果父亲去世，叔伯、祖父等能够轻易接替父亲的角色。但能够完全替代母亲的角色却很难找到，尤其是哺育孩子这项工作。

27. 罗伯特·马丁（2013）的书从灵长类动物的角度很好地研究了人类生殖生物学。

28. 许多心理学家对人类"交配策略"的进化进行了推测，一些人还进行了研究，从而检验关于男性和女性如何选择配偶的假设。例如，有人认为，人类的基因决定了他们会认为某些异性具有吸引力，人们会根据他们想要的是"短期伴侣"还是"长期伴侣"来寻找不同的特征。这一观点已经发表在科学论文中，并在许多文章、书和其他面向更广泛受众的媒体中进行了总结。例如，参见甘吉斯塔和辛普森（2000）或米勒（2011）。我们认为，这些几乎完全由西方人发展和研究的思想，并未充分注意到人类交配和育儿行为中的个体和文化多样性。在这个容易避孕的时代，当代大学校园的婚恋制度与我们祖先的婚配制度几乎没有任何相似之处！除此之外，在大多数传统社会中，包括原始社会，年轻人都不能自主择偶。婚姻通常是家庭间的联盟，因此父母一般都会参与其中。相关信息参见阿波斯托罗（2007）、沃尔科等（2011）。在一些非现代社会，非婚性行为的发生率确实很高，但在这种关系中成为孩子父亲的男性通常仍然负有为人父的责任。人类共同抚养孩子的理念需要通过这样或那样的制度渠道传播，使男性承担起做父亲的职责，少数男性数量超出了社会实际的经济需求的社会除外。参见沃尔科（2012），谢尔扎等（2020），马蒂森、昆兰和黑尔（2019）。正如我们在本书中所强调的，进化取得的最终回报是成功养育孩子。人类与大多数哺乳动物的不同之处在于男性（在大多数社会中）扮演着"共享母亲"的角色——他们帮助女性抚养孩子。婚姻制度是人类求偶史的重要组成部分，这是为了实现共同抚育孩子的目标而调控性欲。

29. 配对结合已经在许多不同种类的哺乳动物中进化出来，包括长臂猿。它们与大型猿类有着近亲属关系，有时被称为"小猿类"。大脑中产生情感联结的基本机制与哺乳动物中母亲对婴儿产生情感联结的机制相似。但在伴侣关系中，通常由交配引发情感。一对配对结合的动物通常待在一起，后代出生后也和父母在一起，但它们对其他动物则会表示出敌意。家庭成员通常共享它们所捍卫的领地。草原田鼠是一种配对结合的啮齿动物，生活在美国中部的草原上，它们一直是与配对相关的神经化学领域的主要研究对象。由于体形小、繁殖快，它们是理想的实验动物。草原田鼠有一种近亲被称为"山地田鼠"，它们则不会配对结合。研究这两种动物之间的遗传差异有助于更好地理解社会行为如何受到基因的影响，而这些基因还会影响大脑特定区域细胞中特定神经化学物质受体的分布。参见费尔德曼（2017）、塔巴等（2017）、斯特兹克等（2018）。

30. 在人类文化中，将男性和女性在社会公认的生殖单位中结合的做法可能有很长的历史，而我们今天在现代文化中经历的婚姻形式，即一对夫妻在恋爱后结婚，其历史却很短。参见库恩茨（2006）。

31. 进化的方式有望帮助人们更好地理解肥胖。参见韦尔斯（2006），奈特尔、安德鲁斯和贝特森（2017）。

32. 赫迪（1960）和摩根（1982）非常支持"水猿假说"。维基百科广泛地回顾了相关争论及历史：https://en.wikipedia.org/wiki/Aquatic_ape_hypothesis。

33. 赫尔德斯塔布、范沙克和伊斯勒（2016）以及庞策等（2016）已经解释了大脑尺寸和肥胖之间的联系。

34. 关于肥胖和女性生育能力之间的联系也有很好的论述（弗里希，2004；哈基米和卡梅伦，2017）。人类群体中平均肥胖程度的差异通常归因于适应性挑战。例如，波利尼西亚人比大多数人更高、更胖。这归因于他们会进行长途航行，拥有庞大的体能储备可以帮助他们在长途危险航行中扛过饥饿风险并生存。参见基希（2017）、宾顿和贝克（1997）。但一些学者对人们试图为观察到的种群差异寻找适应性解释的做法持怀疑态度。例如，戈斯林等（2015）。

35. 人类行为生态学文献综述包括温特哈尔德和史密斯（2000）、梅斯（2014）。关于生命史理论在人类身上的应用，参见卡普兰等（2000），斯特恩斯、阿拉尔和梅斯（2008），以及德尔吉迪斯、甘吉斯塔和卡普兰（2016）。我们的观点在理查森和博伊德（2020）中有所体现，即人类生命史的进化是在利用文化适应环境的时空变化这一特性。

36. 这一数据源自对儿童和成人脑部扫描的比对。儿童的大脑需要消耗他们每天摄入总能量的43%——这个结论支持了一种假设，即儿童生长缓慢是由于大脑和身体其他部分在竞争生长所需的能量（久泽等，2014）。

37. 有关人类独特生长模式的更多信息，参见博金（1999、2015）。

38. 有关人类寿命、更年期和衰老的更多信息，参见希沃特（2015）。

39. 一个合作的家庭不只是共同照顾孩子，病患和伤员往往也会得到慷慨的照料（格文等，2000）。

40. 更年期的适应作用尚有争议。霍克斯和同事（1998）根据他们对采集者的观察，认为祖母的资源（经验）是"共享抚育"的一种重要形式。卡普兰及其同事（2000）用另一组觅食者的证据进行了反驳。男性不会像女性那样相对突然地彻底丧失生育力，但其生育能力也会随着年龄的增长而下降。根据布里毕斯卡斯（2018）的观点，一些年长男性吸引配偶和生育孩子的能力可能是性选择的一种重要形式。例如，在我们的祖先中，如果有很高文化成就的男性获得了声望，能够在年老时吸引配偶，这种形式的女性选择可能有利于先天社会学习和教学能力的增长。

41. 早在达尔文写《物种起源》之前，生命随时间进化的观点就已被提出，但许多人都认为进化是朝着更复杂的方向发展的。记者罗伯特·钱伯斯的著作出版于1844年（比《物种起源》早了15年）。该书描绘了恒星和生物的进化，并提出进化由一种普遍规律所驱动。他认为，神在创造宇宙时也创造了一种使万事万物变得更为复杂的自然法则。这本书名叫《自然创造史的遗迹》（*Vestiges of the Natural History of Creation*），可谓红极一时。据说亚伯拉罕·林肯读过此书，对书中普遍规律这一理念印象深刻。达尔文很感激这本书，认为它为公众了解自己的进化论思想做了准备。但他不认同普遍规律导致一切事物变得更加复杂的观点。他认为进化变异的驱动力是当地不断变化的自然环境中的生存竞争。如果你想了解更多，我们推荐西科德（2003）。

42. 关于尼安德特人的详细讨论，参见丘吉尔（2014）。

43. 欧亚人、北非人和有欧亚血统的人大多是智人的后代，也带有少量尼安德特人的 DNA。那些来自东南亚和大洋洲部分地区的人也有多达 5% 的丹尼索瓦人 DNA。撒哈拉以南的非洲人是由几个相当独特的血统衍生而来的，其中的一些血统相当古老，在今天大多数有非洲血统的人身上都可以发现。参见赖克（2018）。

06　冰期的人类（3 万年前）

1. 更北部的地区温度更低，动物遗骸中的 DNA 降解得更慢。因此，学者更有可能从曾在北美北部和欧亚大陆生活并死去的人类遗骸中提取出具有完整序列的 DNA 样本，可供与现代人类的 DNA 序列进行比较。现在，人们已经从几具生活在 4 万到 2.5 万年前的人类遗骸中发现了 DNA。比较表明，那些以捕猎猛犸象草原上的动物为生的人类是今天许多人的先祖之一。更多信息参见赖克（2018）、杨和付（2018）。

2. 投矛器是一种起杠杆作用的工具。通过将轻矛或飞镖放置在投矛器上，猎人可以提升投掷的速度。参见 https://en.wikipedia.org/wiki/Spear-thrower。

3. 利用在冰层、湖泊和海洋岩芯中发现的花粉及其他物理和生物指标，人们可以很详细地重构上一个冰期的气候和生态。参见布拉德利（2013）。格思里（2001）重建了上一个冰期的猛犸象草原气候，这种气候在本章中起着重要作用。

4. 古气候学家根据 20 世纪 90 年代初从格陵兰冰盖获取的冰芯，对上一次冰期剧烈的气候变化和过去 1.1 万年的气候进行了对比研究。参见丹斯加德等（1993）、蒂特莱芙瑟等（1996）和阿利（2000）。我们的数据来自时间更近的"北格陵兰冰芯计划"报告（安德森等，2004）。数据下载自 https://doi.pangaea.

de/10.1594/PANGAEA.586886。

最近一次的冰期似乎比之前的七个冰期更加多变。这一信息早在高分辨率数据发布之前就已经明确。参见马特拉特等（2007）和卢莱格等（2008）。理查森和博伊德（2013）指出，正如文化进化理论所预测的那样，人类大脑尺寸的增加以及文化复杂性的增加，与冰期不断增加的气候变化和环境变化密切相关。早期人类的大脑更小，文化复杂程度更低，这表明在人类历史的早期，千年时间跨度上的气候变化更为有限。正在进行的有关更长冰芯的研究尚未发表，但这项研究表明我们的猜测可能是真的（作者与玛利亚·桑切斯-贡尼的私人沟通）。

气候科学家担心，由于我们使用化石燃料，地球大气变化将改变当今地球上更为稳定的气流和海洋格局，并带来更多的极端气候波动。极微小的全球气温变化都将对今天的人类生活产生巨大影响，因为我们不再生活在以狩猎和采集为生的小型游牧群体中——这种群体可以在环境变化时进行迁徙。气候变化将摧毁我们苦心建立的农场和居住地。我们怀疑，与现代农业和工业社会相比，冰期的狩猎采集者更能适应快速的气候变化。参见理查森、博伊德和贝廷格（2001）。美国国家研究委员会早在 2002 年就对"气候突变"和"不可避免的意外"发出了警告。

5. Guthrie, R Dale, "Origin and Causes of the Mammoth Steppe: A Story of Cloud Cover, Wolly Mammoth Tooth Pits, Buckles, and inside-out Beringia," *Quaternary Science Reviews* 20(2001): 549-74.

6. 俄罗斯科学家对西伯利亚永冻层中发现的动物遗骸进行了大量研究。一本有趣的著作评述了俄罗斯人的发现（格思里，1990），讲述了作者如何调查阿拉斯加金矿开采公司发现的一头巨型野牛的遗骸的故事。

7. 人类在最近一次的冰期生活在世界其他地区的证据非常稀少，但考古学家正在逐步寻找他们当时的生活线索。例如，在苏拉威西岛（东南亚的一个岛屿），考古学家发现了与在西欧发现的洞穴艺术大致相当的早期洞穴艺术。参见罗布鲁克斯（2014）和奥伯特等（2019）。在中国北方，也有保存较好的，与西欧同时代的旧石器时代早期的器物。参见李等（2019）。

8. 戴尔·格思里（2005）关于旧石器时代晚期洞穴艺术的佳作中有许多打破传统的观点。其中一个观点认为，许多不那么引人注目的图片是青春期男孩子们的涂鸦。这些图片似乎包含了色情内容（就像现代少年们的涂画），但没有战争相关的内容（不像现代涂鸦，也不像民族志上的洞穴艺术）。也许，生活在 3 万年前的人们还处在建立更广泛社交网络的阶段，以此应对相对稀少的人口，还不曾经历与同类的激烈竞争，也就无从引发战争。格思里也指出，大多数艺术作品都具有高度的自然主义特点，甚少有图画能够被解读为与超自然主题相关。

9. 以下出版物探讨了关于 3 万年前猛犸象草原上狩猎者的地理范围和技术复杂程度：H. 普林格（1997），索弗、阿多瓦西奥和海兰德（2000），阿尼科维奇等（2007），尼科利斯基和皮图尔科（2013）。克莱因（2009）关于旧石器时代晚期的章节为这些石器和骸骨证据给出了很好的解释——虽然现在有点儿过时了，但我们不知道近期还有哪些同样全面的评述。

10. 戴尔·格思里（2005）指出，旧石器时代的艺术中完全没有与战争相关的图像。

11. 尽管冰期的人类似乎曾在猛犸象草原的深处漫步，但没有证据表明他们曾远行至北美。东西伯利亚的山脉可能阻挡了他们向东迁徙到白令陆桥的脚步——这片土地位于东西伯利亚和阿拉斯加，现在被白令海峡分隔开来。东西伯利亚山脉的气候非常寒冷，而且土地可能非常贫瘠，没有足够的植被来提供燃烧油脂含量较高的骨头所必需的燃料。如果猛犸象草原上的狩猎者能越过高山，他们应该就能直接进入北美——气候开始变暖后，他们的后代最终做到了。参见霍菲克和埃利亚斯（2007）。

12. 有关最后一次冰期人口变化的更多信息，参见罗杰斯（1995），普吕弗等（2014），山卡拉拉曼等（2016），罗杰斯、哈里斯和阿肯巴哈（2020）。该领域发展迅速，读者如果对最新细节感兴趣，应参阅近期发表的文章。

13. 20 世纪 50 年代，诺姆·乔姆斯基在心理学家中掀起了一场"认知革命"，但古人类学家理查德·克莱因坚定地认为，认知革命在旧石器时代的祖先中就已发生（克莱因和埃德加，2002）。克莱因提供了 4 万到 5 万年前人类行为发生巨大变化的证据（2009），并认为这是由于基因发生突变。其他几位学者也参与了对这一观点的发展完善，该观点在多部著作中均被讨论，它也是尤瓦尔·赫拉利（2014）所著畅销书《人类简史》中有关人类进化故事的一部分。

14. 考古学家正在寻找更多的证据来证明大约 6 万年前非洲人迁移到欧亚大陆之前人类在非洲的活动。证据并不支持克莱因提出的突然发生的现代化（1995），也没有像麦克布雷蒂和布鲁克斯（2000）所假设的那样，表明文化复杂性是一道逐步累积的简单轨迹。威尔、科纳尔和泰伦（2019）的文章表明，许多后来成为欧亚大陆旧石器时代晚期重要代表的器物在移民之前就在非洲发生了演进，但存在区域差异，区域内也存在复杂的时间分布。一些曾被考古学家认为非常现代的技术，现在认为可以追溯到 20 万年前的冰期早期。

一些特别有趣的器物来自非洲南部的某些遗迹。参见亨希尔伍德等（2001、2002）、雅各布斯等（2008）、马雷安（2010、2015）。

15. 社交网络规模在人类文化进化中的重要性已经在好几项研究中得到了阐述，包括亨里奇（2004），鲍威尔、申南和托马斯（2009），理查森、博伊德和贝廷格（2009），克莱恩和博伊德（2010），德雷等（2013），德雷、佩罗和博伊德（2018）。人口增长始于大约 5 万年前，与智人从非洲向欧亚大陆的扩散步调大致相同（阿特金森、格雷和德拉蒙德，2008），也或多或少地与最后一个冰期中极为不稳定时段的开端一致。在气候变得极度不稳定之前，人类狩猎者似乎并没有比其他顶级食肉动物具备更强的优势。但是当气候混乱真正开始时，我们通力合作、发展适应性文化的能力让我们的祖先得以蓬勃发展。这导致了人口规模的增加，更大社交网络的出现也成为可能（丘吉尔，2014）。

16. 从古人类骨骼中提取的 DNA 证据能够提供相关线索，便于我们了解死去已久的祖先们的社会生活。DNA 记录了家族群体之间的融合程度，如果人们普遍在一生中只和几十个人交往，那么和成百上千人交际的情形相比，他们 DNA 的基因多样性可能就少得多。正如我们所见，社交网络的规模对文化复杂性也很重要。对两名尼安德特妇女的 DNA 分析表明，她们所在的群体很少有不同血统的融合（普吕弗等，2014 和 2017）。这两名女性都生活在 5 万多年前，其死亡之地相隔数千千米，一个在现在的克罗地亚，另一个在现在的西伯利亚。那位西伯利亚女性所属的群体似乎完全与世隔绝，其成员大都为近亲繁殖。近亲繁殖所生育的后代都不太健康，因此大多数文化都会尽量避免这种情况。但这名女性的染色体对上的 DNA 序列非常相似，说明她的双亲可能为一母所生。DNA 序列高度相似也说明近亲繁殖在此前数代就已发生。相比之下，3 万年前的现代人在基因和文化上都更为多样化，这表明他们拥有更大的社交网络。参见伯格斯托姆和泰勒–史密斯（2017）、M. 西科拉等（2017）。

17. 马沙克（1971）对他所认为的旧石器时代符号的意义非常感兴趣，于是他转了行，潜心研究这些蚀刻符号，希望能对其有更好的理解。

18. 许多书和论文都描述了对松希尔遗址的研究结果。埃里克·特林克豪斯及其同事（特林克豪斯等，2014；特里克豪西斯和布日洛娃，2018）的作品是一个很好的起点。松希尔墓葬和大约 3 万年前的其他文化特征表明，猛犸象草原狩猎群体存在社会阶层（海登，2001）。在我们的故事中，我们将其描述为平等主义者，和大多数民族志上记录的狩猎采集者一样。社会阶层和经济不平等只出现在少数以狩猎和采集为生的文化中。生活在北美西北海岸富饶的自然环境中的人就是很好的一例（贝廷格，2015）。

19. 在互联网上试着与他人进行联络往往无法令人满足，有时甚至很危险，因为我们缺乏相应的社交工具以这种新的方式来认识他人并对其加以评判。使用文化进化理论来理解互联网的方式正在发展中。参见阿切尔比（2020）。

20. 我们认为仪式可以成为一种有用的社交工具。科学家们对仪式产生的心理影响和社会影响越来越感兴趣。参见弗赖奇卡和库尔恰尔（1989）、孔瓦林卡等（2011）、邓巴（2020）。

21. 杜尔凯姆（1915）通常被认为是首个对仪式如何影响人类行为产生现代学术兴趣的人。历史学家威廉·麦克尼尔（1995）认为，共同参与节律性的活动能刺激人与人之间的联系。人类学家和心理学家也对相关文献做出了很大贡献。参见，例如，威斯纳和图穆（1998），索西斯和阿尔科塔（2003），阿特兰和亨里奇（2010），阿特金森和怀特豪斯（2011），怀特豪斯和兰曼（2014），库里、穆林斯和怀特豪斯（2019）。

22. 大卫·赖克（2018）的著作总结了欧亚狩猎者和现代人之间的基因联系。欧亚狩猎者的后代最终成为现在生活在欧亚大陆和北美的部分人口。一般而言，他的作品介绍了一次革命，即对古代 DNA 的复原能够帮助我们理解祖先的人口流动和由此引发的异种交配。斯万特·佩博（2014）的著作讲述了一个引人入胜的个人故事，这个故事记录了他及其合作者如何在漫长而艰辛的过程中寻找修复古代 DNA 序列的技术。

07　构建今日世界（2万年前～300年前）

1. 我们对于狩猎采集者童年的想象受巴利·休利特和凯伦·克莱默作品的启发。参见第 5 章注释 8 对其作品的引用。

2. 大卫·赖克（2008）的著作解释了基因研究如何让我们有这样的说法。但这些基因研究带来了一些谜团。例如，在一些来自南美的印第安人族群身上发现了生活在更北部的印第安人所没有的基因序列。这些序列与在澳大利亚、美拉尼西亚和东南亚岛屿生活的土著人口中发现的序列相似。这些发现表明美洲有两支不同的族群，一支来自东北亚，另一个来自更远的南方。参见斯科格兰等（2015）。

3. 阿利（2000）。

4. 合作行为更有可能在恶劣的环境得到演进，这一观察最早是由俄罗斯科学家彼得·克鲁泡特金（1902）提出的。在一篇名为《互助论》的文章中，他驳斥了达尔文理论中认为不平等和不公正不可避免的观点，并指出在许多情况下，理论预测，合作的个体比竞争的个体更有可能生存。他用了许多动物之间及人类之间合作的例子来支撑自己的论点。数学模型表明，这种想法是有道理的，而大量数据表明他的看法可能是正确的。参见斯马尔蒂诺、尚克和麦克里斯（2013），以及理查森等（2016）。

5. 近期一次关于农业起源的专题讨论会提供了广阔的视野。参见普赖斯和巴尔-约瑟夫（2011）。有关农业起源的古植物学证据评述，参见富勒等（2014）。有关动物驯化起源的评述，参见拉尔森和富勒（2014）。理查森、博伊德和贝廷格（2001）讨论了气候改善在农业起源时期的作用。

6. 战争通常被认为是一种古已有之的普遍冲动，最早甚至可以追溯至我们的非人类祖先。20世纪60年代所写的关于人类侵略性生物学起源的著作对人类的暴力倾向进行了细致描述，如康拉德·劳伦兹的《攻击的秘密》和罗伯特·阿特里的 *The Territorial Imperative: A Personal Inquiry Into the Animal Origins of Property and Nations*，对上述著作的简单总结被用来证明人类具有侵略本性的观点。参见米拉姆（2019）。近期一些作者也对战争的普遍存在发表了评论。例如，基利（1996）和加特（2008）。有些人认为，人类已进化出了合作的能力，以便一起对抗共同的敌人。参见鲍尔斯（2009）、博伊德和理查森（1985）、图尔钦（Chaplin, CT: Beresta Books, 2015）。但我们在第6章中提到，戴尔·格思里在旧石器时代晚期的艺术创作中很少发现有关战争行为的证据，这与全新世人类创作的类似艺术形成了对比。

7. 的确，我们已经观察到黑猩猩群体之间的冲突通常是来自一个群体的雄性攻击甚至杀死生活在邻近地域的雄性。参见兰厄姆和彼得森（1996）。但并不能因此得出结论，认为憎恨其他群体成员是猿类（或人类）"本能"的一个特殊部分。生物之间存在竞争，许多物种之间的竞争可能会变得很激烈。

8. 人类学家理查德·李（2018）对民族志文献进行了评述，认为合作和冲突管理才是人类行为进化的主要驱动力，而非侵略和竞争。历史上的暴力事件可能与气候变化有关，但近期的一篇论文（谢弗，2017）提出，我们不应想当然地认为未来将要经历的气候变化会导致暴力事件的增加。

9. 凯利（2005）和拉尔等（2016）。

10. 我们在孩童时期学习如何发出本民族语言的声音。一旦长大成人，我们就再难学会发出新的声音。由于这个原因，大多数人发现，想要将一门新的语言学到像母语一样流利表达的程度非常困难。语言中的口音、俗语或俚语，能有效地区分群体内外的成员。语言差异可能会将我们分隔开来。如果他人的想法可能有害，而你试图效仿他们就是一种适应性行为。参见理查森和博伊德（2010）、拉波夫（2001）。

11. 拉什（2005）。

12. 当人类开始放牧食草动物时，可能仅仅把它们当作肉和物料的来源。但选择不那么胆小或是不那么好斗的动物，最终会使畜群中的雌性足够温顺，可供挤奶。一开始，乳品可能只是给婴儿饮用，作为对母乳的补充。乳品对于年龄较大的儿童和成年人来说营养价值较低，因为和所有哺乳动物一样，人类会随着年龄的增长逐渐丧失消化乳糖的能力（另见本章注释18）。乳品中大约40%的热量来自乳糖。在某一时期，我们的祖先发明了处理牛奶的技术，既可以去除乳糖（通过让细菌分解乳糖），又能将牛奶储存起来（通过制作奶酪、酸奶或其他加工乳制品）。随着时间的推移，人们发现一些放牧族群的成员一生都能继续从牛奶中获得营养。我们现在知道，这是由于这些人存在一种基因突变，导致他们能继续产生分解乳糖的酶（乳糖酶）。存在这种突变的人开始专门食用乳制品，而他们的后代也能消化牛奶。想要了解更多关于人们适应乳品的方式，参见 Bret Beheim and Masanori Takezawa, "Japanese Milk Consumption: Asymptomatic Lactose Intolerance Following a Recent Cultural Diffusion", available at https://figshare.com/articles/hbes2018-lactose-japan_pdf/6837734。

13. "父亲"一词之所以用引号表示，是因为社会学意义上的父亲不一定是亲生父亲，但在许多父系文化中，孩子通过收养或血缘关系继承被称为父亲的人的社会地位。

14. 劳（2015）从人类行为生态学的角度概述了许多文化中的两性关系。参见希尔和乌尔塔多（2009）、斯塔克韦瑟和哈姆斯（2012）。

15. 沃尔科、弗林和希尔（2010）。

16. 这当然就是今天西方人常说的"女性割礼"。这是一种常受西方人批判的普遍做法。参见福格特等（2016）。

17. 这一领域被称为"人类行为生态学"，它研究的是族群之间的文化差异如何与族群的谋生之道及其面临的不同生态环境产生关联。露丝·梅斯及其同事们以及西沃恩·马蒂森及其同事们特别关注了婚俗和生态之间的联系。参见霍顿和梅斯（2016）、杜和梅斯（2019）、马蒂森和黑尔（2019）。

18. 乳糖的分子结构与蔗糖相似，但需要被一种叫作"乳糖酶"的特殊消化酶分解后才能被肠道吸收。哺乳动物在婴儿时期需要乳糖酶来消化母乳，但通常在达到断奶年龄时就不再产生乳糖酶了。那些放牧动物并学会了如何提取畜类乳汁的人能够继续消化乳糖，这一点对他们颇有益处。自然选择青睐那些由于基因变异而能持续产生乳糖酶的人。长期放牧并饮用乳品的族群经过进化，成人也能产生乳糖酶，这是由文化主导的基因与文化共同进化的绝佳例证。参见热尔博等（2011）。还有一些已知的其他此类例证，可能还有更多例证等着被发掘。参见罗斯和理查森（2014）。

19. 梅纳德–史密斯和绍特马里的著作《进化中的重大转变》（1995）颇具影响力。该书研究了让地球上的生命变得更为复杂的机制。这些机制表明，人类社会的形成只是朝着更复杂的趋势发展的最新事件。这可以被视作进化性"进步"，但它也许只是地球化学在逐步变得有利于复杂生命的过程中产生的副产品。参见瓦尔德和克斯奇维克（2015）。

20. 荷兰人类学家扬·范巴尔在其长达1 000页的著作中描述了一个生动的案例，表明家族成员是由文化联结，而不是由于遗传上的亲缘关系联结的。该作品出版于1966年，记录了他花费数年时间研究的马林德人——一个好战的猎头族部落，生活在如今作为印度尼西亚一部分的巴布亚岛西部。马林德人有一种仪式叫作"*otiv bombari*"，他们认为这种仪式可以提高妇女的生育能力。根据这一习俗，生完孩子不久的妇女要在一个晚上之内与她丈夫所属宗族的所有男性发生性关系，通常多达10个人甚至更多。马林德人认为，精液和阴道分泌物的混合会提高生育能力。该仪式不仅无效，还可能导致问题。马林德妇女的生育能力较低，部分原因可能是举行该仪式时她们的生殖器还没有从分娩中愈合，因此导致的盆腔炎损害了她们的输卵管。该习俗可能已经消失了，因为马林德人的低生育率导致部落人口减少，但马林德人另有一个习俗：他们经常在探险时绑架并收养其他部落的孩子。马林德妇女把被收养的孩子当作自己的孩子抚养，而这些孩子往往不知道自己是被收养的。这些家族及其习俗因此得以留存，尽管他们维持人口的方式是纳入没有血缘关系的家族新成员。参见范巴尔和维索尔伦（1966）。如果你想了解更多有关文化和基因有时出现分歧的例子，参见罗伯特·保罗（2015），他的作品中记录了许多有关文化进化和生物成功繁殖之间产生冲突的例子。

21. 对于19世纪的许多欧洲人来说，这种"文明的崛起"似乎是一种进步，而且这种观念一直存在于西方文化中。我们（本书作者）希望文化进化的方法能让我们变得更客观。达尔文本人则严厉谴责容忍奴隶制和种族灭绝的"文明"社会。一般而言，人类学家通常研究的是更简单、更平等的社会，他们有时会说"文明是个大错误"。

22. 达尔文（1874）将其关于人类进化的主要工作和他关于性选择的开创性工作放在了同一本书中。这在一定程度上是由于他认为，性选择在人类许多明显特征的进化中发挥了重要作用，比如肤色，这是由何种外表符合时尚潮流、具备吸引力决定的。然而，达尔文也认为，文化进化和性选择一样，是一个基于主体的过程，由人类对文化变体接受或抛弃的选择所塑造。这是今天的进化生物学家们激烈争论的焦点。参见拉兰德等（2014），以及博伊德和理查森（1985）的最后一章，在该章节中，我们展示了偏重声望的文化进化可能引发和性选择类似的失控动态。

23. 海伦娜·克罗宁（1991）很好地解释了失控的性选择以及社会本能合作的进化。

24. 第一批对古埃及巨型金字塔感到困惑的学者认为，这些金字塔一定是由奴隶建造的，疯狂的法老命人挥舞着鞭子强迫这些奴隶搬运巨石。参见肖（2003），https://harvardmagazine.com/2003/07/who-built-the-pyramids-html。

25. 如果你想了解更多关于历史语言学的知识，我们推荐道切（2005）。

26. 这一点在赖克（2018）的著作中也有解释，我们已经推荐这本书多次了。

27. 有人认为，青铜时代大量移民从高加索山脉附近地区进入欧洲的故事与纳粹引用的欧洲民间传说有相似之处。参见哈肯贝克（2019）。然而，人类遗传学普遍不支持种族主义信仰和观点。例如，它已经表明，白人"种族"实际上是非洲人最近的后裔，所有当代族群都是多个古老族群的混种。

28. 唯一的例外是来自意大利撒丁岛的人，赖克（2018）的著作信息量丰富，也对这一点做出了解释。

29. 戴维·安东尼（2010）是一位关注历史语言学家工作的考古学家，他在基因证据发表之前，就开始研究青铜时代有大规模移民进入欧洲的观点。他的结论似乎得到了最近发掘的古代 DNA 证据的证实。

30. 巴斯克人声称他们的国土位于西班牙和法国的边境，他们所讲的语言不属于任何已知语系。一些语言学家认为，巴斯克语可能源自在印欧语系者到达之前就已进入欧洲的谷物种植者所说的语言。参见：https://en.wikipedia.org/wiki/History_of_the_Basque_language。

31. 2019 年 3 月，《新科学家》杂志发表了一篇题为" Story of Most Murderous People of All Time Revealed in Ancient DNA"的文章，文章中声称"从 5 000 年前开始，亚姆纳亚人就开始了对欧洲的暴力征服"。该文可在下述网址下载：https://www.newscientist.com/article/mg24132230-200-story-of-most-murderous-people-of-all-time-revealed-in-ancient-dna/#ixzz5xsfsGGVv。

32. 斯蒂芬·申南（2018）在其关于欧洲第一批农民的著作中讲述了这个故事。

33. 对古代遗骸的细致分析，包括它们可能含有的 DNA，导致有关历史事件和人口对疾病易感性差异等新观点的发展。例如，参见拉斯穆森等（2015）和普罗哈斯卡等（2019）。

34. 图 7.5 中的数据是从全球环境历史数据库中得到的估计数（https://themasites.pbl.nl/tridion/en/themasites/hyde/index.html）和 K. 克莱因·戈德维克等（2001）。

08　另一次转型（近现代）

1. 根据《牛津英语词典》，"modern"一词最早出现于数百年前，当时意思仅为"当代的"。但等到马克斯·韦伯等 19 世纪的学者开始描述欧洲社会发生的变化时，它又有了新的含义。在 20 世纪，随着变化在越来越多的人口中发生，社会学家提出了"现代化理论"。参见维基百科词条：https://en.wikipedia.org/wiki/Modernization_theory。

2. 一些作家试图对现代性加以赞美来驳斥这种偏见。史蒂芬·平克（2014、2018）的书中讨论了这些观点。另参见里德利（2010）和谢尔默（2015）。现代社会当然有值得庆祝的事情，但目前，现代社会无论是从人口还是从环境上来说都是不可持续的。人们更倾向于关注面临的问题，而不是看似发展顺利的事情，这也许并不令人惊讶。但无论如何，在联合国全球幸福报告中名列前茅的都是最现代的国家（https://en.wikipedia.org/wiki/World_Happiness_Report）。对现代性的悲观情绪可能被夸大了。

3. 社会心理学家研究了现代文化中的社会排斥现象，包括这种现象如何影响我们，以及人们如何应对这些影响。例如，特纳等（1987）、哈斯拉姆（2004）、鲍迈斯特（2011）。

4. 许多现代文化都有一个明确的目标——提升和包容多样性，并为其社会成员提供更多选择。为实现这些目标所做的尝试引发了争议。卢金诺夫和海特（2019）在《娇惯的心灵》一书中探讨了美国存在的问题。这样的讨论也许有助于推动社交工具的发展进程，使我们能够适应不断变化的现代文化。

5. 从社会调查中有关幸福的科学文献来看，生活在像芬兰和瑞士这些富庶小国的人比生活在像美国和德国这些富庶大国的人的幸福指数高一点儿。贫穷国家的人最不幸福。参见 https://en.wikipedia.org/wiki/World_Happiness_Report。

6. 20 世纪 90 年代，西蒙·斯瑞特和凯特·费希尔（2010）采访了在 20 世纪上半叶结婚生子的英国男女。他们的发现揭示了人们对待性的态度如何发生了迅速且显著的改变。参见费希尔（2000）。

7. 历史上分散的人口，比如古雅典人，给我们的印象是有点儿现代，但古雅典人的民主和苏格拉底关于理想社会的讨论是肤浅而短暂的。在古雅典，只有"自由人"才能投票。雅典人认为奴隶制没有什么错，奴隶们自身也这么认为。苏格拉底的学生中没有一名女性。

8. 克瑙夫（1986）。

9. 当然，有很多关于现代化进程的书，其作者们强调在转型过程中发生的不同方面。有关全球互联互通发展过程中发生的实际变化的总结，参见迪金森（2018）。

10. 今天的许多心理症状可能都源于 18 或 19 世纪的医生所定义的"思乡病"。参见马特（2011）。

11. 亨特（2007）。

12. 丹尼尔·笛福的《鲁滨逊漂流记》于 1719 年 4 月出版，到 1719 年年底已经出了 4 版。另一部非常成功的英国小说是塞缪尔·理查森于 1740 年发表的《帕梅拉》，讲述了一个天真的 15 岁少女不得不竭力避免引起富有老板注意的故事，但最后老板还是向她求婚了。让-雅克·卢梭是瑞士极具影响力的哲学家、作曲家和散文家，其创作的 800 页小说《朱莉》在当时享有盛誉，该小说又名《新爱洛伊丝》，于 1761 年出版。该书以一对恋人间的书信形式撰写，前所未有地打动了读者，许多读者坚持认为这对恋人真实存在。

13. 这一理念由安德森（1991）提出。

14. 这里的"生育率"指的是"总生育率"（TFR）。人口出生率受人口中女性的年龄结构及其预期寿命影响。为了方便比较，人口统计学家计算了一个统计数据来考虑这些因素。TFR 是一名女性一生中所生孩子的平均数量，如果她满足以下条件：①在一生中与当前年龄组生育率相符；②从出生一直活到了生育期结束。

15. 大量历史小说，甚至因其真实性而备受赞誉的获奖小说都鼓励读者相信，生活在过去的人们以现代方式行事，并在养育子女和性行为方面和我们拥有同样的理念。例如，在埃默·托尔斯的作品《莫斯科绅士》中有一个发生在 20 世纪 20 年代的场景，主人公罗斯托夫伯爵"穿过空荡荡的客厅，走进卧室，一个窈窕的身影站在一扇大窗前。听到他走近的声音，她转过身来，让裙子轻轻地滑落到地板上"。随后两人发生了性关系。这段情节中不真实的并非性关系。在 20 世纪 20 年代，人们确实有非婚性行为。但是，罗斯托夫伯爵不考虑引诱他的"上了年纪的新明星"可能携带梅毒、淋病或其他性病的病毒而与之发生这种关系，似乎是不太可能的。这些疾病在 20 世纪 20 年代不仅无法治愈，而且致命。

16. 我们没有关于现在西方人对于过去生殖行为的看法的证据，因此，我们是基于多年来与西方人的交流得出的结论。大多数和我们交谈过的人都说，过去人们生育率高是因为他们缺乏现代避孕技术。一些人还说，过去人们想要更多的孩子，因为婴儿和儿童死亡率更高，他们担心自己的孩子会死亡。有的人表示，过去的人们需要建立大家庭，以确保能有孩子们在农场帮工，并能在他们年老时给予照顾。这三种解释也出现在面向公众的文章和一些学术论文中。但它们都没有相关证据支持，从进化论的角度来看也没有任何意义。

17. 人口现代化后发生了一系列变化，生育率下降便是变化之一。要确定两个变化之间是否存在因果关系，或二者都由其他变化引发，并非易事。因果关系也可能是相互的。教育推动了技术进步的速度，而技术进步又增加了对教育的需求。生育率下降与其他一些变化有关（比如，财富增加、教育水平提高、婴儿存活率提高），每一种变化都可能是生育率下降的原因。大多数对这一现象的分析都假定了生态因果关系，即当前的行为可以用统计学上的因素"解释"，如当前的人均 GDP、当前的女性平均受教育年限等。但由于技术上所谓的"多重共线性"，用纯统计学方式来解释这些案例中的因果关系会导致严重的混乱。当所有变化同时发生时，怎么可能确定哪些变化是因、哪些是果呢？如果没有一个合适的因果模型，统计数据就会说，所有事物可以解释所有事物！

出于某些原因，我们把现代化的变化视为一个文化进化的过程。对涉及生育的规范和态度受到文化传播的影响，而文化传播考虑到了过去发生的变化。文化是动态的，受已经发生（以及传承）的事物和正在发生的事物的共同影响。参见纽森和理查森（2009）。传统上，历史学家和社会科学家并未过多利用这种自然科学家经常使用的动态系统模型来指引自己的直觉，并解释因果关系较为明显的进化案例中的相关数据。有越来越多的文献试图填补历史和社会科学"工具箱"中的这一空白。参见罗默（1986），里士满和彼得森（2001），图尔钦（2003），科罗塔耶夫、马尔科夫和哈图里纳（2006），以及彼得·图尔钦，"Cliodynamics: History as Science", http://peterturchin.com/cliodynamics/; 社会复杂性动力学中心，http://www.dysoc.org/。针对复杂因果过程所采用的经验推理妙法，参见埃弗森和理查森（2007）、麦克里斯（2015）。

18. 当人类学家卡洛琳·布莱索及其同事研究冈比亚农村地区妇女使用避孕用具的情况时，他们发现经历过死产或流产的妇女通常会选择避孕。她们采用避孕措施并非为了限制家庭规模，而是为生下一个能存活的孩子增加机会。这些妇女获取的食物很有限，任务却很艰巨，所以她们在每次怀孕后都需要时间恢复。她们将流产或死产看作一种信号，意为身体需要更多时间来恢复生育健康婴儿所需的力量。通过使用避孕措施，她们能确保在下一次怀孕之前有足够的恢复时间。参见布莱索、巴尼亚和希尔（1998）。

19. 参见，例如，希契科克（1997）和柯克帕特里克（2000）。

20. 在 1798 年首次出版的《人口原理》一书中，托马斯·马尔萨斯运用数学方法表明，给穷人提供食物只能缓解暂时的痛苦，因为人口的增长速度总是快于食物的供应。他说，只有通过道德抑制（避免发生性行为）以及他所称的"罪恶"（在不导致怀孕风险的情况下发生性行为）才能减缓人口的增长。贫穷的群体可能更能容忍"罪恶"，尤其是在饥荒时期。但当年头好的时候，人们似乎就认为道德抑制和"罪恶"是非必要的。马尔萨斯认为帮助穷人不会产生多少预期成效，这种观点在他写作的当时是正确的，但在工业革命爆发后就不同了。参见林德特（1985）。

21. 波拉克和沃特金斯（1993）报道了这次采访。参见科尔（1973）。科尔成立了"欧洲生育研究计划"来研究欧洲生育率的下降。他认为人们在开始限制家庭规模之前，必须意识到控制生育是"可以考虑的"，或者是"在有意识的选择范围内的"。另参见范德维尔（1992）。

22. 婴幼儿死亡在 20 世纪之前是非常普遍的。在 19 世纪之前，大多数人以一种看似冷漠的坚忍态度默默接受孩子的死亡。在某些家族中，父母不会参加孩子的葬礼，死去的儿童即便来自殷实的家族，家人也不会为其举办特殊的纪念活动。他们的遗体可能就埋葬在后花园或集体墓地。参见泽利泽（1994）。

23. 限制家庭规模可能会在短期内降低繁殖的成功率（或"适应性"），但被称为"人类行为生态学家"的进化论学者想知道，从长远来看，这是否会提升适应性。他们在对这个问题的研究中没有发现能够证明这一点的相关证据。参见卡普兰等（1995），古德曼、考皮尔和劳森（2012）。

24. 我们认为，人们社交网络的扩大和家庭网络的减少会导致许多文化上的变化，包括夫妻应该尝试抚养他们自己所生的孩子这一信念也发生了改变。将社交网络变化与生育率降低关联的证据，参见纽森等（2005）和科兰（2016）。

25. 关于旧秩序再洗礼派有相当丰富的文献。参见克雷比尔和鲍曼（2001），赫斯特和麦康奈尔（2010），詹曾和斯坦顿（2010），克雷比尔、诺尔特和韦弗－泽切尔（2010），诺尔特（2015），唐纳迈尔、安德森和库克西（2019），以及克雷比尔（2019）。也有人研究过哈勒丁派。参见海尔曼（2000）、斯塔德勒（2009）和比亚勒等（2017）。

26. 例如，参见帕克尔（2013）。

27. 穆欧于 1745 年出生在巴黎，1794 年死于断头台。他官至战争专员。尽管没人提供起诉他的证据，但他仍然被处决，理由是腐败。该事件发生在被历史学家称为"恐怖统治"的时期，这个时期革命热情高涨，许多人被公开处决。在穆欧逝世 200 周年之际，法国国家人口研究所重新出版了其著作的注释版（穆欧和比哈尔，1994）。

28. 《对法国人口的实证研究与解读》的部分英文翻译和一些背景评论已发表于穆欧（2000）。

29. 最新的研究支持移居城市使欧洲人的性行为发生了改变这一说法。通过比较比利时与荷兰男性的基因和宗谱数据，我们可以计算出一个男人的亲生父亲（由他的 Y 染色体决定）与他母亲的丈夫并非一人的概率。研究发现，在这一群体中，被称为孩子父亲的男人在大多数情况下也是孩子的亲生父亲。总的来说，社会学意义的父亲和遗传学意义的父亲之间的不匹配率约为 1%。然而，这种不匹配的比率随着现代化的发展而增加。在城市的贫困家庭中，这一比例最高——6%。参见拉姆塞等（2019）。

30. 历史学家们对"只有人类才知道的灾难性秘密"这句话的含义进行了大量讨论。它可能意味着如何在不致怀孕的情况下获得性快感的秘密，也可能只是指一般意义上的不正当性行为。在出版之前，文本必须得到皇家审查官的批准，因此不能"明确谈论像性行为这样亵渎神灵的事情"。

31. 当然，这些数字只是估计。维基百科上有关于欧洲移民的详细资料，网址为：https://en.wikipedia.org/wiki/European_emigration。

32. 例如，在英国，国家公共道德委员会成立了一个"国家出生率委员会"，并于 1916 年发表了报告《出生率下降的原因和影响》。报告证实了一些做法的存在："有意识地限制生育能力在中上层阶级中普遍存在，有充分的理由认为，除了其他限制生育的手段，非法引产也经常发生在工业人口中。"

关于这种限制是否道德，人们的观点存在分歧，但委员会在一件事上达成了一致："没有理由相信女性所受的高等教育（不管它对出生率有何间接影响）对降低她们生育的生理能力有任何重要的影响。"

委员会审议了出生率下降是否符合人们的意愿，因为人口增长往往会给生活物资带来压力。他们指出，随着资源的增加，出生率出现下降，并得出结论说，这种下降是不可取的："对于一个向世界开放商业贸易的国家，比如英国，马尔萨斯定律并不一定适用。事实上，我们不能说这个国家存在任何人口过剩的问题，因为人口的增速实际上已经超过了现有的生活物资的增速。对各种食物和其他材料的人均消费增加了……没有理由认为，英国出生率的进一步下降会在目前带来更大的人均财富产出。这将吸引外国劳动力进入英国——在允许的条件下——并将抑制本土劳动力的迁移。如果生育率降低发生在最为富裕且挥霍无度的阶层，而该阶层的婴儿死亡率较高，就将略微降低死亡率，但其他情况则不然。"

27 名委员会成员中有 24 名成员签署了一份"附加报告"，他们在附加报告中表达了担忧，因为他们发现出生率下降的原因是"不良基因"而非"优生基因"。他们指出："（对生育率的）限制在家庭生活条件最优越的阶级中最为普遍，而人数众多的大型家庭不管是在遗传因素还是在环境因素方面，都对人口质量的提高甚至维持非常不利。"

他们建议采取切实可行的措施来遏制出生率的下降，如改善家庭福利，并问道："如果我们重视自己的民族，难道不应该希望它扩大规模吗？"

33. 20 世纪 60 年代，普林斯顿大学安斯利·科尔领导成立了"欧洲生育研究计划"。该项目发表了一份报告，详细描述了欧洲生育率下降的过程。参见科尔和沃特金斯（1986）。

34. 这就是所谓的"人口红利"，在许多国家都观察到了人口红利对经济的推动作用。

35. 里德利、平克和谢尔默的著作（参见本章注释 2）提供了大量证据，表明现代化和人们与人为善息息相关，尽管 20 世纪上半叶的历史表明，这种关联并非铁律。

36. 在许多社会中，人们擅长在实验室中解决合作问题。赫尔曼、瑟尼和盖特

（2008）运用实验方法，要求人们在 16 个类型的社会中参与"带有惩罚的公共产品实验"，以此对比各游戏主体为了赢得奖金能够配合得多好。

每 4 名参与者组成一个微型社会。在公共产品实验中，每名参与者都有实验者提供的一笔经费，他们可以选择在每一轮中投资公共基金。实验人员将集合的资金成倍增加，以提供投资于公共产品的潜在利润。无论 4 人的贡献额是多少，投资公共产品的收益都由 4 人平均分配。问题在于，每名参与者每投资一个代币就能获得 0.4 个收益单位。如果其他参与者的贡献很大，那么公共产品就会给每个人带来丰厚的回报，但不管其他人做什么，每个人最好还是保留自己的代币。实验早期数据表明，对公共产品的贡献一开始非常高，但在几轮之后几乎降至零，除非参与者手上有可以利用的社交工具。参见奥斯特罗姆、加德纳和沃尔特（1994）。费尔和盖特（2002）允许他们的研究对象将代价高昂的惩罚作为工具。如果有足够多的参与者愿意用自己的资金来惩罚无贡献者，减少他们的收益，那么不做贡献是没有好处的，所以几乎所有人都在 10 轮之后做了贡献。在开展大多数此类实验的西方国家，这一结果得到了广泛的反复证明。

在由乔·亨里奇及其同事倡导的利用实验游戏调查跨文化亲社会行为的推广应用中，赫尔曼、瑟尼和盖特测试了 16 个大部分来自非西方社会族群的人在 10 轮带有惩罚的公共产品实验中开展合作的能力。他们在一些社会中观察到了合作现象，也有一些社会没出现合作行为，包括一个归属西方的社会（希腊）。原因是，一些社会不仅对低贡献者有亲社会的惩罚，对高贡献者也有很多反社会的惩罚。在参与者受到反社会惩罚的社会中，人们无法开展合作。这些社会的人对邻里的信任度较低，经济表现普遍较差。相反，亲社会惩罚程度高的社会往往经济表现较好或经济增速较快，社会信任度也较高。这再一次说明，文化多样性似乎是一个非常真实和必然出现的现象。参见亨里奇等（2001、2006、2010）。类似的计量经济学研究，参见德斯梅特、奥尔图诺－奥廷和瓦尔茨格（2017），以及朱利亚诺和努恩（2020）。